本书为黑龙江省教育厅人文社会科学项目《法庭科学的新发展-耳纹研究》的阶段性成果，项目编号：11554140。

发展中的物证技术学

董　凯　韩颖梅◇编著

黑龙江大学出版社

图书在版编目(CIP)数据

发展中的物证技术学 / 董凯，韩颖梅编著. -- 哈尔滨：黑龙江大学出版社，2011.8
ISBN 978 - 7 - 81129 - 450 - 7

Ⅰ. ①发… Ⅱ. ①董… ②韩… Ⅲ. ①物证 - 司法鉴定 Ⅳ. ①D918.9

中国版本图书馆 CIP 数据核字(2011)第 174248 号

书　　名	发展中的物证技术学
著作责任者	董　凯　韩颖梅 编著
出 版 人	李小娟
责任编辑	孟庆吉　魏志军
出版发行	黑龙江大学出版社(哈尔滨市学府路 74 号　150080)
网　　址	http://www.hljupress.com
电子信箱	hljupress@163.com
电　　话	(0451)86608666
经　　销	新华书店
印　　刷	黑龙江省教育厅印刷厂
开　　本	880 × 1230　1/32
印　　张	12
字　　数	319 千
版　　次	2011 年 8 月第 1 版　2011 年 8 月第 1 次印刷
书　　号	ISBN 978 - 7 - 81129 - 450 - 7
定　　价	32.00 元

前　　言

在侦查办案领域，古今中外的很多神探给人们留下了深刻的印象，狄仁杰拥有令人钦佩的洞察能力，福尔摩斯拥有让人称奇的推理能力。不过，今天刑侦人员的破案能力似乎已经超过了前两者，这一切都得益于物证技术的发展。

物证技术是一门古老的学科，许多出土文献记载着这门学科曾经的辉煌。自从人类在诉讼中开始借助自然科学认识案情，物证技术发展的脚步就不曾停止。中国的物证技术发展在宋代达到一个高峰，《洗冤集录》在物证技术史上的地位得到了世界各国的公认。

物证技术是一门年轻的学科，它的系统发展离不开科学技术的推动。随着自然科学的发展，物证技术研究领域不断扩展，在世界各国的诉讼进程中，物证技术正在发挥越来越重要的作用。毫不夸张地说，人类已经进入了科学证据时代。

物证技术是一门交叉学科，所涉领域包含法学及诸多自然学科。目前物证技术学的相关书籍缺少对物证技术的发展历程、应用案例和专业基础知识的综合介绍，所以读者很难将物证技术的各个研究方向作为一个发展的学科来认识。笔者撰写本书的初衷是为了便于读者更加系统地认识物证技术，了解其产生、发展以及前沿动态。

物证技术是一门边缘学科，但这并不意味着物证技术不重要，因为公、检、法、司的工作人员及律师都有可能在工作中接触这门学科。综合性大学的法学院也都开设了“物证技术学”这门必选课程。笔者在黑龙江省从事教学、科研以及办案的过程中，对物证技术也有了更新的认识。本书也可称为是笔者教学、科研、办案工作的一个阶段性成果。

本书具体分工为：

董凯：第一篇中的第一章，第二篇中的第三章，第四篇，第五篇。

韩颖梅：第一篇中的第二章，第二篇中的第一章、第二章，第三篇。

由于水平有限，书中难免有错误出现，故请读者批评指正。

目　录

第一篇　物证技术总论

第二篇　形象痕迹物证

第三篇　文件检验技术

第四篇　化学、生物物证技术

第五篇 摄影、音像、电子物证技术

附 录

第一篇

物证技术总论

第一章　物证技术概述

第一节　物　　证

一、物证的概念

我国《刑事诉讼法》、《民事诉讼法》及《行政诉讼法》中明确规定，物证是一种法定的诉讼证据。而物证究竟是什么？这个问题是无法在三大诉讼法中找到明确答案的。

俄罗斯在诉讼法中对物证进行了定义，然而通过研究，笔者发现，这种定义对于我们理解物证的概念几乎没有直接帮助。《俄罗斯联邦刑事诉讼法典》第81条第1款仅以列举方式罗列了物证种类："1. 以下任何物品均被认为是物证：(1)充当犯罪工具的或保留着犯罪痕迹的物品；(2)犯罪行为所侵害的物品；(3)可以成为揭露犯罪和查明刑事案件情况的手段的其他物品和文件。"①另外，《俄罗斯联邦民事诉讼法》第68条第1款仅规定"对于查明案情有意义的物品都是物证"②，而未能明示物证区别于其他证据的本质内涵。

笔者考查了英美法系和大陆法系的主要代表国家的相关立

---

① 黄道秀译：《俄罗斯联邦刑事诉讼法典》，中国政法大学出版社2003年版，第67～68页。

② 张西安、程丽庄译：《俄罗斯联邦民事诉讼法·执行程序法》，中国法制出版社2002年版，第24页。

法，还是无法找到明确的物证定义。一方面，也许英美法系国家更为关注证据的关联性、合法性，并不看重证据的外在表现形式或存在状态，所以英美证据法从来不规定证据的种类，也就不会在立法中明确界定何为物证；另一方面，也许大陆法系国家奉行自由心证制度，法官秉持其对法律的忠诚、对法律的理解，有权自由判断哪些材料或物品可用作证据，法律不必专就物证作出束缚法官手脚的规定。

目前，我国物证的概念往往都是学者们给出的，所以这种概念常带有个人解释倾向。概括地说可以分为以下几类：提供线索说、断裂痕迹适合说、科学检验说、事物本身或直接观察说、存在状态或表现形式说、证据特性说。

1. 提供线索说是把物证视为提供线索的证据。①

2. 断裂痕迹适合说是把物证视为需要比较其断裂物理形态是否彼此相合适的证据。②

3. 科学检验说认为物证乃其科学检验结果能对确定犯罪性质、犯罪环境产生相当影响的各种物品。③

4. 事物本身或直接观察说认为物证乃事物本身提供的证据，它不必经由证人的口头描述而可由事实认定者直接观察进而形成自己的认识。④

5. 存在状态或表现形式说认为物证就是其存在状态或表现形式为物体、物品、痕迹等。⑤

---

① Richard H. Fox and Carl L. Cunningham, Crime Scene Search and Physi-caL EvidenceHandbook, Colorado, Paladin Press, 1988, p. 1.

② Peter YVhite, Crime Scene to Court: the EssentiaLs of Forensic Science, Cambridge, The Royal Society of Chemistry, 1998, p. 95.

③ See Richard Saferstein, Criminalistics: An Introduction to Forensic Sci-ence, 5thed., New Jersey, Prentice Hall, 1995, p. 61.

④ 薛波主编：《元照英美法词典》，法律出版社2003年版，第1149页。

⑤ "以物理的方式客观存在的证据方法则称物证，或物的证据。"参见陈浩然：《证据学原理》，华东理工大学出版社2002年版，第90页。

6. 证据特性说认为物证之所以为物证，是因为它是以其外部特征、物质属性等发挥作用的。

笔者比较认同证据特性说。比如："物证……它主要是指以其外部特征、物质属性和存在场所证明案件真实情况的物品或者痕迹。"①"物证指能够以其存在形式、外部特征、内在属性证明案件真实情况或其他待证事实的实体物和痕迹。"②"物证是依法收集的，与案件有联系的，能以其外形特征及所载字迹、符号、图像、声纹特征或物质属性证明其与受审查的人、事、物、时、空存在联系，从而能证明案件真实情况的各种物质性客体。"③

概念宜简不宜繁，既然没有可能将物证的表现形式用逐一列举的方式穷尽，所以笔者倾向于将此概念更为简洁化：物证即为以其客观存在证明案件事实的物质性客体。

二、物证的特点

物证作为法定证据表现形式的一种，具有证据的共同特性，即客观性、关联性、合法性。但物证作为一种特殊的证据形式，其自身还拥有区别其他证据表现形式的特点：

1. 不可替换性

物证不能用任何其他同类客体替换，否则就破坏了与案件的关联性。根据相关法律的规定，提交物证应当提交原物，提交原物确有困难的，可提交原物的照片或模型。这种规定也是对物证不可替换性这一特点的肯定。

2. 科学技术性

在现代科学技术没有产生之前，诉讼中涉及的物证是很少的。随着科学技术的发展，越来越多的物证在诉讼中发挥重要作用。

---

① 卞建林主编：《证据法学》，中国政法大学出版社2000年版，第85页。

② 何家弘主编：《新编证据法学》，法律出版社2000年版，第133页。

③ 徐立根主编：《物证技术学》（第二版），中国人民大学出版社1999年版，第3页。

从发现物证到记录物证，从提取物证到检验、鉴定物证，都离不开现代科学技术。

3. 客观可靠性

出于某种目的，人们可能会说谎。在各种案件中，言辞证据都有可能存在不实之处，而物证则不然。物证是客观存在的，它等待技术人员去发现和提取，等待鉴定人员去检验和鉴别。虽然在办案中，物证仍要涉及技术人员、鉴定人员的主观内容，不过通过科学的鉴定，它将比言辞证据更可靠地反映案件的真实情况。①

三、物证的种类

按照物证表现形式的不同，物证的种类可以分为物品、物质、文书、形象痕迹、音像数据、电子数据。物品从其本质上看，也是由物质组成的。但是从物证的视角来看，作为物证的物质和物品是有区别的。当物质成为物证时，其存在形式和外在表象与物品有所不同，此时物质能以其本质属性证明相关案件事实，比如血液、毒物、毒品等。而作为物证的物品可大可小，大到飞机，小到烟头、纽扣，但都是宏观肉眼可见的，以其外部形态结构等特征证明案件事实。如果这些物体分裂成肉眼难见的微粒，则成为物质物证。一般情况作为物证的物质体现为两种形式：化学物质和生物物质。

按照物证在案件中所起作用不同，物证可分为直接证据和间接证据。凡是能直接证明案件的主要事实的物证，称为直接物证；不能直接证明案件的主要事实，只能与其他证据一起共同证明案件的主要事实的物证，称为间接物证。大多数情况下，物证属于间接证据。

以物证体积的大小为标准进行分类，可将物证分为宏观物证、常态物证与微量物证。宏观物证是指不能或不便于随卷移送的体

---

① 徐立根主编：《物证技术学》（第三版），中国人民大学出版社 2008 年版，第 3 页。

积较大的物证。常态物证是指能够用人的感官发现、能够随卷移送的物证,如匕首等。微量物证则是指不能被人的感官直接发现,必须借助科学仪器才能发现、提取的体积微小的物证。随着科学技术的快速发展,微量物证在侦查及诉讼中起着越来越重要的作用。

还有很多针对物证的分类方式,此处难以穷尽。比如,以物证的外观形态为标准进行分类,可以将物证分为固体物证、液体物证、气体物证和无体物证(声、光);以物证刺激的感官为标准可以将物证分为视觉物证、触觉物证、嗅觉物证与听觉物证等。

第二节　物证技术

一、物证技术的概念

国内关于物证技术的概念,比较主流的观点:"利用科学技术方法研究不同类型物证的发现技术、记录技术、提取技术及检验和鉴定技术,这些技术方法的总称就是物证技术。"①

美国加利福尼亚物证技术学家协会认为:"物证技术是关注物证的科学分析和检验,物证在法庭的解释和出示;涉及自然科学原理、技术和方法的运用,其基本目的是确定可能对案件较为重要的确切事实。"美国法庭科学学会认为:"物证技术是分析、比较、鉴别并解释物证……进而证明犯罪的存在或确定某些关联。"②

从以上的概念中,我们能够感觉到,国外对物证技术的要求不仅存在于检验、鉴定阶段,同样也存在于前期的发现、记录、提取技

---

① 徐立根主编:《物证技术学》(第二版),中国人民大学出版社 1999 年版,第 8 页。

② 转译自:Keith Inman and Norah Rudin, Principles and Practice of Criminalistic: The Profession of Forensic Science, Baca Raton, CRC Press, 2001, p. 11 ~ 12.

术阶段。

目前,在国内有些词汇在物证技术领域也在使用,比如刑事技术(或刑事科学技术)、法庭科学等,有些人甚至在通用,或者认为它们就是同一概念。在此,笔者明确一下刑事技术、法庭科学这两个概念与物证技术的区别与联系。

首先,对三个概念的使用发展为着眼点进行分析。在国内,刑事技术出现较早。公安系统在刑事技术上占统治性优势,而且中国刑事警察学院等公安院校一直在系统地培养刑事技术专业的学生,目前有很多从事相关工作的人员接受过此种教育。物证技术则是出现在20世纪80年代,这比刑事技术的出现时间要晚。由于物证技术在一个法治社会中的必要性,在很多的法学院校出现了相关专业,正在为社会培养这方面的专业人才。法庭科学译自英文“forensic science”,对该词汇的频繁使用则是近十几年的事情,这可能要归功于我们在学术上与英、美、加拿大等国家的更多交流。

其次,对三个概念的研究内容进行分析。刑事技术的研究内容主要偏重于刑事侦查办案中涉及的相关痕迹物证的发现、提取、检验、鉴定。物证技术的研究内容不仅涵盖刑事诉讼中的相关问题,也包含民事诉讼和行政诉讼中的相关问题。法庭科学的研究内容可能更加宽泛,法医学、司法会计等的相关研究方向也被纳入到法庭科学中。

最后,对三个概念内涵的联系进行分析。刑事技术和物证技术是在国内使用的传统概念,两者具有较多的重叠研究部分,且物证技术在很多研究领域是发展于刑事技术的。法庭科学虽然具有“法庭”二字,但并非只是服务于法庭审理阶段,而且有许多学者认为法庭科学更多的是服务于刑事诉讼,在这个角度分析,法庭科学和刑事技术又比较接近。

二、物证技术的发展简介

已出土的文物及现存的史书表明,我国是世界上最早使用指纹的国家，如夏代前后的陶瓷上留有手印，西安半坡遗址的陶器上有纹线清晰、凸凹明显的指印，周代契约上有捺制的手印，《周礼》卷十五有“以质剂结信而止讼”①的文字。② 我国宋代提点刑狱官宋慈于公元1247年编著的《洗冤集录》是世界上公认的最早与物证技术相关的专著。③ 但现代意义的物证技术并非诞生于我国，而是在西方国家问世，并在西方发达国家得以形成一定的规模。

18世纪末开始，欧洲自然科学发展的速度非常快，很多化学家、物理学家、生物学家相继研究利用科学技术方法发现、记录、提取和检验案件中的物证的问题。相继出现了毒物检验技术、血型检验技术、指纹检验技术以及其他物证技术。而被称为“犯罪侦查学之父”的奥地利学者汉斯·格罗斯，被称为“毒物学之父”的巴黎大学马修·奥菲拉教授，巴黎市警察局的阿方斯·贝蒂隆，苏格兰医生亨利·福尔茨，英国科学家弗朗西斯·高尔顿，奥地利医生卡尔·兰兹泰纳，德国免疫学家保尔·乌恩哈斯等人是物证技术研究领域的精英代表。经过研究者们一个多世纪的努力，最终形成一个崭新的科学领域——物证技术。

我国物证技术起步较晚，新中国成立后，基于刑事案件侦查的需要，我国公安机关展开了以物证技术和法医技术为主要内容的刑事技术工作的组织建设和业务建设。到了20世纪50年代末，公安系统内中央和省市二级均已建立相应的技术机构，并且培训了一大批专业技术人员，司法部也在上海建立了刑事物证技术鉴定

---

① “汉代郑玄注《周礼》，将‘质剂’释为：‘质剂谓两书一札，同而别之也，若今下手书’。唐高宗永徽年间(公元650年—656年)散大夫行大学博士弘文馆学士贾公彦在为《周礼》注疏时，又将‘下手书’释为‘画指券’：‘郑云若今下手书者，汉时下手书即今画指券，与古质剂同。’”赵向欣主编：《中华指纹学》，群众出版社1997年版，第7页。

② 刘文主编：《中国刑事科学技术大全·刑事科学技术总论》，中国人民公安大学出版社2003年版，第66页。

③ 吴维蓉主编：《刑事物证技术学》，警官教育出版社1998年版，第12页。

和法医鉴定的司法鉴定科学研究所。“文化大革命”之后，经过20年的努力，我国公安系统和检察系统都已建立了为侦查服务的“三级技术点”，技术人员队伍不断壮大，技术水平不断提高，技术工作发挥了日益重要的作用。

在物证技术教育方面，20世纪80年代以来也有较大的发展。公安部和多数省市都积极发展了专门培养刑侦和刑技业人员的高等教育。普通高校的法学院以及政法院校也为物证技术的教育和物证技术学的学科建设作出了很大努力，一些法学院系开始招收物证技术研究方向的硕士研究生，有些法学院系经国家司法主管部门批准，创办了物证技术鉴定机构，为社会提供鉴定服务。1985年，国家教委正式将物证技术列入高等学校文科教材编写计划。在1993年7月国家教委颁布的《普通高等学校本科专业目录和专业简介》中，“物证技术学”被规定为法学专业的主要专业课程之一。

三、物证技术的学科体系

物证技术的学科体系是根据这门学科的研究对象确定的，它包括以下几个主要部分：

（一）基本理论

包括关于物证和物证技术等基本概念的论述；关于同一认定和种属认定以及物质交换的理论；关于物证技术鉴定制度的论述。

（二）形象痕迹技术

包括指纹、足迹、工具痕迹、枪弹痕迹、车辆痕迹、牙齿痕迹、耳纹痕迹、整体分离痕迹等的发现、记录、提取、检验鉴定技术。

（三）文书物证技术

包括笔迹检验、伪造和变造文书检验、打字机打印文书和复印文书检验、文书物质材料检验、文书制作时间检验等。

（四）化学物证技术和生物物证技术

包括作为物证的各种有机物质和无机物质，以及来自人体的血痕、精斑、毛发等生物物质的物证技术。

（五）摄影、音像、电子物证技术

包括物证检验摄影，对各种可疑照片和可疑录音带、录像带的检验，以及对电子物证的检验、利用。

四、物证技术学与临近学科的关系

（一）物证技术学与侦查学的关系

物证技术学和侦查学是研究对象各不相同的两门学科，但两者有着密切的联系。因为物证技术学是从原有的犯罪侦查学中独立出来的，而且是由物证在侦查犯罪中的重要作用决定的。物证技术学在犯罪现场取证、委托鉴定和对物证技术鉴定结论的评断等方面的知识，对学习侦查学和从事侦查工作是十分必要的；而侦查学关于各种侦查措施的运用，特别是现场勘查措施的运用，以及关于侦查方法的基本知识，对于学习物证技术学和从事物证技术工作也是十分必要的。

（二）物证技术学与法医学的关系

物证技术学和法医学是研究对象不同的两门独立学科，但它们的联系比较紧密。物证技术学研究的许多技术手段，对法医学也有重要意义。例如物证技术学关于十指指纹捺印技术，对法医学检验无名尸体意义重大；物证技术学关于工具痕迹的基本知识，对法医学中根据尸体上的伤痕判断凶器类型也很有帮助；物证技术学关于枪弹痕迹、微量物证的技术知识，对法医学中尸表检查和解剖尸体也很有意义。法医学中有“法医物证”的研究方向，其与物证技术学存在较多方面交叉，而犯罪现场血液形态分析同样也是物证技术学中的热点研究方向，其与法医学也存在交叉。

（三）物证技术学与部门法学的关系

物证技术学与程序法的关系紧密。在办案过程中，为了解决专门性问题，可以聘请有专门知识的专家提供帮助。物证技术学要在程序法的框架下进行研究，物证技术的应用要遵守诉讼法规定的各种办案原则和程序。另外，物证技术学所研究的基本理论问题，对诉讼证据理论有一定的意义。

物证技术学与实体法同样关系密切。在民法、刑法等实体法中,有很多条文涉及各种物品,其中有很多在办案过程中需要技术支持或鉴定。比如刑法中对伪造货币的认定,需要物证技术提供认定犯罪的依据。

(四)物证技术学与自然科学的关系

物证技术学是化学、物理学、生物学等自然学科与法学的交叉学科,也可以称之为边缘学科。这种性质决定了物证技术不仅与法学关系紧密,而且和自然科学也密不可分。

物证技术学与自然科学的密切联系,决定了物证技术的发展需要依靠一般科学技术的发展。同时,物证技术学专家在实践中不断进行科学实验,利用现代科技成果,开发物证技术新方法,这也促进了物证技术学的发展。

第三节　物证技术的基本原理

一、同一认定原理

(一)同一认定原理的发展

同一认定原理的提出应该归功于国外学者,早在20世纪初便有了相关记录。1925年,前苏联学者亚基莫夫发表《方法学上的一致性》一文,其中详细阐述了同一认定理论的某些基本问题,如同一认定的概念、特点和分类,同一认定的方法,同一认定的标准和划分条件等。20世纪30年代,拍塔波夫教授首次系统论述了同一认定的科学基础和基本方法。20世纪50年代末,伐·雅·柯尔金等人在全面总结前人研究成果的基础上,运用辩证唯物主义基本原理,结合前苏联犯罪侦查实践,系统论述了同一认定理论。柯尔金以《犯罪对策同一认定理论和一般方法》为题发表了他的研究成果,标志着同一认定理论开始走向成熟。同一时期雪夫琴柯、柯勒马阔夫等人也从痕迹学和犯罪对策学等角度,对同一认定理论进行了补充和完善。[1] 与此同时,法国、德国、美国、日本、瑞士等国学者也先后对同一认定理论进行了深入的探索。20 世纪 50 年代,这一理论传入中国,国内学者对该理论进行了全面阐释。尤其是从 20 世纪 80 年代至今,国内学者对同一认定理论进行了不同层次的研究,形成了比较完整的具有中国特色的理论体系。

(二)同一认定的概念

什么是同一认定?在物证技术的研究范畴中,很多专家学者已经给出过自己的答案。例如:

"同一认定是指具有专门知识、经验的人,通过对案件中多次出现的物品、物质或痕迹进行比较、分析,判断其是否来源于同一个客体的认识活动。"[2]

"同一认定是侦查学和物证技术学中的专门术语,指依据客体特征判断两次或多次出现的客体是否同一个客体的认识活动。"[3]

"在物证技术领域中同一认定就是通过对先后出现客体留下的特征反映体进行检验,解决先后出现客体是否同一问题的一种方法。"[4]

以上几种定义并无本质区别,此种概念也是物证技术研究领域中同一认定的主流认识。比如,在一个刑事案件中,犯罪嫌疑人在案件现场留下了指纹,之后侦查员提取到嫌疑人的指纹样本,这个案件中先后出现的客体为犯罪嫌疑人的手,而遗留的指纹是客体的特征反映体,通过认定指纹是否来自同一客体来判断嫌疑人的手是否同一,也就是嫌疑人是否同一。在这个同一认定的过程

---

① 胡卫平:《同一认定理论及其逻辑分析》,载《贵州警官职业学院学报》,2003 年第 5 期,第 6～11 页。

② 罗亚平:《物证技术及物证鉴定制度》,中国人民公安大学出版社 2003 年版,第 19 页。

③ 何家弘、刘品新:《证据法学》,法律出版社 2004 年版,第 281 页。

④ 徐立根主编:《物证技术学》(第二版),中国人民大学出版社 1999 年版,第 22 页。

中，我们常将被寻找客体的特征反映体称为检材，而将受审查客体的特征反映体称为样本。

同一认定的基本形式图如下：其中 A 代表先出现的客体，B 代表后出现的客体，A'是 A 留下的特征反映体，B'是取自 B 的特征反映体。

是否同一
（被寻找客体）A = ? = B（受审查客体）
↓ ↑ ↓
（检材） A' ~ B' （样本）
进行比对

在同一认定理论中，"同一"具有严格的含义，简单地表述即客体自身和自身的等同。"同一"与"相似"、"相同"存在原则性区别。"相似"、"相同"是指两个客体之间的关系，只有存在两个客体的时候才能用"相似"和"相同"来表述。而在一个案件中，如果先后出现的客体不是同一个客体，那么我们可以说"否定同一"，先后出现的客体是同一个客体，我们要用"同一"表述，而不能用"相同"二字。

同一认定中的客体第一次出现往往是与所要认定的案件事实相联系，且留下了可供检验的特征反映体。所谓特征反映体就是以一定形式反映客体特征的实体。客体的第二次出现一般是某种侦查或调查活动的结果。第一次出现的客体称为"被寻找客体"，第二次出现的客体称为"受审查客体"。同一认定的方法是比较法，只有两种客体或者其特征反映形象均被发现，同一认定才能够顺利进行；反之，无论缺少其中哪一方，都不可能进行比对，进行同一认定。

（三）同一认定的主体和客体

1. 同一认定主体

一般来说，同一认定作为认识和解决问题的一种方法，人们在生活中也在使用。比如：从学校接回自己的孩子，从失物招领处找回自己丢失的钥匙，将打碎的花瓶拼接复原等。然而物证技术中的同一认定在性质和复杂程度上，与生活中的同一认定有着明显的不同,这就需要认定的主体具备一定的专门知识。无论是刑事案件还是民事案件,当中涉及的同一认定问题较多的是鉴定问题,全国人民代表大会常务委员会颁布的于 2005 年 10 月 1 日实施的《关于司法鉴定管理问题的决定》中,对于同一认定的主体进行了明确的规定,对鉴定人实施登记制度,只有登记在册的具有鉴定人资质的人才能够进行鉴定工作(同一认定)。

2. 同一认定客体

同一认定客体即在案件中先后出现的客体,即被认定是否同一的客体,包括被寻找客体和受审查客体。在物证技术中,同一认定的客体分为人和物两大类。

对人的同一认定,是对人的身体在客观环境中留下的物质性特征反映体(肢体、器官或技能等)的同一认定,对它们进行同一认定其实就是对人的同一认定。

对物的同一认定,是对具有一定外形结构和用途的工具、物品、动物体等进行同一认定。

随着科学技术的发展,可供同一认定的客体越来越多。比如:显微镜技术的发展使灰尘、孢粉等细微客体可供同一认定,DNA 技术的发展使血液、毛发、唾液等客体可供同一认定。

今后,会有更多更新的客体成为物证技术的研究对象,成为同一认定的客体。

(四)同一认定的基本步骤和一般方法

1. 同一认定的基本步骤

(1)准备检验。为了更好地检验,应当了解一些对检验工作可能有重要意义的情况:

第一,案件的基本情况。即要了解相关刑事案件的指控事实或民事案件的争讼事实及鉴定的具体要求。

第二,检材的基本情况。送检的检材即是物证。了解检材的情况,即要了解该检材发现、提取、提交、保管、保存等情况,并检查其外观状况,看其是否具备鉴定条件。

第三,比对样本的基本情况。比对样本是取自受审查人或物的物质性反映形象，要从质量和数量两方面审查其是否具备比对条件，还要特别注意检查它们的来源是否可靠。

第四，根据检验工作的需要，准备必要的仪器等。

（2）分别检验。分别检验的任务是通过分别考察和研究检材（被寻找客体的特征反映体）与样本（受审查客体的特征反映体）来认识它们各自的特征和特性。分别检验的顺序一般是先检验检材，然后再检验样本。

有的案件中，送检单位送检的比对材料并不是取自受审查客体的形象痕迹，而是受审查客体本身（例如一个公章）。在这种情况下，为了取得检验用的痕迹样本，必须选择相应的材料和条件，利用受审查的客体进行实验。

（3）比较检验。比较检验的任务是通过比较被寻找客体和受审查客体的特征来找出二者之间的特征符合点（相同点）和差异点，从而为肯定同一或否定同一提供依据。比较检验的顺序是先一般特征，后细节特征。比较客体特征时，要根据客体的具体情况选用适当的特征比较方法。

（4）综合评断。综合评断的任务是分析在比较检验阶段中找定的特征符合点和差异点，并在此基础上作出客体是否同一的结论。综合评断的顺序一般为先差异点，后符合点。在具体的物证技术鉴定中，对特征符合点和差异点的评断要结合起来进行，二者不可偏废。

2. 同一认定的一般方法

同一认定的一般方法包括特征识别方法和特征比较方法。

（1）同一认定的特征识别方法。同一认定的特征识别方法很多，包括肉眼观察方法、物理测量方法、化学分析方法、显微镜检验方法、仪器分析方法、照相识别方法等。

（2）同一认定的特征比较方法。同一认定中常用的特征比较方法也很多，主要包括：

第一，特征对照法。这是最常用的方法。即将检材和样本（或它们的照片）置于同一视野内，对它们所反映的特征进行对照，以发现符合或差异的特征。

第二,特征接合法。把检材和样本分别拍成同倍率的照片,然后在特征最明显的部位将两张照片剪开,左右交相拼接,观察照片上被剪开的特征是否吻合。

第三,特征重叠法。把检材和样本分别制成幻灯片重叠检验或者利用电脑软件重叠检验。

二、种属认定原理

(一)种属认定的概念

与同一认定一样,种属认定也是人们认识客观事物的一种方法。当人们不认识某一物或某物质是何物或何物质时,总是要设法确定它的属性。例如:在某机关领导信箱中发现有人寄来的信封中包有白色粉末,为了确定案件的性质以及保护现场人员的安全,我们要确定这种白色粉末究竟是什么成分。

所谓种属认定就是通过检验未知物质本身或未知客体留下的物质性反映形象,确定物质属性或客体类型的一种方法。

种属认定的主体,必须具有某种相关的专门知识,如果问题涉及案件中的物证,主体应是鉴定人;种属认定的客体,主要是案件中可能有证据意义的各种物质或物品;种属认定的目的,主要是确定某种未知物质的属性。

有时候,根据办案人员的要求,可能需要确定案件中提取的未知物质与从相关人员处提取的物质两者属性是否相同。在这种场合下,检验人员通常先分别检验两者的物质属性,然后通过比较,确定其属性是否相同。当某一客体留下了自己的物质性反映形象,办案人员需要了解其类型时,检验人员即可根据物质性反映形象确定客体的类型。

种属认定检验通常使用物理检验、化学检验、生物学检验、仪器分析检验等方法。

(二)种属认定与同一认定的区别和联系

种属认定和同一认定有着很大的区别。同一认定所要解决的问题，是先后出现的客体是否为同一个客体；种属认定所要解决的问题，是一种物质或客体究竟是何种物质或何种类型，或者两种物质的属性或来源是否相同。

种属认定和同一认定存在区别的同时，也存在着非常密切的联系：

1. 种属认定常常是同一认定的初始阶段

在依据反映形象对先后出现的客体进行同一认定时，总是先检验特征反映体所反映的种类特征，在确定了先后出现的客体类型相同之后，才进一步检验客体的细节特征。如果种属认定作出否定结论，即可对同一认定作出否定同一的结论。

2. 种属认定能为同一认定结论提供佐证

例如：在足迹等痕迹中，有可能附着某种微量物质，当需要对可疑的足迹进行同一认定时，不仅可以利用印痕所反映的形象特征，而且可以利用印痕中附着的微量物质。就微量物质进行的种属认定，能为同一认定结论提供佐证。

3. 种属认定能为发现同一认定的客体指明方向

当一个客体留下自己的特征反映体时，根据这个特征反映体确定客体的类型，即可为发现受审查客体指明方向。

4. 人们的认识能力可能从种属认定发展成为同一认定

比如，在犯罪现场发现了一滴血迹，在 DNA 技术应用于侦查破案之前，我们只能认定这滴血迹的血型，从而为判断血迹来源提供依据，得益于 DNA 技术的发展，如果有重点嫌疑对象存在，我们就可以判断这滴血迹是否来源于此人。而随着科学技术不断进步，物证技术不断发展，人们认识能力会更多从种属认定发展为同一认定。

（三）同一认定及种属认定的科学基础

人们之所以能够进行同一认定，是因为每一客体所具有的特征与其他客体的特征都是有区别的，这些特征在一定的时期保持着稳定不变的特性，并且这些特征能够反映出来，为人们所了解与认识；人们之所以能够进行种属认定，是因为每一类客体、每一类物质都具有同类客体、物质的特征与属性,这些特征与属性同样在一定时期内保持着稳定不变的特性,并能够为人们所认识。正是由于客体具有个体特征、种类特征的特定性、稳定性和反映性,人们才能进行同一认定和种属认定。①

1. 客体的特定性

客体的特定性是指一个客体本身所具有的不同于其他客体的性质。自然界中不存在完全相同的事物,不同种类的事物有着不同的种类特征,不同的个体存在着个体特征的差异。正是由于不同种类的客体具有不同的种类特征,人们才能将客体的种类区分出来;正是由于不同的客体本身具备有别于其他客体的特征,人们才能进行个体的识别。

客体的特定性是由多方面因素决定的。首先,表现在客体本身质的不同,客体本身的质是客体本身固有的属性,对人体而言,由于遗传变异的作用,不同的人具有不同的指纹、不同的遗传基因、不同的相貌等;对物体而言,不同的物体,其物质构成成分会有所不同,导致其物理性质、化学性质等产生差异。其次,表现在客体在生产、加工过程中形成的特征,不同的物体在生产加工制作过程中,由于制作工具的不同、生产流水线的不同以及加工方式的差异等,都会形成不同的特征,即使同一批生产出来的物品,也会存在不同的细微特征。再次,表现为客体在使用过程中形成的特征,任何物体经过不断使用,都会形成一些新的特征,这些特征具有很强的特定性。客体的特定性主要是由这三方面因素所决定,这些因素不仅决定了客体的种类特征,同时也决定了其个体特征。

不同的客体,其特定性的特定程度也有所不同。客体的特定性越强,其用于进行同一认定的依据就越强。如生物物质的 DNA、人类的指纹具有很强的特定性,即人各不同。因此,生物物质的 DNA 检测结果、指纹鉴定的结果可靠性相对就高。有些客体的特

① 罗亚平:《物证技术及物证鉴定制度》,中国人民公安大学出版社 2003 年版,第 24 页。

定性较弱，如工厂同一批生产的工具、鞋子等，如果没有反映出使用过程中形成的特征，仅根据生产过程中形成的特征进行同一认定，难度相对较大。

2. 客体的相对稳定性

客体的相对稳定性是指客体所具有的特征在一定时期内保持稳定不变的性质。正是由于客体具有相对稳定的特性，人们才能够利用一定的特征判断客体的种类、判断特定的个体，它是人们认识事物的必要条件。

从哲学角度来讲，世间万物都是处于不断运动、发展、变化过程中的。同时，事物的发展又是按照一定的规律进行的，即由量变到质变，客体的相对稳定性就是指事物在发生质变之前的相对稳定的状态。不同的客体，特征的相对稳定性也有所不同。如指纹就具有很强的稳定性——特征终生基本不变。客体特征稳定性越强，对检验鉴定就越有利；客体特征稳定性越弱，检验鉴定的条件就越差，对检验鉴定设备、技术人员的要求也越高。

同一认定、种属认定所利用的特征主要包括形态特征、物质成分以及运动习惯特征等。有些特征由于人为的破坏、伪装以及不断地使用会发生质的变化，如作案工具在发案后被故意破坏，或被长时期使用等，特征就会发生变化。因此，了解客体特征的相对稳定性，鉴定人员才能够对被检验客体进行全面的分析。

3. 客体特征的反映性

客体的特定性与稳定性是进行同一认定、种属认定的基础，但是要利用客体的特征进行分析、鉴定，还必须要求特征能够反映出来，并能被人们所认识。

同一认定、种属认定要求所检验对象的特征反映必须要达到一定的检验、鉴定的条件，同一认定与种属认定对客体特征的反映要求也不相同，种属认定要求客体必须反映出能够进行种类识别的足够特征；同一认定要求必须能够反映出进行人身识别的足够特征。同时，客体所反映的特征必须是已被人们认识和掌握的，只有客体反映出的特征被鉴定人员所认识，并达到检验鉴定的要求，才具备检验鉴定的条件。

三、物质交换原理

(一)物质交换原理的概念

"物质交换原理"(the principle of material exchange)又称"物质转移原理"(the principle of material transfer)、"洛卡德原理",是法国科学家爱德蒙·洛卡德提出的。

洛卡德毕业于法国里昂大学法医系,系统学习了医学和法学方面的知识。他关注泥土、灰尘等微量物质方面的研究,成为世界公认的这个领域的研究专家。1910 年,洛卡德在里昂警察局建立世界上第一个警察实验室,对各种尘土进行系统的研究。他是里昂大学物证技术学研究所的奠基人,成功地将微量物证的研究理论应用于刑事案件的侦查。洛卡德在前人研究的基础上,推广、普及了微量物证的使用,提出了"物质交换"的概念,使得人们对物证技术的研究上升到更微观的层面。

洛卡德曾于 1920 年发表了一篇论文,其中一段英文表述:"No one can act[commit a crime]with the force[intensity]that the criminal act requires without leaving behind numerous signs[marks]of it:either the wrong - doer[felon;malefactor,offender]has left signs at the scene of the crime,or,on the other hand,has taken away with him - indications of where he has been or what he has done."①译成中文为"没人能在犯罪所需的力度下没有留下大量迹象而实施某种行为:或者是作恶者在犯罪现场留下痕迹;或者是,另一方面,作恶者将犯罪现场的东西经由其身体或衣物带走——这便能指明他去过哪或他干过什么事。"

学者们引入的物质交换原理已被简化,我们经常提及的概念为"每一次接触均留下痕迹"(every contact leaves a trace)或"接触

---

① Keith Inman and Norah Rudin, Principles and Practice of Criminalistic: the Profession of Forensic Science, Baca Raton, CRC Press, 2001, p. 44

即留痕”。这句话可以被认为是洛卡德原理的精炼和浓缩。

通过洛卡德本人复杂的表述可以看出,洛卡德原理最初是仅针对刑事案件中的物证技术工作。而目前,物质交换原理作为物证技术的基本原理,已经为全世界人们公认,而且适用于所有诉讼案件。[①]

(二)物质交换原理的意义

物质交换原理的指导意义主要表现在以下几方面:第一,能够使现场勘查人员明确在案件现场勘查中应当寻找哪些痕迹物证,在什么地点、什么客体上寻找这些痕迹物证,这些痕迹物证能够证明什么问题,如何证明这些问题。第二,能够使侦查人员明确在案件调查过程中,对嫌疑对象的调查应当注意发现哪些问题,应当如何对嫌疑人衣物、住所、工作地点进行检查,重点检查哪些微量痕迹物证,这些痕迹物证对证明案件事实能够起到多大的证明作用。第三,能够使侦查人员在询问证人和讯问嫌疑对象时,分析、识别证言或供述的真实性,及时发现侦查线索,确定侦查方向。第四,能够帮助技术人员、侦查人员对案件中出现的复杂现象作出合理的解释。第五,能够使侦查人员意识到现场保护的重要性。案发后,所有在犯罪现场的活动都会使相关物证发生变化,尤其是微量痕迹物证。因此,首先到达犯罪现场的侦查人员应当尽量避免在现场活动。第六,能够使侦查人员意识到及时找到嫌疑对象的重要性。作案人从犯罪案件现场带走的微量痕迹物质,随着活动的增多可能会很快消失。及时发现嫌疑对象并及时检查是提高破案效率的关键。[②]

物质交换原理对物证技术学的意义不仅局限在理论之中,更多时候这种意义存在于司法实践当中。1991 年,特里西亚 · 鲍曼

---

① 李学军:《物证论——从物证技术学层面及诉讼法学的视角》,中国人民大学出版社 2010 年版,第 58 页。

② 罗亚平:《物证技术及物证鉴定制度》,中国人民公安大学出版社 2003 年版,第 18 ~ 19 页。

控告史密斯·肯尼迪强奸，这起诉讼涉及的问题相当麻烦，这麻烦不是因为遇刺的前美国总统家族又添花边新闻，而是在于小肯尼迪并没有否认和这位女性发生了性行为，甚至两人对事情前半段的描述都是一致的。两人承认在酒吧相识，跳舞至深夜后，鲍曼送小肯尼迪回家。但后半段的描述就大相径庭：肯尼迪一口咬定鲍曼是自愿的；而鲍曼则一口咬定肯尼迪强奸了她。事实上，如果是肯尼迪一口咬定没有发生性行为，这个案件可能很好办，根据物证技术学的发展，不要说是精斑，就算是粘在烟头上的一点唾沫都能识别出是谁留下的，可他偏偏承认发生了性行为。这个案件究竟是不是强奸？要怎样做才能够认定案件事实呢？

此时，美国华裔李昌钰博士接手这个案件。根据鲍曼的供词，肯尼迪首先试图在室内的水泥地板上强奸她，被她挣扎逃脱，小肯尼迪追她到了室外，然后在花园的草地上对她实施了强奸。在法庭上，李博士首先说明：按照一般情况，如果在水泥地上剧烈挣扎逃脱，鲍曼的身体应该留下与水泥地摩擦所造成的伤痕，但是相关检查却没有发现符合上述特征的损伤，接下来就发生了关于这个案件最知名的一个桥段：李昌钰博士从口袋里面拿出一条干净的手绢，在身前的桌子上擦了一下，把手绢上的灰尘展示给所有在场的人看。然后他指出如果鲍曼所述属实，那么在草地上的强奸行为应该会让她当时所穿的衣服留下诸如草汁、沙土之类的痕迹，但是在显微镜下技术人员却没有发现这些东西。虽然这是一个很有说服力的举证，不过鲍曼的律师也马上反驳李昌钰博士的手绢和鲍曼当时穿着的服装不是同一个质地，不能简单类比。李昌钰博士则不慌不忙地回答："我是一个正常的男性，没有随身携带女士内裤的习惯。"李昌钰博士机智幽默的回答引来的不仅是一阵哗然的笑声，还有雷动的掌声。

物质交换原理已得到物证技术学界的普遍认可，其作为物证技术学基本原理的地位更是不可撼动，这表现在国内外的物证技术工作者将该原理广泛应用于实际的物证技术工作中，李昌钰博士作为专家证人出庭作证使用的就是该原理："当两个物体的表面在运动中相互接触的时候，总会发生一定的微量物质交换。因此，我们可以根据这种微量物质转换的结果去重建事件发生的经过，或者说根据有关的痕迹去推断案件事实。"①

四、影响物质交换的因素

由于某些因素可促使或阻碍物质的转移，并同时影响我们发现该物质的能力以及我们对该物质分析结果的解释。因此，在就转移物质进行分析之后，就分析结果进行解释、并得出结论时，必须将这些影响因素考虑进去。通常需要考虑的因素包括：

1. 物质分离、破碎成碎片的容易程度以及物质在分裂前的瞬间所承受的作用力的大小。这些因素将影响到能够发生转移的碎片数量和大小。例如，玻璃与同样厚度的塑料板受到相似力量的作用时，玻璃更易于破裂，且破裂的碎片会更多、更小。

2. 两个客体相接触时，碎片物质是否容易转移以及转移所需的力量。这些因素决定了某一碎片粘附在其母体（即源物体）上或转移至目标物的可能性有多大。例如，在同样力度下，已碎裂的玻璃片一般情况下不如已与其母体植物分离的苍耳子更易转移至目标物。

3. 能够转移的碎片数量。这与前面几个因素一起决定了最终会有多少碎片转移到目标物。显然，目标物承载的被转移过来的碎片数越多，我们发现碎片的可能性就越大，就碎片物质进行分析检验的可能性就越大。

4. 碎片依附在目标物上的能力。如果从源物体转移至目标物的碎片易于依附或粘附在目标物上，那么我们就易于在目标物上发现该碎片物质。

5. 二次转移的存在。所谓二次转移，即某碎片从其源物体 A 转移到目标物 B，然后再从目标物 B 转移到目标物 C 的过程。如

---

① 何家弘：《犯罪鉴识大师：李昌钰》，法律出版社 1998 年版，第 180～181 页。

果出现了二次转移，那么在目标物上发现了源自源物体A的，就有可能得出A与C之间有过接触的推论，而事实上并没有这样的接触。

6. 无关转移的存在。即可能存在与案件无关的物质转移。

从以上因素我们便可明了，为什么在某些案件中我们寻找不到物证，为什么根据某些碎片物质我们只能推断并不能肯定某人必定有过什么行为、某物必定与其他物体有过接触。特别是前述最后两个因素，更应使我们充分认识到，在人们活动广泛性与物质丰富性的基础上，物质的转移或交换时刻都在发生，其中只有少数与诉讼有关联。我们的任务便是，充分考虑各种因素的存在，结合对物质的分析结果，给出最合理的推论。①

实务中某些冤案、错案的出现，与我们对物质交换现象认识的片面性、局限性有很大关系。例如，杜培武杀妻一案中，在杜培武的衬衣袖口处检出了射击残留物。这一点只能得出他曾经与射击残留物接触过的结论，并不能证明他就是开枪打死妻子和另一名被害人的凶手。因为杜培武本人就是一名警察，而且案发前他曾两次参加所在单位——昆明市强制戒毒所组织的实弹射击，尽管这两次射击的时间是在妻子被杀的半年之前，但因射击时形成的残留物颗粒小、数量多，这些颗粒可能残存在衬衣纤维织物的缝隙中，加上我们现有的现代分析检测手段有着极高的灵敏度，所以杜培武参加单位实弹射击的半年后，在其衬衣袖口处检测到射击残留物仍属正常现象。在该案中，杜培武在案发前的两次实弹射击是与其妻子被杀案无关的转移。将这种无关的转移视为有关，自然会促成冤案的形成。

另外，根据物质交换原理，相互接触的两个客体应彼此留有源自对方的物质。但这只是应然层面的，实际情况往往是受各种因素的影响，很可能在这两个客体上根本找不到源自彼此的物质，我

---

① 李学军：《物证论——从物证技术学层面及诉讼法学的视角》，中国人民大学出版社2010年版，第65页。

们并不能直接得出这两个客体间当然没有任何联系的结论。

我们应该深刻认识到物质交换的复杂性，充分考虑各种可能出现的情况，尽量做到科学认识物质交换原理对证据的收集所产生的影响。不仅物证技术工作人员要有这种认识，侦查机关、公诉机关、法院的办案人员以及诉讼代理人、辩护律师都应对此有深刻的了解。否则，在运用物证技术人员的分析结果进行解释或作出推理时，必然会出现偏差，难免出现类似于杜培武这样的冤案。

第二章　物证技术鉴定

第一节　物证技术鉴定及程序

一、物证技术鉴定概述

(一)物证技术鉴定概念

物证技术鉴定是指在诉讼活动中鉴定人运用科学技术或者专门知识对诉讼涉及的物证技术相关问题进行鉴别和判断并提供鉴定意见的活动。

鉴定是司法活动的一个重要组成部分。随着科学技术对人类生活的影响越来越广泛,各类诉讼案件中涉及的物证技术鉴定也越来越多。据英国伦西曼皇家委员会的刑事法庭研究(the Runciman Royal Commission's Crown Court Study)发现,在所有存在争议的起诉案件中几乎1/3涉及专家证言。在2/5强的案件中被评价为“非常重要”;在另外1/3的案件中被认为“相当重要”。美国兰德公司的司法统计数据显示,美国在86%的审判案件中使用了专家作证。[①] 据司法部司法鉴定管理局统计,2009年全国法医、物证、声像资料司法鉴定案件数量899252件,比上一年增加了14.8%。无论是刑事诉讼案件、民事诉讼案件,还是行政诉讼案件,如果涉及到物证技术的相关问题,在判断案件真相的时候都离不开物证

---

① 郭华:《司法鉴定制度改革的基本思路》,载《法学研究》,2011年第1期,第167页。

技术鉴定。

第一,物证技术鉴定的主体必须是具有专门知识或专门技能的人。

物证技术鉴定是诉讼过程的一个重要环节,对鉴定的主体有着严格的要求。物证技术鉴定的目的是为了解决案件中的专门性问题,因此,必须由具有解决案件中专门问题能力的专家进行。专家在对案件中有关物证方面的专门性问题进行检验、鉴定时,必须采用科学的技术手段与方法,借助先进的科学仪器设备,以确保所做的结论正确、可靠。

第二,物证技术鉴定的任务是解决委托者提出的要求。

物证技术鉴定的任务就是要解决委托者提出的问题,而物证技术鉴定单位和鉴定人不能擅自更改鉴定要求。物证技术鉴定是对委托者送检的检材与样本进行分析检验,解决案件中与物证有关的专门性问题,所以物证技术鉴定单位承担着对物证的检验鉴定工作以及受理案件后对检材与样本的保管工作。

第三,物证技术鉴定是一种科学技术活动,又是一项诉讼活动。

物证技术鉴定是一种科学技术活动,它的开展是建立在鉴定人所掌握的科学技术和专门知识的基础上的。物证技术鉴定同时又是一种诉讼证明活动,所以物证技术鉴定活动必须按照法律规定的程序和要求进行。

(二)物证技术鉴定的种类

1. 按照物证技术鉴定的对象不同划分

按照物证技术鉴定的对象不同,可以分为:痕迹物证鉴定、文件物证鉴定、化学物证鉴定、生物物证鉴定、音像物证鉴定、电子物证鉴定。

《全国人大常委会关于司法鉴定管理问题的决定》中对鉴定的划分是法医类鉴定;物证类鉴定;声像资料鉴定;根据诉讼需要由国务院司法行政部门商最高人民法院、最高人民检察院确定的其他应当对鉴定人和鉴定机构实行登记管理的鉴定事项。

本书中的物证技术鉴定的范围大于《决定》中的物证类鉴定，其中不仅包含着物证类鉴定的全部内容，还包括音像资料鉴定和部分法医类鉴定内容。

2. 按照物证技术鉴定解决问题的不同划分

（1）同一认定

同一认定是以解决人身、物体是否同一为目的的鉴定。人身同一认定主要解决犯罪现场遗留的涉及人身的痕迹、物证是否为某一嫌疑对象所留，常见的用于人身同一认定的物证有手印、足迹、人体生物物质（血痕、毛发、精斑、骨、肌肉等）、笔迹等；常见的用于物体同一认定的物证有工具痕迹、射击弹头弹壳上的痕迹、车辆痕迹、开破锁痕迹、整体分离痕迹等。无论人身同一认定还是物体同一认定，都能够解决案件中的问题，能够为认定作案人、作案工具等提供充分的依据。

（2）种属认定

种属认定是以解决客体、物质的种类以及比较两种物质种类是否相同为目的的鉴定。常见客体种类的认定有作案工具的种类、现场遗留鞋印的种类、发射枪支的种类以及车辆的种类认定等，客体种类的认定不能直接认定某物，但能起到缩小侦查范围、提供侦查方向的目的。常见物质种类的认定有油漆种类认定、血型认定、爆炸物成分的认定以及各种微量物质的认定等，这类鉴定同样不能直接认定个体，但是能够起到排除的作用。在案件的特定条件下，微量物质的属性认定结合案件中的其他证据，能够构成完整的证据链，为证明案件事实情况提供有利依据。

（3）其他技术鉴定

物证技术鉴定以解决同一认定和种属认定为主，但是也经常遇到其他一些技术鉴定问题，如真伪的鉴定、有无的鉴定、性能的鉴定等。真伪的鉴定常见的有鉴定各种文件的真伪，鉴定票证、印章印文的真伪，鉴定艺术品、文物的真伪等；有无的鉴定常见的有文件是否有涂改，受害人、死者体内是否有毒物，嫌疑人身上、住所是否有血痕等；性能的鉴定常见的有自制的枪支、爆炸物是否有杀伤力,绳索的承受力等。

(三)复核鉴定、补充鉴定、重新鉴定、会检鉴定

1. 复核鉴定

复核鉴定是同一系统内部上级鉴定机构为审查下级鉴定机构所做出的鉴定结论是否正确,而对原检材进行的检验、鉴定。复核鉴定一般是由具有鉴定权的鉴定机构向上一级鉴定机构提出,要求进行复核鉴定的多是较疑难的、原鉴定机构经过检验未能得到结论或是鉴定结论不一致的案件。复核鉴定的形式表现为一次的、独立的、重新的、复核式的共同鉴定。

《司法鉴定程序通则》第32条规定:“委托的鉴定事项完成后,司法鉴定机构可以指定专人对该项鉴定的实施是否符合规定的程序、是否采用符合规定的技术标准和技术规范等情况进行复核,发现有违反本通则规定情形的,司法鉴定机构应当予以纠正。”

2. 补充鉴定

鉴定结论作为证据使用之前,必须经过审查核实。如果发现鉴定结论存在问题,根据存在问题的情况,可以进行补充鉴定、重新鉴定。

我国《刑事诉讼法》第121条规定:“侦查机关应当将用作证据的鉴定结论告知犯罪嫌疑人、被害人。如果犯罪嫌疑人、被害人提出申请,可以补充鉴定或者重新鉴定。”第159条规定:“法庭审理过程中,当事人和辩护人、诉讼代理人有权申请通知新的证人到庭,调取新的物证,申请重新鉴定或者勘验。法庭对于上述申请,应当作出是否同意的决定。”

《司法鉴定程序通则》第28条规定:“办案过程中如遇下列情形之一的,司法鉴定机构可以根据委托人的请求进行补充鉴定:(1)委托人增加新的鉴定要求的;(2)委托人发现委托的鉴定事项有遗漏的;(3)委托人在鉴定过程中又提供或者补充了新的鉴定材料的;(4)其他需要补充鉴定的情形。补充鉴定是原委托鉴定的组成部分。”

补充鉴定主要是由于原鉴定要求或原鉴定的检材、样本存在一定问题造成的，而非鉴定人的原因。因此，补充鉴定一般由原鉴定人进行。在补充鉴定过程中，发现需要重新鉴定的，应当重新鉴定。

3. 重新鉴定

除了我国《刑事诉讼法》第 121 条和第 159 条规定了重新鉴定的情况之外，《最高人民法院关于民事诉讼证据的若干规定》和《司法鉴定程序通则》中也作出了相关规定。《最高人民法院关于民事诉讼证据的若干规定》第 25 条规定："当事人申请鉴定，应当在举证期限内提出。符合本规定第二十七条规定的情形，当事人申请重新鉴定的除外。"第 27 条规定："当事人对人民法院委托的鉴定部门作出的鉴定结论有异议申请重新鉴定，提出证据证明存在下列情形之一的，人民法院应予准许。(1)鉴定机构或者鉴定人员不具备相关的鉴定资格的；(2)鉴定程序严重违法的；(3)鉴定结论明显依据不足的；(4)经过质证认定不能作为证据使用的其他情形。对有缺陷的鉴定结论，可以通过补充鉴定、重新质证或者补充质证等方法解决的，不予重新鉴定。"《司法鉴定程序通则》第 29 条规定："有下列情形之一的，司法鉴定机构可以接受委托进行重新鉴定：(1)原司法鉴定人不具有从事原委托事项鉴定执业资格的；(2)原司法鉴定机构超出登记的业务范围组织鉴定的；(3)原司法鉴定人按规定应当回避没有回避的；(4)委托人或者其他诉讼当事人对原鉴定意见有异议，并能提出合法依据和合理理由的；(5)法律规定或者人民法院认为需要重新鉴定的其他情形。接受重新鉴定委托的司法鉴定机构的资质条件，一般应当高于原委托的司法鉴定机构。"第 30 条规定："重新鉴定，应当委托原鉴定机构以外的列入司法鉴定机构名册的其他司法鉴定机构进行；委托人同意的，也可以委托原司法鉴定机构，由其指定原司法鉴定人以外的其他符合条件的司法鉴定人进行。"第 31 条规定："进行重新鉴定，有下列情形之一的，司法鉴定人应当回避：(1)有本通则第二十条第一款规定情形的；(2)参加过同一鉴定事项的初次鉴定的；(3)在同一鉴定事项的初次鉴定过程中作为专家提供过咨询意见的。"

重新鉴定是对原鉴定的项目、原送检的样本与检材重新进行的鉴定。重新鉴定的目的是要获得准确、真实的鉴定结论。重新鉴定的提起多是由于当事人等对原鉴定的结论不服而引起的,与原鉴定人存在联系。因此,重新鉴定应当更换鉴定人,由原鉴定人以外的鉴定人进行。重新鉴定应视为对原鉴定结论的审查,是对原鉴定结论的印证或是改正。

当重新鉴定的结论与原鉴定结论一致时,应当根据重新鉴定的情况写出维持函,并向委托单位出具维持原鉴定文书的通知函;当重新鉴定的结论与原鉴定结论不一致时,应当写出重新鉴定文书,并向委托单位出具撤销原鉴定文书通知函。

4. 会检鉴定

《司法鉴定程序通则》第 33 条规定:“对于涉及重大案件或者遇有特别复杂、疑难、特殊的技术问题的鉴定事项,根据司法机关的委托或者经其同意,司法鉴定主管部门或者司法鉴定行业组织可以组织多个司法鉴定机构进行鉴定,具体办法另行规定。”目前,我国很多地方已经着力探索会检制度,有的已经制定出适合自身的会检鉴定规章制度。

会检鉴定可以由委托单位提出,也可以由鉴定机构提出。此外,如果一方当事人认为鉴定结论有误并提出申诉,也可通过组织专家会检的形式对案件重新鉴定,但需按照一定的程序,经相关机构同意后方可进行。

会检主持人、原鉴定人一般不担当会检鉴定人;会检人数以奇数为宜,一般不少于五人。会检人意见一致的,应当制作会检鉴定书,所有参加会检的专家应当签名并盖章,并加盖主持会检机构的鉴定专用章;会检意见有分歧,应制作会检纪要,会检纪要应记载各种意见和结论。

二、物证技术鉴定程序

(一)物证技术鉴定的委托

1. 物证技术鉴定的启动

我国1991年颁布的《民事诉讼法》第72条规定:“人民法院对专门性问题认为需要鉴定的,应当交由法定鉴定部门鉴定……”当时,鉴定完全由人民法院启动和决定。2001年《最高人民法院关于民事诉讼证据的若干规定》确立了“二元化”的鉴定启动方式。该《规定》第25条规定:“当事人申请鉴定,应当在举证期限内提出。符合本规定第27条规定的情形,当事人申请重新鉴定的除外。对需要鉴定的事项负有举证责任的当事人,在人民法院指定的期限内无正当理由不提出鉴定申请或者不预交鉴定费用或者拒不提供相关材料,致使对案件争议的事实无法通过鉴定结论予以认定的,应当对该事实承担举证不能的法律后果。”第26条规定:“当事人申请鉴定经人民法院同意后,由双方当事人协商确定有鉴定资格的鉴定机构、鉴定人员,协商不成的,由人民法院指定。”第28条规定:“一方当事人自行委托鉴定有关部门作出的鉴定结论,另一方当事人有证据足以反驳并申请重新鉴定的,人民法院应予准许。”从中可以看出,第25条、第26条强调了人民法院在委托鉴定中的主导地位,但是并不必然否定当事人自行委托鉴定的证据效力,而是将当事人自行委托鉴定的鉴定结论看做是当事人提供的证据。虽然个人委托鉴定的形式已为立法认可,但在实践中仍有很多鉴定机构不接受个人委托鉴定,而多数的鉴定机构要求至少需要律师进行委托鉴定。

我国1996年颁布的《刑事诉讼法》将鉴定规定为侦查行为之一种,特指侦查机关指派或聘请具有专门知识的人就案件中某些专门性问题进行科学鉴别和判断并作出书面鉴定结论的侦查活动。基于这种定位,刑事诉讼中的鉴定启动权一直归侦查机关所有。但正如前文所述,《刑事诉讼法》第121条、第159条也规定了当事人可以申请补充鉴定和重新鉴定。但是司法现状并不让人乐观,近年来针对物证技术鉴定出现了较多争议案件。2003年湖南省湘潭市黄静死因鉴定案、2007年黑龙江省黑河市嫩江县代义死因鉴定案、2008年贵州省瓮安县李树芬死因鉴定案等一系列案件都不免让人们对制度产生了些许怀疑,是否能够更合理地分配刑事诉讼当中物证技术鉴定的启动权成为当下专家和学者们讨论的热点。2008 年黑龙江省哈尔滨市林松岭案件,当地公安机关尊重当事人家属的意见,组织社会鉴定机构与侦查机关鉴定机构共同鉴定,死因鉴定仅一次结束,结果也为家属接受。诚然,本案中犯罪嫌疑人是在职干警,鉴定程序有其自身的特殊性,然而这种鉴定程序的形式是否能够给我们一些启示,今后刑事鉴定的启动权是否需要有进一步的改革,当前还处于研究阶段。

《行政诉讼法》第 35 条规定:“在诉讼过程中,人民法院认为对专门性问题需要鉴定的,应当交由法定鉴定部门鉴定;没有法定鉴定部门的,由人民法院指定的鉴定部门鉴定。”而目前在行政诉讼中鉴定的启动权仍然由人民法院行使。

2. 委托鉴定的准备

(1)证明单位和身份的材料

证明委托者所在单位和身份的材料包括单位介绍信、工作证、身份证等。

(2)委托鉴定函

委托鉴定函由委托单位出具,应写明送检人的姓名,委托函须加盖委托单位公章。如果鉴定机构接受个人委托则不受此限制。

(3)基本案情

委托鉴定时,应当向鉴定人员介绍案件的基本情况,包括现场情况,物证的来源、显现方法、提取方式以及保管情况等。

(4)物证技术鉴定中解决同一认定和种属认定问题都需要对检材和样本进行比对检验,所以送检人员针对鉴定需要解决的问题,应准备好检材与样本,保证其合法、客观、真实、符合鉴定条件。

对于送检的检材:首先,必须是依法收集,收取不合法、来源不明的材料不能作为物证材料送检;其次,送检的物证材料必须是原件、原物,如果送检原件、原物确实有困难的,对于某些物证检验,可以提供照片、复印件或制模;最后,送检的物证材料要具有完整性,应当将案件中与待证事实有关的物证同时送检。

对于送检的检材:首先,收集时应按要求公开进行,保证样本的合法性、真实性；其次，要注意收集方法，制作样本时要保证与检材的条件、状况基本接近，以满足检验、鉴定的条件；最后，还要保证制作样本、提取样品的数量。[①]

（二）物证技术鉴定的受理

1. 受理鉴定的程序

（1）查阅委托鉴定函；

（2）核实送检人员的单位和身份；

（3）询问案件、送检物证的有关情况；

（4）查阅委托人填写的委托鉴定登记表；

（5）做好受理案件的记录。

2. 受理鉴定应当注意的问题

受理鉴定时，一定要明确委托鉴定的目的和要求。明确委托鉴定的目的之后，应当重点审查检材的条件，包括检材所反映的特征数量、质量，检材的包装、储存、管理等情况。同时，还要对样本的情况予以查验，重点检查样本的来源、样本的制作情况、样本的形成条件以及样本的数量等。综合考虑检材和样本的情况后，鉴定人员认为能够解决委托单位提出问题的，应当受理鉴定；否则，不予受理。如果是样本条件不够的，鉴定人员可以要求委托单位补充样本材料。受理案件之后，应当对检材和样本进行妥善的保管，防止出现丢失、损坏等情况。

（三）物证技术鉴定的实施

对于同一认定型的物证技术鉴定，检验的步骤一般可以分为五个阶段：预备检验、分别检验、比较检验、综合评断、制作鉴定书。

1. 预备检验

预备检验是指在正式检验之前所做的准备工作，包括了解与案件、鉴定有关的基本情况，制订鉴定的实施方案；准备鉴定工作所需要的仪器设备、物质材料以及包装物等；在进行检验之前要对

---

① 罗亚平：《物证技术及物证鉴定制度》，中国人民公安大学出版社2003年版，第286页。

案件的检材和样本进行拍照记录或复印;对有些物证,在预备检验阶段要制作可供比对的样本。

2. 分别检验

分别检验是指对检材和样本分别进行检验。分别检验一般按照先检验检材,后检验样本的程序进行。在分别检验检材和样本的过程中,要认真、细致地寻找、发现可供比对的种类特征、细节特征,这是成功进行检验鉴定的关键;发现特征之后,要对特征予以标记并对特征的稳定性、质量进行分析,为进行下一步比对检验打下基础。

3. 比较检验

比较检验是将在分别检验阶段发现的检材特征与样本特征放在一起,进行特征对照比较,确定两者相同的特征与差异。比较检验通常采用特征对照法、特征接合法、特征重叠法以及绘图测量的方法确定特征的相同与差异,在检验过程中可以使用比对仪、比对显微镜、投影仪等辅助设备。比较检验应按照先检验种属特征后检验细节特征的顺序进行。

4. 综合评断

综合评断是对比较检验阶段发现的检材和样本上特征的符合点和差异点进行评断,确定符合点和差异点的性质,分析符合点是偶然的符合,还是本质的符合;差异点是否为本质的差异,在此基础上得出鉴定结论。进行综合评断要从特征的数量、特征的质量、特征出现的部位、特征出现的规律等多方面进行。

5. 制作鉴定书

物证技术鉴定机构和鉴定人在完成委托的鉴定事项后,应当向委托人出具物证技术鉴定文书。文书类型包括物证技术鉴定意见书和物证技术鉴定检验报告书。物证技术鉴定文书的制作格式一般包括:鉴定文书名称和发文字号,绪论、检验、论证、结论,签名、盖章。物证技术鉴定机构出具的鉴定文书一般应当一式三份,两份交委托人收执,一份由本机构存档。

第二节　中外物证技术鉴定制度

一、英美法系国家司法鉴定制度的相关规定

（一）专家证人的资格和选任。在英美法系国家，专家证人一般由当事人自行聘任，专家证人的资格基本上没有具体标准，只是抽象地规定专家证人必须在一定领域内，在知识、经验、技能、训练等方面具有优于常人的能力。在这里，专家不一定是受过高等教育或具有较高专业技术水平的人，汽车修理工、砖瓦工、木工、电工等都可以专家的身份出庭作证，只要他或她对案件中的某个专门问题具有一般人不具有的专门知识或经验。《美国联邦证据规则》第702条规定：如果科学、技术或其他专业知识有助于事实审判者理解证据或者裁决争议事实，则凭借知识、技能、经验、训练或教育而够格为专家的证人，可以以意见或其他形式就此作证。至于专家证人是否真正具有优于常人的能力，英美法系国家往往通过法庭上当事人之间的激烈对抗来进行检验，即采取事后审查的方法，也被称为诉讼中的"证人资格"认定。[①] 在法庭上，双方对专家资格的审查可以通过询问他的受教育程度、学术水平、个人素养、有无鉴定失误的经历等方面来进行，最后由法官来决定某一专家证人是否具备相应资格。

（二）专家证人的功能和性质。在英美法系国家，专家证人具有两项功能：第一，对案件中涉及专业问题的证据资料进行分析、研究，并加工整理成专家证言，从而将法官难以理解的涉及专业的证据资料转化为容易为法官所理解的专家意见，帮助法官认定事实。第二，通过对一些普遍性的规则、惯例进行说明、解释，从而帮助法官理解和判断当事人的意见。与此相适应，专家证人的性质

---

① ［美］乔恩·R. 华尔兹：《刑事证据大全》，何家弘等译，中国人民公安大学出版社1993年版，第346页。

是一种证据方法,专家证言是证据资料,它们并不当然为裁判者所认可,只有经过交叉询问和检验的专家证言才能成为裁判者认定事实的基础。

(三)对专家证言的可采性规定。由于专家证言是一种证据,因此,对专家证言不能一概采信,必须对其真伪进行鉴别;同时又因为专家证言是专家证人利用其在领域内的知识、经验、技能对证据资料进行加工的结果,因此,对专家证言的检验不能限于专家证言本身,必须考察专家证人是如何将原始证据资料加工为专家证言的。据此,影响专家证言可采性的因素主要有以下几个方面:1. 使用专家证言的必要性。2. 专家证言的相关性。3. 专家证人的资格。4. 专家证人意见加工的对象。5. 加工证据资料的方法。美国对专家证言可采性主要考察的是相关性和可靠性,可靠性着重在于考察专家加工证据资料的方法的合理性,例如《美国联邦证据规则》第702条就是在司法实践中通过判例形成的多伯特规则的具体化表现,所谓多伯特规则主要包括四个要素:1. 专家证言所依据理论发生错误的可能性。2. 专家证人的同行对相关理论的评价以及与该理论有关的出版发表情况。3. 有关理论的已知或潜在的错误率以及该理论现存的研究标准。4. 指导相关理论的方法论及研究方法为相关科学共同体所接受的程度。① 虽然几经演变,该规则目前仍然是美国司法实践中判断专家证言可采性的最重要的规则。英国对专家证言可采性问题同样重视,只是其侧重点有所不同,除了同样强调专家证言的相关性外,英国还强调对专家证人资格的保证以及使用专家证人的必要性。

(四)专家证人出庭是正当程序的需要。现代司法裁判中越来越多地涉及对专业问题的判断,从而导致专家证言对裁判结果的影响力日益增强。因此,如何判断和采信专家证言,防止法官在采信过程中的过分自由,就成为各国司法界普遍关注的问题。英美法系各国主要通过正当程序提供当事人充分参与的机会,对专家

---

① 徐继军:《专家证人研究》,中国人民大学出版社2004年版,第40页。

证言进行展示和攻击,从而为法官居中裁判提供依据,而这些程序当中的中心环节就是专家证人出庭,法庭的直接询问和间接询问可以为当事人提供展示专家证言和攻击专家证言的机会,同时也为法官提供了了解和分辨专家证言的机会,如果不出庭作证,专家证言就不可能被法庭采信,进而作为认定事实的基础。

(五)专家证人的责任。20 世纪 90 年代中后期开始,英美法系各国开始以不同的方式强调专家证人在作证中的责任。主要表现在两方面:一是当事人对自己聘请的专家证人追究侵权或违约责任。从违约责任看,当事人聘请专家证人是一种合同行为。因此,当专家证人在提供专家服务的过程中发生违背专家任务的行为时,即是一种违约行为。从侵权责任看,其归责原则类似于律师侵权责任的归责原则,即如果专家证人的行为不符合一名理性、诚实、负责的专家证人在类似情况下所应有的行为,并且给当事人造成了损失,当事人就可以此追究专家证人的侵权责任。二是专业团体对专家证人责任的追究。随着大量专家证人进入诉讼程序,各专业团体逐渐开始关注其成员在担任专家证人过程中的表现,并对该行业成员在担任专家证人过程中存在的违反行业规则的过错行为追究行业责任,这种做法也得到英美法系法院的判例支持,从而强化了专家证人在作证过程中的责任意识,最大限度地保证专家证言的真实客观性。

二、大陆法系国家司法鉴定制度的相关规定

(一)鉴定人的资格和选任。鉴定人的选任一般由法官指定,这体现出大陆法系国家在职权主义诉讼模式下法院对鉴定程序的控制。大陆法系各国虽然没有对鉴定人的资格作出详细规定,但是德国、法国等大陆法系国家往往设立了一些具有法定资格的鉴定机构,鉴定人大多供职于法定的鉴定机构,任职之前,鉴定人一般要受到鉴定机构的严格考核,需要具备相当的学历、资历等硬性条件,并接受相应的培训。相对于英美法系对专家证人资格的事后审查,大陆法系各国对鉴定人资格的认定采取事前管理的方法,

如法国和意大利建立了鉴定人名册制度，由专门机构通过特定的考评和登录程序，将全国具有司法鉴定资格的专家根据行业登记造册，记录各自的受教育程度、学术成果、专业经历等内容，供法官根据案件的需要从名册中选任鉴定人。[①]

（二）鉴定人的功能和性质。鉴定人只具备专家证人制度的第一项功能，即利用自己的知识、经验、技能将难以为法官所理解的事实资料进行加工、整理，形成能够为法官所理解的证据资料——鉴定结论，在此基础上，法官依据自己的经验，在鉴定结论的基础上结合其他的证据对事实进行认定。另外，大陆法系始终把鉴定人定位在中立的地位，其参加诉讼的目的是帮助法庭发现真实。因此，大陆法系各国一般都规定有鉴定人回避制度。

与此相适应，鉴定人的性质有两方面，一方面：鉴定人是一种证据方法，鉴定结论属于证据资料的范畴，鉴定人在法庭上需要接受当事人及法官的询问，是否采纳以及在什么范围内采纳由掌握裁判权的法官来决定；另一方面，鉴定人又是法官的助手。在大陆法系国家，鉴定人由法官在法定鉴定机构中指定，由于法官对非法律专业领域的专业知识相对缺乏，因此，鉴定人的结论对法官的影响非常大。虽然鉴定人也需要出庭接受质证，但质证程序轻易不能否定鉴定结论，普遍情况是，鉴定结论最终转化为裁判结果。

（三）对鉴定结论的可采性规定。大陆法系对鉴定结论的可采性规定具有自己的特点：

1. 由于鉴定结论的性质为证据资料，而鉴定证明的过程与使用专家证人进行证明的过程具有相似性，因此，上述影响专家证言可采性的五个因素同样影响鉴定结论的可采性。但是在这五个因素的考察中，大陆法系国家考察的重点是鉴定人的资格、鉴定人意见加工的对象以及加工证据资料的方法。

---

① 余叔通、谢朝华译：《法国刑事诉讼法典》，中国政法大学出版社 1997 年版，第 78 页；黄风译：《意大利刑事诉讼法典》，中国政法大学出版社 1994 年版，第 76 页。

2. 大陆法系国家对鉴定结论可采性的考察主要通过法庭询问来实现,通过对鉴定人的询问暴露鉴定人在鉴定证明过程中所存在的瑕疵,从而判断鉴定结论的可采性。

3. 重视鉴定人资格。大陆法系国家一般都设有官方鉴定机构,鉴定人来自官方鉴定机构往往是鉴定人资格的保证,而来自非官方鉴定机构的鉴定人资格往往会受到质疑。因此,为确保鉴定人资格,法官往往习惯于从官方鉴定机构中指定鉴定人。

4. 重视鉴定结论的客观真实性,并因此规定了鉴定人负有真实义务和鉴定人的回避制度。但大陆法系国家并没有像美国那样根据证明的过程分解出若干影响客观真实性的因素,从而形成具体的规则,大陆法系国家对鉴定结论的采信主要由法官自由心证来决定。

(四)鉴定人出庭接受法庭询问。如《德国民事诉讼法》第 377 条规定,包括鉴定人在内的证人除特殊情况法院认为可以通过书面作证,并得到双方当事人同意之外,证人与鉴定人必须出庭接受法庭询问。如果证人与鉴定人违反了出庭义务,第 380 条规定可以对其处以罚款、拘留等制裁,再次传唤不到场,甚至可以拘传。与英美法系中由当事人的律师为主进行法庭询问不同,大陆法系各国在法庭询问中主要由法官主持询问,通过法庭询问展示和分辨鉴定结论,最后由法官在一定的证据规则下进行自由心证,以决定对鉴定结论的取舍。同时还强调心证的公开,即法官在判决书中必须给出对鉴定结论采信与否的理由,包括当事人对鉴定结论所提出的意见以及法官接受或驳回该意见的理由均应在判决书中有所体现,尽可能使裁判结果具有正当性。

(五)鉴定人的法律责任。鉴定人由法官指定,鉴定人的地位应是中立的、客观的,基于此,大陆法系国家除规定鉴定人回避制度外,还普遍要求鉴定人在鉴定时必须宣誓。如《德国民事诉讼法》第 410 条第 1 款规定,鉴定人应在鉴定前或鉴定后宣誓,在誓词中,鉴定人应当表示在要求他做的鉴定中,他公正地以自己的良心进行鉴定或已做出了鉴定。这些表明大陆法系国家中鉴定人对法庭负有诚实鉴定的义务，如违背这种义务，除了产生证据法上证据排除的后果外，鉴定人还将承担侵权损害赔偿的法律责任。特别是近些年来，随着鉴定人违反诚实义务的情况以及鉴定人涉诉案件的不断增加，大陆法系更加强调对鉴定人责任的追究，不仅对鉴定人主观过错的认定标准有所降低，鉴定人违反诚实义务所承担的赔偿金额也比原来高很多，从而进一步强化了对鉴定人法律责任的追究。

三、两大法系有关司法鉴定的规定给我国的启示

（一）对专家证言和鉴定结论的可采性规定给我国的启示。无论是大陆法系的鉴定结论还是英美法系的专家证言，都被认为是一种证据资料。我国的制度设计偏向大陆法系，对诉讼中的专门性问题采用鉴定结论来解决。但是，由于我国对鉴定结论的证据性质认识不足，而且鉴定机构往往附属于司法机关，因而造成审判人员对鉴定结论过分依赖和轻信，同时我国在立法上也未形成一定的采信规则，这就使得法官在对鉴定结论进行裁量时缺乏必要的规则约束，以致法官滥用裁量权的现象大量存在。因此，对于我国来说，一方面应树立鉴定结论是证据的观念，法官对鉴定结论必须进行审查才能决定是否采纳；另一方面，应从司法实践中总结归纳出若干对鉴定结论进行裁量的具体规则，以指引法官对鉴定结论的考察，包括从哪几方面入手、以什么标准进行考察等，从而最大限度地使法官采纳更真实的鉴定结论。

（二）有关专家证人或鉴定人出庭作证给我国的启示。我国《刑事诉讼法》没有规定鉴定人必须出庭接受法庭询问，《最高人民法院关于民事诉讼证据的若干规定》虽然规定“经法庭许可，当事人可以向证人、鉴定人、勘验人员发问”、“鉴定人应接受当事人质询”，但同时又规定：“鉴定人确因特殊原因无法出庭，经人民法院准许，可以书面答复当事人的质询。”更重要的是，无论是法律还是司法解释都没有规定鉴定人不出庭接受询问的法律后果，从而使这一规定形同虚设。我国鉴定人出庭接受询问的情况极为少见，

例如,在医疗纠纷案件的诉讼中一般都会涉及鉴定程序,但是在实际的医疗纠纷案件中鉴定人出庭接受询问的仅属个别情况。由于鉴定人一般是法官从官方鉴定机构中指定,而法官对法律以外的专业问题不熟悉,这就造成法官对鉴定结论往往审而不查,过分轻信,从而导致大量不公正的鉴定结论成了定案的根据。对此,我国应吸取两大法系的经验,明确规定鉴定人出庭的相关配套规定,使鉴定结论接受当事人的询问和法官的审查,而为法官对鉴定结论的取舍提供依据。

(三)对专家证人或鉴定人责任的加强给我国的启示。在我国,鉴定人、证人等诉讼参与人做虚假陈述除了产生证据排除的后果外,法律没有规定相应的民事责任,这种单纯依靠道德自律的鉴定制度是很难保证鉴定结论的真实可靠的,人情关系、金钱关系难免使鉴定结论偏离正确的轨道,从而导致虚假、不负责任的鉴定结论大量产生。

从两大法系纷纷加强对专家证人和鉴定人责任的情况来看,确实有助于得到更加客观真实的鉴定结论,从而有助于实现法律的公正。我国在民事诉讼中应确定鉴定人的真实义务,对于做虚假陈述的鉴定人应强化其民事责任,以保证鉴定结论的客观性。[①]

第三节 通过耳纹证据判例解读科学证据规则

众所周知,耳朵是人类不可缺少的器官之一,它会帮助人类辨听声音,但很少有人知道,外耳部分也拥有法庭科学方面的作用——人身认定。人体测量学奠基人法国的贝蒂隆曾说:"世界上几乎没有哪两只耳朵在所有特征上是相同的,而这些特征在人的一生当中并没有明显的变化。"法庭科学专家们对耳纹的研究并非

---

① 司法部司法鉴定管理局编:《两大法系司法鉴定制度的观察与借鉴》,中国政法大学出版社2008年版,第258~260页。

纸上谈兵，耳纹已经出现在法庭并且成为了证据。从最近世界各国的判例可以看出一种趋势，法庭科学专家和证据学专家共同对小小的“耳纹”投入愈来愈多的兴趣。[①]

耳纹证据出现在美国法庭之上，引起了多家国外媒体的关注，国内也有许多关于耳纹方面的报道。其实，耳纹作为一种新颖科学证据早已进入欧洲的许多国家，德国、荷兰、瑞士等国都对耳纹证据进行了一定的研究及应用，英国更是建立了耳纹数据库，运用计算机对现场的耳纹进行识别比对。然而，耳纹证据是否具有和指纹一样的证据价值，笔者将从证据学法的角度，对耳纹进入美国法庭的 Kunze 一案进行多伯特规则适用性方面的探讨。

一、耳纹证据出现在美国法庭并接受审听

1994 年 12 月的一个凌晨，一个歹徒闯入 Clark 市的 James McCann 家中，对当时正在卧室睡觉的 McCann 和他 13 岁的儿子 Tyler 行凶。McCann 当场死亡，Tyler 幸免。警方在现场发现了潜在的耳纹痕迹。经分析比对，犯罪实验室的刑事专家出具了检验鉴定结论，即犯罪现场上耳纹的遗留者极有可能是 Kunze。

1996 年 6 月，Kunze 被提起了诉讼。在审判之前，法庭组织了一次耳纹专家证人的多伯特审听会。审听会中多数专家都认为耳纹不能成为普遍接受的证据，但专家 Grubb 提出了自己的理论：指纹证据、工具痕迹证据都已经为法庭科学界普遍接受，耳纹证据同指纹、工具痕迹一样，同是印痕证据，具有可采性。由此，耳纹被接受为证据进入了法庭。耳纹成了控方主要证据之一，Kunze 被宣判犯有恶性谋杀、入室抢劫罪，不允许假释，但 Kunze 随即向法庭提出了上诉。

在二审时法院最终没有采纳 Grubb 的论证，认为耳纹的认定并不具有与指纹、工具痕迹、枪弹痕迹、笔迹检验等相同的科学证

---

① 何家弘：《同一认定——犯罪侦查方法的奥秘》，中国人民大学出版社 1989 年版，第 88 ~ 89 页。

据地位。最后法院作出了裁决，接下来需要一轮新的审判，而审判中耳纹将不会作为证据出现。2000 年 8 月，Kunze 顺理成章重获自由。

Kunze 一案结束之后，人们发现科学证据使 Kunze 成为了犯罪嫌疑人，剥夺了其人身自由，而科学证据规则又让 Kunze 得以重获自由。科学证据规则如何发挥它"看门人"的重要作用，将耳纹证据排除在定案证据之外，还需要我们进一步分析。

二、美国对科学证据审查的历史及现状

近年来，科学证据这个名词随着法学工作者对国外书籍的翻译引入我国。科学证据和专家证言、鉴定结论既相互关联，又有所区别。而法学界对科学证据并没有较为统一的概念，笔者倾向于将其定义为"运用科学知识、技术和方法所得到的意见证据"。

在乔恩·R. 华尔兹所著的《刑事证据大全》中，科学证据被如是归纳：1. 精神病学和心理学；2. 毒物学和化学；3. 法庭病理学；4. 照相、电影和录像；5. 显微分析；6. 中子活化分析；7. 指纹鉴定；8. 枪弹证据和比较显微检验；9. 摄谱声音鉴定；10. 可疑文书；11. 多参量测试技术；12. 车速的科学测定；13. 麻醉分析和催眠术。[①]

虽然专家学者们对科学证据有了比较全面的总结，但是科学技术的发展浪潮推动着新型证据不断出现，并将在一个又一个案件当中发挥它们的作用。新型证据的诞生既是科学技术发展的必然产物，也是诉讼的迫切要求。[②] 耳纹证据作为新颖的科学证据也是科学技术和诉讼要求共同作用的结果。

科学证据的出现使科学进入了法庭，法庭必然要对其进行规范。美国对科学证据的可采性有一套审查规则，随着时代的进步，

---

① [美]乔恩·R. 华尔兹：《刑事证据大全》，何家弘译，中国人民公安大学出版社 2004 年版，第 460 页。

② 陈浩然：《证据学原理》，华东理工大学出版社 2002 年版，第 231 页。

涉及科学证据的判例不断出现，后来美国形成了《联邦证据规则》，这些判例和法典对此后的证据规则具有一定的约束性；而科学证据的审查规则也是随之几度变化。至今，此规则仍然处于发展状态。

弗赖伊判例之前，法院在对科学证据进行审查时，主要是关注提供科学证据专家的资格以及证据的关联性和辅助性。这期间对科学证据的审查并不严格，只要专家资格通过了认定，那么科学证据即通过了认定。

1923 年的弗赖伊诉合众国案是一个有关测谎证据的采纳标准的刑事判例。审判中，被告律师提供了专家对被告进行的“收缩压测谎试验”结果，并认为法庭应该接受此测谎结果。公诉方表示反对，初审法院支持了反对意见，驳回了这一证据。被告提出上诉，理由是原审法院审判法庭拒绝采纳他提出的有关收缩压测试结果的证据。哥伦比亚巡回法庭维持了原审判法庭的裁决，并公开声明：“我们很难确定一个科学理论或科学发现什么时候会跨越试验阶段和示范阶段的界线。在这个过渡区域里，科学理论的举证力量必须得到承认。法庭接受一个公认的科学理论或科学发现演绎出的专家证言，但从中作演绎推断的东西必须有足够根基，并在其所属的领域得到普遍承认。”

对于美国科学证据规则，弗赖伊一案可以称为一座里程碑，直到现在，还有一些州沿用此规则，即“在该技术领域中被普遍认可”规则。接下来的几十年中，美国在科学证据或专家证言上几乎都沿用此规则。直到 20 世纪 60 ~ 70 年代，弗赖伊规则受到了猛烈攻击，一些批评人士认为，该规则是把法律决定权交给了科学家。还有些批评者则认为，“普遍接受”代替了对所举证据的可靠性和有效性的实际分析。

1975 年美国制定了《联邦证据规则》，这是法官们今天仍在运用的证据规则，它的出现取代了弗赖伊规则在科学证据这一领域的统治地位。尽管不是全部，很多州的法庭根据相似的方针修订了自己的证据规则。

在之后的一段时间里，有些联邦法官对科学证据规则的理解是“允许几乎所有声称科学的证据提供给陪审团”。结果批评的声浪越来越高，一些法庭渐渐弱化自己的立场，采取了更严格的手段审查科学证据。

多伯特诉梅里尔·道药品公司是一个有关科学证据的民事判例。原告为法庭提供了几名专家证人的证词，但由于缺乏绝对的科学性和普遍接受，被初审法庭法官拒之可采证据的门外。原告上诉，上诉法院依然维持原审法院的判决。最后此案上诉至最高法院，最高法院同意重新审理此案，以便解释《联邦证据规则》之科学证据规则。最高法院在1995年10月2日发布的命令中，对此案作了最后判决，被告胜诉，原告的所谓科学证据最终没有得到法庭的接受。

在此案中，最高法院引用了两个著名哲学家的话，即卡尔·亨普尔的“构成科学解释的说法必须有能力进行经验性的检验”和卡尔·波普的“某项理论科学地位的准则是它的错误可证实性，或可反驳性，或可检验性”。美国法庭的科学证据审查规则中从此出现了多伯特规则字样。随后的乔因纳诉通用电气公司一案和库赫一案后，联邦法院明确了《联邦证据规则》第702条除了适用于以科学知识为基础的专家证据之外，还适用于以技术或其他专业知识为基础的证据，多伯特规则也日趋成熟。

多伯特规则2000年修订之后，《联邦证据规则》对法官审查科学证据有了更为深入细致的要求，即：1. 法官必须审查科学证据，以确保科学证据与案件的相关性以及可靠性。2. 审查的主要内容是这种科学证据的原理和方法，而不是得出来的结论。3. 法庭还应当考虑下列因素：可检验性，同行复核，错误率，普遍认可。[①]

三、耳纹证据接受多伯特审查的分析

《联邦证据规则》要求，对新颖科学证据的审查必须应用多伯

---

① 罗亚平、柳佳：《指纹证据地位在美国面临的挑战——多伯特审听》，载《中国人民公安大学学报》（自然科学版），2003年第2期，第123～124页。

特规则。根据联邦法院在库赫案中的说明,法院考虑的并不一定是以上条文中的每一条,而是可以考虑其中的某条或某几条。但是从研究的角度,笔者尝试对修正后的多伯特规则如何适用于耳纹证据进行逐条分析:

(一)科学证据要具备有效性,即相关性和可靠性

相关性是科学证据的前提,但是正如《联邦证据规则》第403条所述,法官也可以对相关证据进行排除。受害人尸体的解剖照片不可谓不是科学证据,但是这种照片极易误导陪审团或使其产生偏见,即便照片的内容是多么客观,法官们还是要排除这种证据。诡辩容易引起对相关性的误导,一个诡辩老手可以戳穿有理有据的科学中的谎言,也能同样迅速地把科学中的谎言说得有理有据。[①] 无论耳纹专家们的辩论是否存在诡辩成分,法官们都有理由通过自己的判断来排除。

科学证据除了要具有相关性,关键还应具有可靠性。美国最高法院在多伯特案中提出:证据的可靠性将基于科学的正确性。耳纹证据和多伯特案之后出现的其他证据一样,要经受住可靠性的检验,证明它本身是科学而绝非单纯猜想或没有根据的推测。虽然法官并不能指望耳纹专家来证明其可靠性,但依贝叶斯定理来讲,在评判耳纹的可靠性时,法院需要知道背景比率,在估计这一比率时,法院就不能把眼光局限在单个专家身上。评估科学家的观察结果或观点的可靠性的唯一办法是,把有关科学家所用的观察工具的信息、有关其声称已经观察到的事物的实际可能性的外部信息以及关于这个领域的科学知识的可靠性的历史信息结合起来。所以,对科学证据的可靠性要求二维衡量,即一方面是观察工具和观察者技能的可靠性,另一方面是不局限于观察者本身,还涉及同领域中的其他观察者和该领域得以确认的科学信息。如果不用这样的视角,法官将无法判定科学证据的可靠性。在观察工

---

① [美]肯尼斯·R. 福斯特、彼得·W. 休伯:《对科学证据的认定——科学知识与联邦法院》,王增森译,法律出版社2001年版,第251页。

具和观察者技能上的缺乏说明,在背景比率方面缺乏必要的技术分析,研究领域的其他专家对耳纹证据评价不高,可以确认的科学论著也少得可怜,故目前为止,法庭对耳纹证据的可靠性还很难作出肯定评判。

(二)对科学证据的审查是针对其原理和方法,而非得出的结论

耳纹证据作为科学证据,原理是什么?方法又是什么?原理对于科学来说是决定性的因素,耳纹要想成为科学证据,必须首先在原理上为研究群体所接受,即使没有实质性的突破,至少也要和指纹一样受到法庭科学界更多的尊重与认可。在笔者看来,耳纹作为同一认定的证据,在强调洛卡德原理和同一认定原理的同时,还需要努力印证假设前提,即依靠统计归纳和实验论证来印证耳纹确是人各不同。指纹之所以能成为世界普遍接受的证据,除了以上两条原理之外,还有概率论等基础原理作为支撑。另外,人们发现指纹是由 DNA 决定的,不同人的指纹也相应不同,几乎没有发现哪两个人的指纹可以重合认定。反观耳纹,在研究的深度和广度上,与指纹不可相提并论,当然作为法庭证据的时候,不免受到众多怀疑。现在由于多伯特规则的门槛作用,无论对耳纹还是指纹,基本原理都要受到重视,整个法庭科学界对科学证据的原理探讨无疑将成为下一个阶段的研究热点,在这种环境之下,耳纹研究领域的专家如果不对基础性统计检验、实验论证予以高度重视,耳纹证据将无法避免被阻隔在法庭之外的命运。

研究方法是法庭科学专家对耳纹证据的又一个批评点,到目前为止,耳纹的比对还只是停留在主观测量阶段。人体测量学在一个多世纪以前已经将耳朵列入测量对象,耳纹研究者们如能够在这方面作一定的努力,法庭科学界对耳纹证据可采性的否定态度也许会有所改观。指纹已经为全世界法庭普遍接受为科学证据,但有时它和耳纹一样要接受多伯特审听。指纹作为科学证据曾十几次受到了美国联邦法院的怀疑,在 2002 年美国联邦法官波拉克甚至否认了指纹鉴定的可采性。从美国法院对指纹证据的怀疑态度可以看出,耳纹证据这样的新颖科学证据要想通过“看门人”这一关,难度将越来越大。

(三)对科学证据的审查,法庭还要考虑其他多种因素

第一,法庭需要对耳纹证据的可检验性予以关注。

虽然统计归纳代表了当今科学证据在原理检验上的研究方法,在多伯特一案中,大法官却引用格林的话批评了归纳方法,美国联邦法院的观点显而易见,即归纳永远不可能决定性地证实一个假设,但可以证明它的错误。此推论也正与卡尔·波普的观点吻合。现在科学方法的基础是提出假设、检验假设,看它的错误是否可以证实,正是这一方法把科学与人类的其他探索活动区别开来。如此一来,科学假设永远不能得到证实,它们只能被证伪。虽然这种观点是极端的,受到了哲学界的多方批判,然而任何理论都有其值得借鉴的一面。美国联邦法院引用其作为哲学基础,并表明:“经受得住反复证明错误的假设,最终将被科学界接受,甚至有条件地作为真理接受。”可检验性在耳纹证据上的具体标准应该是任何人的耳纹在任何时间都应该是可以做同一认定的,但这项研究目前为止还只是停留在实验阶段。

第二,法庭需要对耳纹证据的同行复核予以关注。此处的同行是指法庭科学界的共同研究者、科学家。如同律师习惯于交叉质询一样,科学家们已经习惯于同行复核。科学家们懂得论文发表的重要性,当有新的或有价值的发现时,他们总是喜欢将其发表。有时论文发表之后,马上会引来同行的批评,接下来可能会进行相互之间更深入的论证。目前来看,法庭科学专家们对耳纹证据的论战似乎刚刚开始。

科学刊物对手稿的同行复核是保证科学严肃性的一种方式。待发表的文章需要接受审查:是否存在明显的研究方法问题,对前人的成果是否有足够的引用,是否符合期刊的风格,等等。这里同行复核的作用可以说和法庭上的法官一样,都起到了一个过滤器的作用。同行复核将有明显缺陷的文章过滤掉,这里期刊编辑起到了很大的作用,因为大多数期刊编辑是其出版物领域的专家。

但是,有时候他们没有时间和技巧仔细审阅每一篇手稿,所以还要依靠一些外界评论来作决定。期刊的存档,也给同行复核提供了条件。每一个研究相同领域的科学家都要借鉴前人的工作,前人工作的方法数据是否正确,科学家们也会得出自己的结论。

第三,法庭需要对耳纹检验的错误率予以关注。不同于法庭判定结论的确定性,在科学界,研究结论通常具有不确定性,这也是由科学技术现状所决定的。关于指纹和DNA结构因人而异的结论,事实上是按照统计调查的原则,在一定的比例上按照数学原理对调查标本进行处理后推导出来的数理分析结论。[①] 耳纹证据是否能够依照自身特征分布状况推算出错误率或危险率,这仍是有待研究者继续探索的课题。审听会上多数专家的意见是,耳纹研究仅仅依靠主观经验或观察是不科学的,不会成为科学证据。研究中,测量应是一个必不可少的组成部分,比如同一耳纹样本之间的测量差,不同样本与检材之间的测量差,两者之间是否满足比对认定的条件等,然而至今这些方面的研究似乎无人问津。耳纹从三维器官过渡到二维印痕的过程中变形是不可避免的,这种变形对耳纹错误率的影响究竟有多大,研究者对此问题仅仅做出了结论,即耳纹的变形并不影响耳纹认定的过程及结果。论断缺乏程序性的细节分析,这些研究缺陷成为许多批评者的有力论据,从而使耳纹无法成为可采信的科学证据。

第四,法庭还要对耳纹证据的普遍认可情况进行审查。耳纹要想成为科学证据被法庭接受,需要得到法庭科学界的普遍认可(弗赖伊规则)。多伯特规则与弗赖伊规则的区别在于除了普遍认可以外,法庭还要对科学证据进行多方面审查。这就意味着多伯特规则相对弗赖伊规则对科学证据有了更高的要求,法官需要给科学证据设立更高的门槛,以便陪审团这样的由平常人组成的团体不会被科学证据所误导。比起前面的几项要求,弗赖伊规则在美国法庭更受人们的关注,无论法官还是律师,提到多伯特规则,

---

① 陈浩然:《证据学原理》,华东理工大学出版社2002年版,第74页。

首先想到的就是法庭科学界的普遍接受。在欧洲一些国家,耳纹已经作为科学证据使用,并不代表它也要在美国作为科学证据使用,潜台词就是耳纹在其他国家作为证据使用,并不一定就说明它已经得到了法庭科学界的普遍认可。在关于耳纹证据的审听中,没有人能够说明耳纹已经被法庭科学界普遍接受。这一点足以说明,耳纹还缺乏科学证据的资格,至少现在还没能进入美国的可采科学证据行列。

四、小结

对待科学证据规则,科学与法律的目标完全不同。科学寻求的是一种综合性的理解,这种理解的发展要通过许多科学家的集体努力。法律审判寻求的则是在有限的时间内解决集中讨论的法律争端。法官组织专家证人对科学证据进行审听,不是要对专家证人观点的有效性作任何终局性的判决,而只是判决这些观点在法庭上是否有充分的证明效力。纵观 Kunze 案全过程,美国法庭对科学证据的审查有越来越严格的趋势,虽然多伯特规则的动态发展并没有结束,但可以看出,包括耳纹在内的科学证据,将会面临一场前所未有的挑战。

文中所述波普的论点,即错误的可检验性,对国内法庭科学的专家、学者来说,应该是可以借鉴的。错误的可证明性并不是意味着耳纹证据要永远地被证明错误而不会被采信,如同波普的比喻,科学就像立在沼泽地上的桩子,下面根本就没有很牢固的基岩,科学家们觉得桩子牢固到足以支撑,至少暂时支撑上面的结构时,就停止往深处打桩。虽然哲学界对波普的理论存在着批评的声音,而且波普本人对马克思主义也不太尊重,但是正如国内一些学者对唯物主义认识论作为证据法学理论基础提出的质疑一样,“错误的可检验性”也是有其自身的应用范围,至少在法庭科学界,持这一研究态度是有利无害的。国内一些技术专家在做研究的时候,对实验数据以及推论结果等往往具有强烈的证明欲望,甚至有时会有意无意地忽略某些不符合假设前提的数据,这样的研究态度会严重阻碍我国法庭科学的发展。而如果在实验论证的同时,时刻将研究的潜意识定位为证明错误,则会对研究态度的转变起到巨大作用。①

在美国,耳纹证据目前没有通过科学证据“看门人”这一关,但是作为科学证据,它仍然有可能像 DNA 一样,作为决定一个人生死的证据再度出现。也许在中国很少有人关注耳纹这种科学证据,但却有越来越多的人开始关注科学证据规则,也许在不久的将来,中国也会形成自己的科学证据“看门人”规则。

① 董凯:《耳纹证据的多伯特审查——通过判例解读〈联邦证据规则〉之科学证据规则》,载《黑龙江省政法管理干部学院学报》,2005 年第 4 期,第 76 ~ 79 页

第二篇

形象痕迹物证

第一章　指纹物证技术

第一节　形象痕迹概述

一、痕迹与形象痕迹

（一）痕迹概念

事物运动遗留下来的印象或形象即为痕迹。世界上任何事物在人力、自然力或其他因素的作用下，都会引起运动，从而留下痕迹。痕迹一词已被诸多学科广为使用，如战争痕迹、心理痕迹等。痕迹有广义和狭义之分，广义的痕迹是某种活动留下的印迹；狭义的痕迹是造痕体与承痕体在力的作用下，在作用部位上出现的形象反映。本篇研究的痕迹即为狭义痕迹。

（二）形象痕迹概念

在诉讼过程出现的痕迹中，有一些无须任何技术就可以加以利用，有一些则必须运用专门的技术方法进行检验才可以加以利用，而在必须运用技术方法进行检验的痕迹中，有一些只能解决种属认定的问题，有一些既能解决种属认定问题，又能解决同一认定问题。形象痕迹就是所有痕迹中能据以解决种属认定问题和同一认定问题的那一类痕迹。

形象痕迹应当包含在狭义的痕迹之中，形象痕迹以外的痕迹只能为分析案情或留痕人的特征提供依据，而形象痕迹不仅能为分析有关情况和特征提供依据，而且还能对留痕人（或物）进行同一认定，从而能为确定人（或物）与事件是否存在联系提供依据。

正因为如此,形象痕迹以及其他需要进行技术检验的痕迹,是物证技术学的研究对象。而那些不需要技术检验的痕迹,应当是侦查学的研究对象。

二、形象痕迹形成的要素

形象痕迹的形成必须具备三个基本要素,即造痕体、承痕体和作用力。

(一)造痕体

造痕体是指留痕客体,如手指、手掌、脚掌、鞋底、工具、车轮等。没有造痕体就没有形象痕迹。

造痕体应当具有比较稳定的形状、体积和硬度。造痕体的硬度一般应大于痕迹的载体,但也可能不如承痕体,当造痕体的表面附着一层细腻介质时,较软的造痕体和另一客体相接触时也能留下自己的印痕。

(二)承痕体

承痕体又称载体,是留有痕迹的客体。各种物体的表面,以及人体皮肤表面,都可能是形象痕迹的载体。

承痕体表面的结构应当比造痕体细腻,否则,不能形成清楚的印迹。承痕体表面越细腻,痕迹就越清楚。

(三)作用力

作用力是使造痕体和承痕体接触的机械动力。作用力的大小与形象痕迹的深浅、粗细、明显程度有直接联系;作用力的方向、角度对形成痕迹的形状和特征也有密切关系。

当然,在造痕体和承痕体之间应该有一种介质,此种介质有时候也被称为形象痕迹形成要素中的第四种要素。常见的介质包括液态和粉末态,比如血液、汗液、油质,还有灰尘、粉尘等。

三、形象痕迹的分类

形象痕迹可以从不同角度进行分类。

（一）按造痕体的类型可分为人体印迹、物体印迹、动物蹄迹

1. 人体印迹。例如，指印、掌印、赤足印、牙印、耳纹痕迹等。

2. 物体印迹。例如，工具痕迹、鞋印、车辆轮胎痕迹、枪支来复线痕迹等。

3. 动物蹄迹。例如，牛蹄印、羊蹄印、鸡爪印等。在盗窃牲畜或以牲畜作为运输工具的案件中，这类痕迹对分析案情有重要作用，必要时也可进行鉴定。

（二）按形成机制可分为静态痕迹和动态痕迹

1. 静态痕迹。在力的作用下，造痕体基本上以垂直方向与承痕体相接触，并在保持接触面相对不变的条件下形成的印迹称为静态痕迹。

2. 动态痕迹。在力的作用下，造痕体和承痕体相互接触后，造痕体在承痕体表面滑动或者承痕体在造痕体表面滑动所形成的印迹，称动态痕迹。常见的有擦划痕迹，剪切痕迹，锯、锉、钻痕迹，车轮刹车痕迹，弹头上来复线痕迹。在这种痕迹中造痕体接触面外部结构特点，会发生形态变化：造痕体上的点状特征在印迹上呈线条状，造痕体上的横线条在痕迹上则可能呈面状。

（三）按承痕体客体保留的痕迹状态分类

1. 平面痕迹。形成痕迹时承痕体表面本身未发生凹凸变化的，即为平面痕迹。平面痕迹又可分为两种：一是平面加层痕迹，即造痕体接触面附着的一层介质（汗液、粉尘、血液等）被带到承痕体表面而形成的痕迹；二是平面减层痕迹，即承痕体表面附着的介质被造痕体带走而形成的痕迹。

2. 立体痕迹。具有可塑性的承痕体表面本身发生明显凹凸立体感变化而形成的痕迹，即为立体痕迹。

形成立体痕迹需要具备一定的条件：

第一，造痕体的硬度要大于承痕体的硬度，否则不可能形成立体痕迹。第二，承痕体必须具有一定的可塑性。第三，作用力大小适当。

3. 分离痕迹。造痕体与承痕体接触，引起承痕体自身分离，使一体的承痕体分成若干个部分，在此过程形成的痕迹即为分离痕迹。

（四）按肉眼能否看见分为可见痕迹和潜在痕迹

1. 可见痕迹。一般表面加层或减层痕迹及立体痕迹均为可见痕迹。

2. 潜在痕迹。多为汗液潜在指纹，也存在血潜指纹、油潜指纹等。

（五）按痕迹反映的不同性质特征分类

1. 反映造痕体接触部位外表特征的痕迹。在立体痕迹或平面痕迹中会不同程度地反映出诸如形状、大小、凸凹点、花纹图案、线条结构等造痕体的形态结构。

2. 反映动作习惯特征的痕迹。如反映不同步行习惯的步幅、步态的步法特征痕迹，反映不同职业特点的手法特征痕迹与反映不同缝纫习惯的针脚特征、摺边特征、缝补特征痕迹。

3. 反映整体分离特征的痕迹。如反映的分离缘或分离面的形状、大小、凸凹对应关系、表面固有的和附加的纹理格线等特征痕迹。

四、形象痕迹的作用及其处理规则

（一）形象痕迹的作用

形象痕迹中，除了指纹证据在民事、经济案件中出现频率较高，其他形象痕迹基本上是为破获刑事案件服务的。其主要作用表现在：

1. 可以为判断案件情况，确定侦查方向提供依据；
2. 可以为审查嫌疑对象提供有力证据；
3. 可以为建立犯罪情报资料档案提供个人资料；
4. 可以为发布协查通报、打击流窜犯罪提供资料；
5. 可以为串案研究、开展并案侦查提供依据。

（二）处理形象痕迹的基本规则

为了正确发挥形象痕迹在办案中的作用，发现形象痕迹时应当按以下规则进行处理：

1. 应当判明痕迹是否与案件有关，如果根据现有材料一时难以判明，可以先按与案件有关的痕迹处理。

2. 应当遵守一定的顺序进行勘验：先静后动、先上后下、先外后内、先易遭损后不易遭损的顺序进行勘验。

3. 应当详细记录可能有物证意义的各种痕迹及其所在物体，要按照物证摄影的规则和方法进行拍照，将其与案件的联系固定下来。

4. 应当精心提取，防止污损，力求保持其原始状态，尽可能连同痕迹载体一道提取。

5. 应当妥善包装，安全运送，防止包装物与痕迹直接接触；包装物上应贴上标签并编号。①

第二节 指纹应用的发展

一、早期的探索式发展

指纹发展的最初阶段主要是在中国大地上展开的，这个阶段为期最长，大约从公元前4000年到公元17世纪80年代，人们在这个时期对指纹基本处于一个摸索试用状态。这个时期的特点是指纹专用于民间契约及部分官府的断案和供状之中。②

追溯历史，指纹的应用最早起源于中国。这一点已被出土的古代文献记载和发掘的古代文物所证实，并且几乎得到国外学者的公认。我国西安半坡遗址出土的陶器上，留有纹线明晰的指印。这些指印明显下凹，据专家分析，这可能是制作者有意按下去作为

---

① 徐立根主编：《物证技术学》(第三版)，中国人民大学出版社2008年版，第54页。

② 刘少聪主编：《手印学》，警官教育出版社1994年版，第5~14页。

图案或标记的，经考证，这些陶器，距今已有六千多年的历史。[①]

指纹（手印）的利用大概始于周代，至唐代更盛，距现在有二千七百多年的历史。当时大多数用于民间契约的签署、画押（花押），表示保持契约双方的信用。若是国家机关的文件后面的签署划押，则表示真实和负责的作用。由于当时除少数官吏和知识分子外，有印章的极少，且不识字的人又颇多，故凡订一种契约，双方在署名后边，由负责本人亲自画押，或捺印一枚指纹以示慎重。这些传统的做法，一直沿用到现在。《周礼》卷十五记载："同市以质剂结信而止讼。"汉代郑康成注释《周礼》曰："质剂谓两书一礼而别之也，若今下手书，言保物要还。"唐代贾公颜注疏曰："郑云若今下手书者，汉时下手书，即今划指券，与古质剂同也。"

指纹在断案与供状方面的应用在元末明初已经相当普遍，施耐庵在《水浒传》中不止一次写到使用指纹的画押，分别为第八回"林教头刺配沧州"中，林冲在其休书落款处"押个花字，打个手摸"；第二十六回"供人头武二郎设祭"中，武二郎叫潘金莲和王婆二人在她们的供状中"点指画字"。

此外，我国古代指纹不仅用于契约或供状的画押方面，也用于侦查、断案之中，这种应用亦已有二千余年的历史了。距今两千一百多年的秦简《穴盗》中记载："内中及穴中外壤上有厀（膝），手迹，厀、手迹各六所。"可译为"房中和洞里外土上有膝部和手的印痕，膝、手的痕迹各六处"。从中可以看出，当时人们已经把手印列为盗窃现场勘察记录的证据之一。

外国对指纹的应用比我国晚得多，据资料记载，公元前200年左右巴比伦人与古希腊人亦有于陶器上印以指纹，可能为鉴识之标记。罗马、埃及、印度、日本等国家，在指纹的应用上也有着上千年的历史。

由此可见，指纹的应用经历了相当长的时间，而且已相当广泛。然而，无论民间契约还是分析断案，指纹的应用仍处于朴素

① 刘持平：《指纹的奥秘》，群众出版社2001年版，第2~10页。

的、零散的状态，对指纹尚缺乏一种系统的、完整的理性认识。即使到公元6世纪以后，少数专家已经认识到指纹可“以其疏密判人长短壮少”，甚至可据以“鉴别个人”，但是仍然不能对指纹作专门系统的分类，并从理论上揭示指纹鉴别个人的原理和具体方法。不过这些实践和认识，已构成了指纹科学化的萌芽，为指纹的应用发展成为一门学科奠定了基础。

二、中期的科学化发展

科学化发展时期是指纹应用的第二阶段。这个阶段从17世纪90年代延续至20世纪50年代，其特点是把指纹作为一门专门知识进行了理论总结和研究，提出了指纹人各不同，终生不变等明确的概念，对指纹作了较为详细的分类，并拟定了建立指纹档案的分析、储存、查对的一套制度。同时，犯罪现场遗留手印的发现、提取，已研究出许多有效的方法，使指纹的应用逐步形成一门独立的、系统的学科。期间有关指纹的论述不断发表，“指纹学专著”也陆续出版。指纹作为个人鉴别的一种可靠证据已被广泛接受，因此指纹档案的建立很快遍及世界各国。

1684年，英国医学博士格留以指纹理论为题材在伦敦发表了一次演讲，挂了两幅指纹图，一幅是箕形，一幅是斗形。被认为是最早对指纹进行分类的学者之一。

1823年，德国的白烈斯劳大学生理学教授布尔坚悦研究指纹的形态而立论，论文《触角器官之构造》分指纹为九类，并阐明指纹的作用。

1880年，苏格兰医生亨利·弗尔兹在日本东京行医时，偶然发现日本古时陶器上有指纹，他经过研究认为指纹恒久不变。于是，1880年10月28日他在英国《自然》杂志上发表文章——《识别犯罪的第一步》，提出指纹人各不同、生死不变的特点，并提出应当利用现场指纹作为鉴识犯罪嫌疑人的工具。[①] 当时英国驻印度行政长官威廉·海雪尔在看到弗尔兹的文章之后，在《自然》杂志的下期发表他20年来应用指纹的材料，后又出版专著——《手之纹线》。实际上威廉·海雪尔早在1860年，就在其殖民地印度孟加拉省河雷县开始了犯罪指纹登记的实验，他的实验主要利用右手食、中两指，目的是为了识别累犯及防止冒名顶替。[②]

1892年，英国弗朗茨·高尔顿进行了系统的分析研究，著有《指纹学》和《指纹分析法》两本著作，确定斗、弧、箕三大基本分类（其中又分20小种），认为指纹有生死不变的特性和互不相同的特性。如发现两个指纹有相当数目的对应点吻合时，即可证明其为同一。1910年，法国巴黎大学的一名教授用数学方法论证了这一观点的正确性。

1897年，英国人爱德华·亨利在印度警察局工作时，发明了指纹二部八类分析法，使指纹分析、储存、查对的存档方法趋于完善。他著有《指纹分类及功用》和《证明犯罪之指纹法》二书，并将研究成果贡献给政府，随后印度的英殖民政府正式采用他提出的指纹分类法，之后英国本土也采用了亨利式指纹法。德国、美国、法国相继在1903年、1904年和1914年采用亨利式指纹法。从此，指纹的档案管理和应用，正式走向科学化的道路，并被越来越多的国家政府所重视和采纳。

同时期的中国长期处于半封建、半殖民地状态，各帝国主义列强先后侵占我国领土，作为临时统治者的附属工具，指纹登记制度也被各国列强带入我国。在此情况下，我国1903年至1934年期间，青岛市警察局、上海市各租界巡捕房、浙江、广东、北京、天津、伪“满洲国”先后建立十指指纹和单指指纹档案，并逐步推广至全

---

① ［美］科林·比万：《指纹断案：现代刑侦科学的兴起》，素朴译，上海译文出版社2003年版，第35页。

② ［德］罗伯特：《世界指纹史》，刘持平等译，中国人民公安大学出版社2008年版，第42页。

国各省。当时中国普遍采用亨利式（英国）指纹法，除此之外还有汉堡式（德国），佛司蒂斯式（南美）、爱蒙培尔式（法国）、日本式等，1930年江苏省会警察局建立了“中华式”指纹档案，但始终未能统一各地指纹法。解放后，中华人民共和国中央人民政府接收了这些指纹档案，1953年12月至1954年9月在天津、上海进行了试点和调查，1955年底编制了“中国十指指纹分析法”，1956年公安部人民警察干部学校开班培训专门人员，对各省市旧档进行了改编，统一全国的分析、储存和查对的管理方法。

三、后期的自动化、现代化发展

自动化发展时期是指纹应用的第三阶段。这个阶段是从20世纪60年代开始至今。这个阶段的特点，是新兴的科学技术几乎进入到手印工作的所有领域，使手印的分析、储存、查对，以及显现、检验鉴定，逐步走向自动化、现代化。电子计算机、数据库软件、图形分析软件、网络技术的普及等，为快速、准确地进行手印个人识别提供了一个完美平台。

1960年以来，很多国家意识到在指纹的储存、查对、鉴定中应该更多地利用电子计算机。美国、日本、西德等国家投入了大量人力、物力，开发出利用电子计算机存储、查对、鉴定指纹的各种自动化系统。这些系统已经在实践中得到了比较好的应用，很多国家引进此系统或者自己研发相应系统，手印工作的自动化时代正在到来。近几十年来，我国公安系统、各研究所投入了较多力量，开展电子计算机存查和鉴定的研究，研制出具有我国自主知识产权的自动化工作系统，并在进一步推广普及自动化系统的进程中不断探索。

此外，指纹应用的现代化发展还体现在显现技术的不断进步方面。1960年后，磁性刷的出现给刷显指纹带来了较大方便；1970年后，指纹激光显现法、高真空镀膜法、各种荧光显现剂、X射线仪、扫描电子显微镜的应用都提高了指纹发现和显现的效率；1980年后，“502”胶显现技术的发现、显现操作和处理技术的不断提高，其中包括荧光和生物染色法等;1990 年后,茚三酮衍生物、DFO 方法得到了较好的实验效果,并不断更新发展。近些年来,胶带粘面上手印的显现难题的解决,多波段光源在手印的寻找、显现中的广泛应用,物理显影液法、小微粒悬浮法在实验室研究阶段的进步明显,可以说指纹显现技术的进步几乎是永不停歇的。

当前,指纹的应用已非常广泛,除了民间契约和证言材料仍沿用捺印、画押的方式,其他学科和部门也在研究和应用指纹。比如利用指纹图像验证身份的真伪,以前这种设备只是存在于一些重要部门、机要单位、军事设施等部门,现在得益于电子计算机和相关软、硬件的飞速发展,指纹验证装置已经出现在日常上班签到、上课点名、笔记本电脑指纹锁等社会生活方面。

另外,在人类学和医学方面,有学者专门研究指纹这种特殊的人体肤纹组织,并从中找到指纹与人类遗传性疾病(如先天愚型等)之间的关系。

目前看来,指纹的研究及应用方向主要集中在四个方面:第一,最古老的一种应用——作为凭证,用于民间契约合同、证言材料和各种证件上;第二,作为一种罪证,用于公安司法部门揭露犯罪和证实犯罪,这种应用也是物证技术学科的主要研究方向;第三,作为一种参考因素,用于诊断某些遗传性疾病,这种应用归属于人类学、遗传学;第四,随着科技发展而出现的,用于验证个人身份的系统。

第三节　指纹的结构、特点及分类

一、指纹的结构

人体皮肤由真皮和表皮组成。真皮上有许多乳头状突起,这些乳头状突起反映在表皮上,就是一条一条的纹线,即乳突线。两条乳突线之间的凹槽称“小犁沟”。乳突线组成的花纹,即指纹,又称乳突花纹。

乳突线有不同的形态：弓形线、箕形线、环形线、螺形线、曲形线、波浪线，以及短线和小点。

在同一个手印中，排列在一起的相同形态和相同流向的纹线组合，即为系统。纹线系统分三种，即外围线系统（由弓形线组成，从指纹的上方和左、右两侧包围指纹）、根基线系统（由波形线组成，位于指纹的基底）和中心花纹系统（由箕形线或螺形线或环形线或曲形线组成，位于外围线和根基线两个系统之间）。大多数指纹有三个纹线系统，少数指纹只有外围和根基两个纹线系统，没有中心花纹系统。

在同一个手印中，三个系统汇合之处，形成类似三角形区域，即为三角。多数指纹由三个系统组成，此时有可能出现两个三角或者一个三角；少数指纹由两个纹线系统组成，此时不出现三角；个别指纹非常规，可能出现多个三角。

三角的三个角分别命名为上角、下角（又称内角）和外角。上角是外围线系统与中心花纹系统的夹角；下角是中心花纹系统与根基线系统的夹角；外角是外围线系统与根基线系统的夹角。三角分别由三条支线组成：上支线，又称上行纹线或上部支流，指外围线系统中三角部位最内侧的一根纹线；下支线，又称下行纹线或下部支流，指根基线系统中三角部位最上侧的一根纹线；内支线，指内部系统中三角部位最外侧的一根纹线。

二、指纹的特点

指纹人人都有，且其形态结构各不相同。很多专家、学者对指纹进行深入研究，尤其是针对指纹特点的基础性研究，这些研究支撑着指纹“证据之王”的地位，使得有关指纹的鉴定结论具有当然的科学性。指纹的特点可以概括为人各不同、终身（基本）不变、触物留痕和认定人身。

（一）人各不同

人各不同，主要是指手掌面乳突花纹的形态结构、乳突纹线细节特征的种类、位置、形状、大小、方向、角度、构成数目、间隔线数及分布关系等，构成了不可重复的特定性。在全世界范围内不仅找不到两个指纹完全相同的人，即使是同一人的不同指或不同部位，也不可能出现完全相同的花纹。

人类和其他生物一样，在其繁衍过程中，遗传是相对的，变异是绝对的。而指纹的变异性很强，所以父代与子代之间，也绝不可能出现相同的指纹。就人体生命细胞结合而言，就有 23 对染色体，而每个染色体又至少含有 1 250 个遗传基因，所以即使是同父母的两兄弟或姐妹等，具有局部完全相同遗传基因的几率也不过为七十亿分之一左右，有专家专门对双胞胎进行过测试，其对应部位的指纹差异明显。针对人各不同的特点，学者们也曾利用细节特征在指纹上的分布概率进行计算，得出指纹的重复率为几千亿分之一。

（二）终身（基本）不变

指纹终身（基本）不变，主要是指手指、手掌乳突线花纹的形态结构、细节特征的种类，形态、大小、方向、角度、构成数目及特征间的相互位置关系等，从胚胎六个月指纹完全形成至死亡彻底腐烂之前，始终不变或只能产生局部很细小的变化。

针对这一特点，德国人类学家威尔克早在 19 世纪就已经有所发现，他分别于 1856 年和 1897 年两次捺印本人的指纹并比对，发现 41 年间指纹没有改变。

当然，指纹终身不变是排除一些特殊情况的，比如外伤引起真皮层的破坏等情况。

（三）触物留痕

所谓触物留痕是指只要手接触了有形客体，就一定会留下手印。这是由于在手掌面上常常附有汗液或汗垢、油垢、粉尘等，当手与客体印压接触后，即使未能使客体产生形变，也能将手上的附着物遗留于客体上，或将客体表面的附着物带走而留下反映其接触部位形态的印痕。了解物质转换原理之后，指纹触物留痕的特点是很容易理解的。

（四）认定人身

认定人身是指通过手印的检验鉴定，可以直接查证遗留该手印的人。因为手印反映了遗留者指纹的形态结构，指纹又是人各不同、终身不变、触物留痕的，根据这三个特点可以很自然地得出指纹认定人身之特点。

三、指纹的基本类型

虽然指纹千差万别、人各不同，但按其组成结构的不同可将其分为弓形纹、箕形纹、斗形纹和混杂形纹等四种基本类型。

（一）弓形纹

弓形纹无中心花纹系统，只有外围线系统和根基线系统，整个指纹基本上由弓形线和一些波浪形纹线组成。按其内部形态的不同，又可将其分为弧形纹和帐形纹两种。前者，弓形线比较平坦；后者，弓形线比较陡峭，中心处往往还有一或两条纹线支撑。

在我国人口中，弓形纹约占 2.5%。弧、帐的出现率，弧多帐少。从指位上看，拇指、食指出现弓形纹最多，中指次之，环指、小指极少。十指均为弓形纹者，罕见。

（二）箕形纹

箕形纹有三个纹线系统，其中心花纹系统由若干箕形线组成。有的指纹中心花纹系统的箕形线很少。如果只有一条箕形线，要注意它与弓形纹的区别。箕形纹的这一条箕形线必须是不折不断的，而且在其箕头部分或靠近三角的箕枝部分，不能与一根引向外围线系统的纹线相连。不符合这个要求的指纹，就不应定为箕形纹，而应将之定为弓形纹。

箕形纹又可以从不同角度进行分类。根据箕口朝向不同，可分为正箕和反箕。从手指上看，箕口朝向小指方向者为正箕，箕口朝向拇指方向者为反箕。根据箕口是否封闭，可分为开口箕和闭口箕等。

箕形纹在我国人口中约占 47.5%，其中正箕占 45%，反箕占 2.5%。十指相比，小指多箕形纹，中指次之，食指又次之。反箕多出现在食指，小指上极少有反箕。

（三）斗形纹

斗形纹有三个纹线系统，其中心花纹系统由一根以上的环形线或近似线形套叠或层叠成各种形式。当花纹中心仅有一条完整的或近似完整的环形线或螺形线或曲形线时，其正对三角的部位必须不与外角的纹线相接触，否则不能将其归入斗形纹。

按斗形纹内部花纹的不同形态，又可分为环形斗、螺形斗、绞形斗、曲形斗、双箕斗、囊形斗。

1. 环形斗

花纹中心由一根以上的环形线相套叠组成的斗形纹。当其中心仅有一条环形线时，要求其必须是明显可靠、独立、圆滑的。按印痕中心环形线的长轴相对第一组屈肌褶纹的倾斜方向，又可将环形斗分为左倾环、右倾环和无倾环。

2. 螺形斗

花纹中心由一根以上起点方向一致的螺形线并行、绕旋组成的斗形纹。按印痕中心螺形线从内向外的旋转方向，又可将螺形斗分为左旋（顺时）螺和右旋（逆时）螺或正旋螺和反旋螺。正旋螺指左手的左旋螺、右手的右旋螺，占螺形斗的80%以上。

3. 绞形斗

花纹中心由两条以上独立且起点方向相反的螺形线相对绞绕、旋转而组成的斗形纹。按印痕中螺形线的旋转方向，可将绞形斗分为左旋绞（顺时旋）和右旋绞（逆时旋）或正旋绞和反旋绞（确定方法与螺形斗相同）。其中，正旋绞占90%以上。

4. 曲形斗

花纹中心仅由一条完整、独立的曲形线组成的斗形纹。按印痕中曲形线的旋转方向，可将曲形斗分为左旋曲（顺时旋）和右旋曲（逆时旋）或正旋曲和反旋曲（确定方法与螺形斗相同）。其中，正旋曲占近95%。

5. 双箕斗

花纹中心由两条以上独立、圆滑的曲形线相层叠，或在一条曲形线的两个假箕头内各有一条以上完整的箕形线，最后随曲形线绕旋组成的斗形纹。按印痕中曲形线的旋转方向，可将双箕斗分为左旋双箕和右旋双箕或正旋双箕和反旋双箕（确定方法及正反比与曲形斗相近）。

6. 囊形斗

花纹中心有一根以上的闭口箕形线，其中心腔内有一根以上凸向箕口且不与引向箕口的纹线相接触的弧形线所组成的形似囊状或棒槌状的花纹。如同箕形纹，按印痕中箕头相对箕口的倾斜方向，又可分为左囊和右囊或正囊和反囊。

（四）混杂形纹

指中心由两种以上的纹线体系并列混合，或因其形态畸特、结构杂乱而不能归入弓、箕、斗的花纹。

按照中心花纹的具体形态组合，可以将其划分为箕帐混合纹、箕斗混合纹、并列箕形纹、并列斗形纹、杂形纹。

四、指纹的特征体系

指纹的特征体系是决定指纹特定性的一系列特征的总称。它由以下几方面特征组成：

1. 类型特征，即指纹的分类特征。

2. 纹线细节特征。常见的纹线细节特征有起点、终点、分歧、结合、小沟、小眼、小桥、小棒、小点共九种。观察纹线的起点、终点、分歧、结合，均以从左向右或者顺时针方向为准。

3. 汗孔特征。乳突线上有很多与真皮内汗腺相连的汗孔（每平方厘米约有 43 个）。未经过技术方法显现处理的潜在指纹，有汗孔特征。

4. 伤疤特征。指头受伤一旦伤及真皮，可能在指纹上形成伤疤特征。

5. 皱纹特征，即随着年龄增长而出现的纵行细沟。

第四节 潜在指纹的显现方法

手指乳突线花纹留下的印迹是犯罪现场上最为常见的形象痕迹，而且多是表面加层痕迹，包括血指纹、尘土指纹、汗液指纹，其中汗液指纹还往往是肉眼不能见或不易见的，故又称“潜在指纹”，显现指纹主要是指显现潜在指纹。

一、汗潜指纹的显现方法

潜在指纹的中介物质是汗液，化验表明，其主要成分是水，约占98.5%。固体物质只占1.5%，其中2/3是有机物质，如乳酸、脂肪酸、核黄素、维生素B_6、尿素、氨基酸、肌酸、缩胺酸等；1/3是无机物质，有31种阳离子，如钠、钾、钙、镁、铁等，阴离子有四种：氯离子、磷酸根、碳酸根和硫酸根。其中钠离子及氯离子占无机成分的95%。汗液成分的复杂性，决定了汗液指纹显现方法的多样性。

（一）光学显现法

1. 调整光照角度法

这是最原始的光学显现法：有些留在光滑物面的潜在汗液指纹，只要调整视角或光照角度，肉眼即可看出。

2. 垂直定向反射摄影法

垂直定向反射摄影法是真正意义上的利用光学效应显现潜在汗液指纹的方法。

3. 激光法

激光是一种高度集中、能量很大的单一波长光。在激光激发下，指纹物质中的某些微量物质，如核黄素、维生素B_2及维生素B_6，能发出565纳米和400纳米的荧光，因而能把潜在汗液指纹显现出来。激光法1976年最早在美国提出，经过实验，激光法具有较好的显现效果。

4. 多波段光源法

多波段光源是20世纪90年代出现的一种新型光源系统。多波段光源一般能输出从紫外线到红外线范围内不同波段的光，是发现现场潜在指纹和其他微量物证的有力工具。

（二）物理显现法

1. 粉末法

用粉末显现潜在指纹，已有一百多年的历史。此法操作简便、材料易得、效果良好，所以，迄今各国仍在勘查犯罪现场中普遍采用。

粉末法最常用的配套工具就是刷子，除了常规动物毛或玻璃纤维制成的刷子外，还有一种特殊的“磁性刷”。这种“磁性刷”是1962年由美国哈伯特·麦克唐纳创造的，它是以一根磁棒为主的简易工具。磁棒吸起磁性粉末，形状似刷子，故被称为“磁性刷”。其优点是不会损坏纹线，也不会使粉末飞扬、污染环境，便于刷显垂直表面上的指纹。

粉末法所用粉末，按其性能可分为三大类：

第一，适用于一般毛刷的金属粉末和非金属粉末，前者如铝粉（俗称“银粉”）、青铜粉（俗称“金粉”），质轻、附着力强，适用于瓷器、玻璃、搪瓷制品、金属制品、塑料制品等光滑表面，后者如石墨粉、硒粉，适用于显现纸张上的潜在指纹。

第二，适用于磁性刷的磁性粉末。这类粉末由载粉和配粉按3∶1比例制成，载粉使用铁粉，配粉通常使用不同颜色的颜料。常用的磁性粉末是铁粉和静电复印粉（硒粉）或炭黑配制而成。

第三，适用于紫外线的荧光粉末。这类粉末在紫外线下能发荧光。如罗丹明B、荧光胺、美国的WOP荧光粉等。

采用粉末法显现指纹，应当注意以下几点：

（1）所用粉末颜色应与物面颜色形成反差，潮湿或有油表面不能采用，物面如有其他对案件有意义的斑痕物质，应防止将其污染或损坏；

（2）所用毛刷、粉末必须干净、干燥；

（3）怀疑有潜在指纹的物体如处于室外冰冻环境，应将其移入屋内，在暖和环境下处理。

2. 碘熏法

碘可以在常温下升华和凝华，升华后碘气体凝华于潜在指纹上，指纹即被显现出棕色。此时必须立即固定显现出的指纹，否则，碘又会升华消失。碘熏法也是比较古老的方法，目前仍在使用。实践中已经设计了多种熏显设备：小件物品可以挂在实验室碘熏橱中熏染；现场客体表面，可以使用专门的碘熏器熏显。碘熏法显现纸张或白墙上的潜在指纹，效果很好；人体皮肤上的指纹，特别是尸体颈部的扼痕，也可用碘熏法显现。

对于用碘熏方法显现的指纹，应当立即固定，主要方法有拍照固定法、淀粉固定法、氯化钯水溶液固定法、粉末固定法。

（三）化学显现法

1. 硝酸银法

从法国医生奥伯特最早利用硝酸银显现指纹至今，已经过去100多年了，目前硝酸银显现指纹的方法在世界各国的侦查鉴定中仍广泛使用。汗液中有氯化钠成分，与硝酸银相结合，生成氯化银（硝酸银 + 氯化钠→氯化银 + 硝酸钠），再经过曝光，引起光化学反应，银被沉淀在纹线上，指纹呈现棕黑色。此法适用于显现浅色粗糙纸张、卡片、本色木上的汗液指纹。

硝酸银显现手印可采用蘸涂法、浸泡法、喷雾法等具体操作方法，浸泡和晾干的过程尽量在阴暗处进行，为了防止曝光过度，还要控制好曝光的时间。

2. 茚三酮法

1910年，英国科学家鲁赫曼在试图将二氢化茚酮氧化成二酮二氢化茚的实验中，无意中合成了一种新的化合物——水合茚三酮。随后，鲁赫曼发现水合茚三酮可与a—氨基酸反应生成一种紫色产物。1954年，两位瑞典科学家奥登和霍夫施坦首先提出用茚三酮显现潜在指印。茚三酮与汗液指纹中的氨基酸反应后，生成醛、氨、二氧化碳和鲁赫曼紫（一种紫蓝色物质）。由于汗液中有氨基酸，所以利用茚三酮能将潜在汗液指纹显现出来。此种方法适用于各种纸张、纸币、各种证券、浅色棉纺织品及新本色木等渗透性客体上的新鲜及陈旧汗潜指纹。

茚三酮显现手印可以采用涂抹法、喷显法、蒸显法等具体操作方法。显现效果与温度、湿度有关，适合的温度、湿度能提升其显现效果，温度在80摄氏度至100摄氏度、相对湿度在80%至100%的时候显现效果最佳。另外，为了防止茚三酮溶液改变背景颜色，其溶液浓度应控制在0.5%至1%之间为宜。

3. DFO法

1990年DFO作为新一代汗潜指纹显现试剂出现，其显现原理也是同汗液中的氨基酸发生反应，生成淡紫红色化合物。这种化合物在白光下不易看出，要利用蓝绿光照射，才能显示很强的可见荧光，从而有可能用照相方法把潜在指纹拍摄下来。DFO法适用于显现渗透性表面上潜在汗液指纹，且灵敏度较高，但因其配制工艺要求高，价格昂贵，故难以普遍推广。

4. 502胶法

1978年，驻日本美军基地最早发现502胶具有显现指纹的作用。502胶是一种强黏合剂，其主要成分是a—氰基丙烯酸乙酯。它所含的氰基和酯基，吸电子性很强，容易在水或弱碱条件下，发生阴离子聚合。潜在指纹汗液中的水分和氨基酸所含的氢离子和氢氧根离子能引发a—氰基丙烯酸乙酯聚合，没有指纹的部位不发生反应，由此显出汗液指纹。此法适用于显现各种非渗透性表面（如橡皮、人造革、塑料等表面）上的汗液指纹。显出的指纹呈白色或灰白色。

502胶显现手印可以采用自然熏显法、加热熏显法、虑纸贴附熏显法等具体操作方法，显现效果与温度、湿度有关，如果温度、湿度不够，502胶法的显现能力不能得到充分发挥。对502胶加温、加湿时应尽量保证环境密闭，使其蒸气气流能均匀熏染被检物面。在熏显过程中，为了加强纹线与背景的反差，可在502胶中加入邻硝基苯胺或碘，使显出的指纹呈棕黄色，也可以在显出指纹后利用各种碱性染色剂（如龙胆紫、孔雀绿、盐基品红）对指纹进行染色处理。染色剂适量溶于50毫升水中，再加乙醇、丙酮各100毫升，即可供染色处理使用。

二、其他潜在指纹的显现方法

（一）血潜指纹的显现

四甲基联苯胺是显现血潜手印的常见方法。新鲜血液中存在过氧化物酶，此酶遇到过氧化氢即使其放出初生态氧，初生态氧将无色的四甲基联苯胺氧化，形成四甲基联苯胺蓝，从而使浅色或无色的血潜手印显现为蓝绿色手印。陈旧的血手印，由于血液中的过氧化物酶失去活性，不能参与反应，但血卟啉环上的铁离子能起到触媒作用，使过氧化氢释放出初生态氧，将无色的四甲基联苯胺氧化成四甲基联苯胺蓝，显出蓝绿色的血手印。

血潜手印还有其他显现方法，包括氨基黑 10B 显现、鲁米诺检验、无色孔雀绿、隐色龙胆紫等方法。

（二）灰尘、油质、人体分泌物指纹的显现

灰尘指纹可以使用静电提取法显现，还可以使用硫氰酸显现法、灰尘固定剂显现法等。

油质指纹可以使用光学检验法显现，还可以利用荧光试剂气显现法、粉末显现法等。

精液、阴道分泌物等人体分泌物的显现可以利用蛋白质生物染色原理，根据不同客体表面使用氨基黑 10B、考马斯亮蓝等生物染料、丽春红等试剂进行显现。

第五节　指纹的勘查、识别及鉴定

一、寻找、发现手印

寻找、发现手印是现场勘查、搜取物证的重要组成部分，是利用手印侦查破案的第一步。

（一）寻找、发现手印的重点部位

1. 犯罪活动的中心区域。犯罪活动的目标所在之处及其有关

的物体等。主要是指那些在作案过程中被挪动、翻动、毁坏、离散、侵害及抛弃或遗弃的物体。

2. 出入现场的路径中可能接触的物体。现场的出口、入口处的门框、窗框、拉手、门窗玻璃及门锁等，通道中的某些扶手、障碍物等。

3. 作案工具和遗留物。遗留在现场的作案工具有的是犯罪嫌疑人就地取材，有的是从外围现场带入中心现场的，有的则是犯罪嫌疑人自制、自备带入现场的，这些工具上面可能存有犯罪嫌疑人的手印。另外犯罪嫌疑人遗留在现场的其他物品也很有可能存有其手印。

4. 与案件有关的附属设备和物品。在犯罪过程中，犯罪嫌疑人可能在接触一些附属设备和物品时，在上面留下手印。比如开灯时在现场的照明设备上，擦拭手上血迹时用过的纸张上，换衣服时接触的箱柜上等。

(二)发现现场指纹的方法

对立体手印和平面有色手印，通过普通光或打侧光，或改变光的色调或强度等方法，用肉眼观察即可发现手印。

对透明体上的无色手印(潜在手印)，通过透光加深色背景的方法发现手印。

对表面光泽的客体，可通过反光观察的方法或通过"哈气法"发现手印。

对非光泽、非透明客体上的无色手印，通常只能通过显现处理才能发现。

二、现场指纹的提取

(一)现场指纹的提取方法

对于已经发现或显现的指纹，应当根据指纹的具体特点，采用适当方法予以提取。提取的方法有以下几种：

1. 拍照。对已经发现或显现的现场指纹，均须拍照。不仅要把指纹所在的位置拍摄下来，而且要按原物大摄影的规则把指纹本身拍摄下来。拍照以后，才可以用其他方法提取。有的现场指纹，拍照是唯一的提取方法，更应倍加小心。

2. 连同载体提取。凡是可以将指纹连同载体一道提取的，拍照以后均应采取这种方法提取指纹。

3. 胶带粘取。对于用粉末方法显现的指纹，拍照以后，应当用透明胶带把它粘取下来。

4. 制模提取。遗留在可塑性表面上的立体指纹，拍照以后，应当用制作石膏模型的方法予以提取。

（二）提取现场指纹的记录

对于现场提取的指纹应当详细记录有关情况，包括：

1. 指纹所在表面的情况，如指纹是在什么物体上、什么部位发现的，指纹所在物面的特点，指纹和其他痕迹的关系等。

2. 指纹本身的特点，如指尖朝向，是单个指纹，还是几个并列的指纹，各个指纹的高低关系；是汗液指纹、血指纹还是其他物质的指纹（如粉尘指纹、灰尘减层指纹）等。

3. 指纹显现的方法，以及提取和包装的情况等。

三、现场指纹的识别

现场指纹的识别包括以下几个问题：

（一）指纹是否为犯罪嫌疑人所留

指纹是否为犯罪嫌疑人所留，可以从以下几方面进行研究：

1. 观察指纹是在什么客体上发现的，并结合物体的有关情况进行研究。

2. 观察指纹是在物体上的什么部位发现的，并结合作案手段进行研究。

3. 观察物体上指纹的朝向，并结合犯罪嫌疑人进入现场的动作特点进行研究。

4. 观察形成指纹的物质并结合现场的情况进行研究。

5. 观察指纹的新旧程度，并结合发案的时间和当时的气候状况进行研究。

6. 观察指纹所在的部位，结合其他痕迹进行研究。

7. 观察指纹的类型、特征，结合未破案件的现场指纹进行研究。如果纹形、特征相同，即可判断指纹为犯罪嫌疑人所留。

8. 将现场指纹和事主的指纹进行比较，如排除为事主所留，即可判断是犯罪嫌疑人所留。

（二）识别指纹是何指所留

为了识别指纹是何指所留，应当先识别指纹是左手还是右手所留。在这方面，可以利用指尖的朝向及指纹纹线的倾斜方向和流向，例如，弧形纹纹线左手向左倾斜，右手向右倾斜；箕型纹箕口左手多朝左，右手则多朝右；螺形纹纹线旋转方向左手多顺时针方向，右手多逆时针方向。

在识别指纹左、右手手位的基础上，即可进一步识别指纹为何指所留。在这方面，可以利用印痕的大小、形状、取拿物体时五指接触物体的规律，以及不同类型指纹在五指上的出现率，例如，斗形纹在拇指上出现最多，约占50%，其中双箕斗最常出现在拇指，特别是左手拇指。许多出现率很低的纹形，如弓形纹、箕形纹中的反箕，斗形纹中的囊形斗、反螺形纹多出现在食指。环指多斗形纹，其中有一部分是囊形斗。至于中指和小指，绝大多数为正箕。

四、指纹的鉴定

（一）指纹鉴定的一般方法

指纹鉴定是最常见的一种物证技术鉴定。鉴定的目的是要解决案件中提取的指纹印迹，是否为某个嫌疑人所留的问题。

指纹鉴定的依据是办案单位请求进行鉴定的正式委托书及其所送的检材和样本。在刑事案件中，检材是从犯罪现场提取的指纹；在民事案件中，检材是有争议文书上一方当事人名下的指纹捺印。无论是刑事案件，还是民事案件，指纹鉴定的样本都是从受审查人捺取的十指指纹。捺取指纹样本，必须符合十指指纹登记时捺印的要求。

指纹鉴定所解决的问题是人身同一认定问题，它所采用的方法是同一认定的方法。先对作为检材的指纹和作为样本的指纹进行分别检验，比较检验，然后对检验中发现的符合特征和差异特征进行综合评断，并在综合评断的基础上作出送检的指纹是否为受审查人所留的鉴定结论。

（二）各国指纹鉴定的标准

英国在2001年6月以前规定出示于法庭的指纹证据至少必须具有16个细节特征点，此后，英国取消了指纹鉴定的特征数量标准；荷兰和法国采用12个细节特征点的标准（巴黎曾规定指纹鉴定必须具有17个特征点，后改为12个特征点与法国其他地区一致）；以色列采用12个细节特征点；德国也采用12个细节特征点的标准，但附加条件是如果指纹纹形是箕形纹、斗形纹，并且指纹清晰时，就可以采用八个细节特征点的标准；西班牙采用10～12个特征点的标准；奥地利采用12个特征点的标准；瑞士的日内瓦采用八个细节特征点的标准；还有一些国家对指纹鉴定所利用的特征标准没有具体规定，如加拿大、美国、澳大利亚以及中国等在指纹鉴定方面没有规定具体的数量标准，对指纹的鉴定完全依赖于指纹鉴定专家的意见。专家在对特征点进行选择时，往往既考虑数量标准，同时也考虑质量标准，在两者达到确定标准时，即可

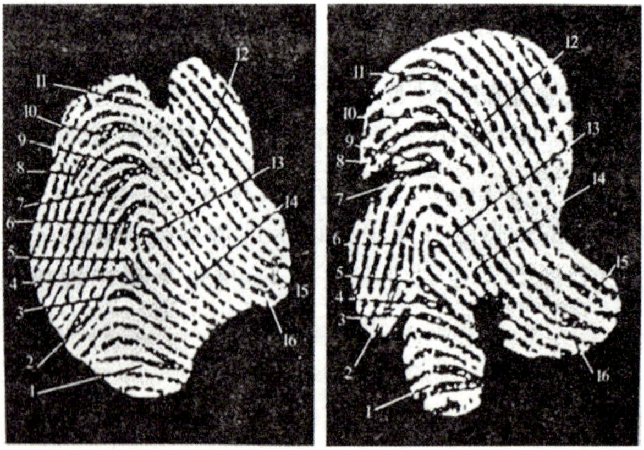

图1　指纹同一认定中的16个特征点

认定两枚指纹同一。①

第六节　指纹的登记

一、指纹登记前人身登记的方法

19 世纪末以前，世界各国的司法系统一直为一件事情挠头，这件事情就是对犯罪嫌疑人的登记和识别，当时所有识别都处于一种相当随意的状态。侦探们会在侦查中十分注意观察犯罪嫌疑人，试图将每一个犯罪嫌疑人的相貌登记在自己脑中，以便在以后的案件侦查中能够识别出这个人。当时，一些国家或地区的警察系统利用刚刚发明的照相技术来记录罪犯的相貌，他们将所有已知的罪犯都进行了相貌拍照，将照片予以存档，并对相貌特征进行了详细的描述。

利用人体外貌特征进行人身登记、识别有明显的缺点：第一，犯罪嫌疑人很容易通过留胡须、变发型等方法改变他们的外貌，这种改变对人身识别有非常大的影响。第二，因为在拍照时，一些被拍者故意表现不正常，使照片上的相貌变形，所以存档的照片有一些是无用的。第三，存档中对相貌的文字描述多数使用模糊不清的术语，无法准确刻画罪犯相貌。

为了改变这种状况，法国科学家贝蒂隆在 1879 年提出了一套能够进行人身登记、识别的科学方法——人体测量法。他认为人的骨骼系统从 20 岁开始一直到死亡为止基本不会改变，各部分骨骼的差异可提供判断某一个体与另一个体是否相同的依据。

人体测量法规定了测量人体三大部位 11 种测量标准。躯干部位包括身高、坐高、臂长；头部位包括头长、头宽、右耳长、右耳宽；肢体部位包括左前臂长、左足长（平印）、左中指长、左无名

---

① 罗亚平：《物证技术与物证鉴定制度》，中国人民公安大学出版社 2003 年版，第 176 页。

指长。

贝蒂隆的想法并未得到当时巴黎市警察局的认可,警察局领导认为他的想法古怪,拒绝采纳人体测量法作为对罪犯的登记方法。此后,贝蒂隆的父亲劝说新任的巴黎市警察局局长尝试该系统,新任局长同意给贝蒂隆三个月的时间做实验,贝蒂隆要保证在90天内使用人体测量法识别出一名犯罪嫌疑人,这名犯罪嫌疑人以前曾被登记过,因不想被发现而改名换姓。如果贝蒂隆证明自己的登记方法是科学的,局长就同意在实践中采用这种登记方法。

三个月的检测期限显然很短,但贝蒂隆是幸运的,在实验开始后不久,一个名叫杜蓬的人被带来登记,当贝蒂隆测量完所有数据进行归档时,他立刻发现在档案中,一个名叫马丁的人与杜蓬的数据完全相同,而马丁的数据则是在两个月之前登记的,经过调查,证实杜蓬事实上就是马丁。

1882年底这一方法在巴黎试行,1883年就查出48个累犯。1884年贝蒂隆又在卡片内加上人体面部特征,查出累犯300个。到1885年,人体测量法成为法国监狱通用的个人登记、识别法,巴黎成立了人体测量中心办公室。

人体测量法被认可后,不仅在法国开始使用,欧洲其他国家都使用该方法作为人身登记、识别的手段。人体测量法迅速风靡欧洲,在欧洲各国使用的20多年中,被认为是人身识别最精确的方法。但是,英国苏格兰场的一些警官还是对人体测量法提出了怀疑,他们认为即使对同一个人进行测量,不同的操作者也会得出不同的数据。因此,人身登记、识别还需要有其他更为精确的方法。这时候,指纹登记的作用慢慢被人们认识,并最终取代了人体测量法。

二、指纹登记的步骤

我国于1956年开始实行统一的十指指纹登记办法。

(一)十指捺印

捺印是指纹登记的基础。捺印必须符合以下要求:

1. 不能听任被捺印人自己在指纹卡片上捺印。捺印只能由受过基本训练的专门捺印人员把着被捺印人的手背和手指进行。

2. 左、右两手各五个指头应当严格按手指顺序，在规定的方格内捺印。

3. 每个指头捺印时，只能让手指沾上薄薄的一层油墨，适量的油墨才能保证捺取的指纹纹线清晰可辨。

4. 每个指纹应符合三面捺印的质量要求，即既要印出指肚的中心花纹纹线，又要印出两侧的纹线。为此，捺印时必须把着被捺印人的手指从左侧滚向右侧（或者从右侧滚向左侧），不得停顿，不得倒退。

（二）登录有关情况

要将被登记人的个人基本情况和违法犯罪事实记录在十指指纹卡片的有关栏目内。

（三）填写姓名登记卡片

这是十指指纹卡片的配套卡片，按姓名顺序存档。姓名登记卡片上除了标有被捺印人的有关情况外，还注明十指指纹卡片的编号（即指纹分析式），这样，查到姓名卡片，就能查到十指指纹卡片。

（四）十指指纹分析及分析式的登记填写

指纹卡片和姓名卡片捺印和登录完毕后，即送往指纹档案管理部门，由专业人员及时进行指纹分析，并将编制的十指指纹分析式登记填写在指纹卡片的右上角，再按一定规则依该分析式存档。

三、十指指纹的分析

我国十指指纹分析由初步分析和二步分析两步组成，有统一的编制方法。

（一）十指指纹的初步分析

将右手五指的代号相加，再加1，放在分析式的“分子”位置，将左手五指的代号相加，再加1，放在分析式的“分母”位置，即可得出初步分析式。初步分析的纹形代号规则：不论左手或右手，凡是弓形纹或箕形纹，代号一律是0；斗形纹的代号，按拇、食、中、环、小指的顺序，分别为16、8、4、2、1。如遇伤、缺指头无法认定指纹类型时，则按左、右手对应手指定型。

手别	指别				
	拇指	食指	中指	环指	小指
右手	斗	箕	箕	斗	弓
左手	箕	斗	斗	箕	斗

代入数字代号：$\frac{16+0+0+2+0\quad +1}{0+8+4+0+1\quad +1} \rightarrow \frac{19}{14}$

初步分析式的最小表现数字为1/1，最大的表现数字为32/32。如果手指上具有弓形、箕形、斗形三种基本的类型，则初步分析式的可能表现数字将是1/1到32/32范围以内的各种初步分析式。按照32个分子与32个分母的不同数字组合，可以构成1 024个初步分析公式。有几种指纹类型组合比较少，甚至是没有的，如6/6、30/30、22/22（无）、3/14、14/3。同时，也有几种指纹类型的组合是经常遇到的，如1/1、3/1、3/3、17/1、17/17、31/31、32/31、32/32等。

（二）十指指纹的二步分析

将右手五指的代号按拇、食、中、环、小指顺序写在分析式的分子位置，再将左手五指代号依次写在分母位置，即可得出二步分析式。

二步分析式中不同指纹类型的代号按以下规则确定：

1. 弓形纹：不论何手、何指，代号为0。

2. 箕形纹：

反箕，不论何手、何指，代号为1。

正箕，按照通过指纹外角点与指纹中心点连接线的纹线数目分别规定代号：纹线数目6条以下，代号为2；7～10条，代号为3；11～14条，代号为4；15条以上，代号为5。

为了正确数线，应当懂得如何确定箕形纹中心点。一般规则是中心箕形线的箕头内无任何纹线者，中心点以中心箕形线的顶点为准；箕头内有一点者，以此点为准；箕头内有一线者，以此线顶

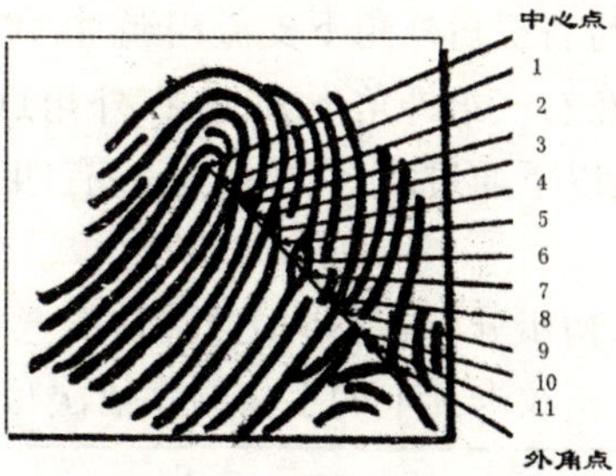

图2　外角点到中心点查线示意图

点为准；箕头内有多条纹线或几个小点者，偶数以距三角外角点较远的线或点为准，奇数以居中一条线或小点为准。

3. 斗形纹

追迹线是指从左三角下支流出发，朝右三角方向前进，用以确定左、右三角上下关系的纹线。

在追迹过程中，如果遇到纹线中断的情况，则沿着与断端相对的纹线继续追迹，如无相对纹线，则沿断端下方第一条纹线继续追迹前进，结果可能有三种情况：第一，追迹线在右三角上方通过；第二，追迹线与右三角外角下支流相遇；第三，追迹线在右三角下方通过。

图3　追迹线的三种情况示意图

根据上述三种情况，分别规定了确定代号的规则，它们有以下几条：

第一，追迹线在右三角上方时，追迹线与右三角外角的二等分线相交点与外角点之间有八条纹线以上的，代号为6，有七条纹线以下的代号为7。

第二，追迹线与右三角外角下支流相遇时，代号为8。

第三，追迹线在右三角外角下方时，在外角点垂直下方与追迹线之间有三条纹线以下通过的，代号也为8，有四条以上纹线的，代号为9。

二步分析式与初步分析式不同之处，是不把这些代号加起来，而是各个代号按照指纹卡片上的手指顺序依次写出来。如：

手别	指别				
	拇指	食指	中指	环指	小指
右手	正箕13条	斗上9条	正箕17条	正箕8条	正箕5条
左手	斗下2条	正箕12条	正箕4条	斗上6条	正箕9条

代入数字代号：$\frac{4 \quad 6 \quad 5 \quad 3 \quad 2}{8 \quad 4 \quad 2 \quad 7 \quad 3}$

二步分析时，因指纹模糊或受伤，可能影响到分形、数线和追迹的正确性，对此，必须估计它的可能性，加符号表示。如：

手别	指别				
	拇指	食指	中指	环指	小指
右手	斗(上8或上7)	正箕(14)	弓(或正箕2)	斗(下3)	反箕
左手	反箕	正箕(14或16)	(缺)	斗(上9)	弓

代入数值代号：$\frac{7/6 \quad 4 \quad 2/0 \quad 8 \quad 1}{1 \quad 4/5 \quad X \quad 6 \quad 0}$

四、指纹自动识别

随着电子计算机技术的蓬勃发展，从20世纪60年代开始，一些发达国家就着手研究如何在指纹登记中利用电子计算机技术建立指纹自动识别系统的问题。

美国是最早研究这个问题的国家。早在1961年纽约市警察局就研究成功了一个半自动化的指纹档案管理系统。

1963年，美国联邦调查局和美国国家标准局合作，制订了指纹自动识别系统的研究计划。1972年，美国联邦调查局正式使用指纹自动阅读机。1975年，又完成自动比对仪的研制工作。指纹自动比对仪和指纹自动阅读机联用,形成了一个完整的“指纹自动识别系统”,实现了指纹登记卡片全自动化管理。

从20世纪80年代开始,我国北京、上海等大城市的公安局与高等学校合作研究指纹自动识别系统。北京市公安局刑科所与清华大学合作研制了一套指纹自动识别系统,这是我国最早投入使用的指纹自动识别系统。

指纹自动识别系统的利用,可以使指纹登记制度在侦查破案中更好地发挥作用。对拘捕的犯罪嫌疑人,可以通过指纹自动识别系统,审查其是否有犯罪前科;对犯罪现场提取犯罪嫌疑人指纹,如果此嫌疑人在公安系统有指纹存档,就有可能通过指纹自动识别系统查出犯罪嫌疑人的姓名、住址。中国地域辽阔,人口众多,指纹自动识别系统在工作中的主要问题是数据库的维护和实时更新,这是一个基础性工作,也是保障指纹自动识别系统在侦查办案中发挥其巨大作用的重要工作。

第二章　足迹物证技术

第一节　足迹检验的发展

足迹的应用及检验技术的发展经历了几千年的漫长历程，近几十年，随着科学技术的发展，足迹检验已经成为独立的技术学科。纵观足迹学发展的历史，我们将它分为足迹的初步应用时期和足迹检验理论和技术发展时期。

一、早期足迹的初步应用

初步应用时期是从公元前250年到20世纪初。中国是将足迹应用于刑事侦查方面最早的国家。

早在两千多年前，秦代的官吏在办案过程中已经把足迹作为犯罪现场勘查中的重要物证。《封珍式》中“穴盗”简记录了当时对犯罪现场勘查的范例：“……外壤秦綦履迹四所，袤尺二寸。其前稠綦袤四寸，其中央稀者五寸，其踵稠者三寸。其履迹类故履。内北有垣，垣高七尺，垣北即巷也。垣北去小堂北唇丈，垣东去内五步，其上有新小坏，坏直中外，类足距之之迹，皆不可为广袤，小堂下及垣外地坚，不可迹。”这段笔录意为：“洞外地面上，留有穿旧了的秦綦履（有花纹的麻鞋）的痕迹四处，鞋痕长一尺三寸，前掌花纹密，长四寸；中腰花纹稀，长五寸；后跟花纹更密，长三寸。房的北面为垣墙，墙高七尺，墙外是小巷。距厢房北沿一丈，距正房五尺的垣墙上有新鲜缺口一处，缺口由内到外，类似人足登攀擦蹬的痕迹，测不准长宽。小堂下和墙外的地面均比较坚硬，无法发现人的足迹与去向。"从犯罪现场勘查关于鞋印的记录可以看出，秦代已将足迹作为侦破案件的证据，而且已经明确利用足迹的结构特征。①

1247年，南宋司法官吏宋慈所著的《洗冤集录》颁行全国，其中具体地记载了犯罪现场勘验的规则。《自缢》篇中记录："若经泥雨，须看死人赤脚或着鞋，其踏上处有无印下脚迹："《溺死》篇中记录"若是失脚，须看失脚的土痕"。由此看出，中国在宋朝对足迹的勘验已经作了详细规定，并能够运用足迹判断案情、分析破获案件。

在此之后的几百年间，足迹检验技术的发展缓慢，足迹对侦查破案的作用也并未真正引起各国现场勘查专家、刑事技术专家的足够重视。

1881年，在印度的勒德鲁案中，印度人曾通过足迹认定罪犯，并且利用了足迹追踪技术，最终查到罪犯巢穴。1886年英国格拉斯哥城发生康申被杀案，苏格兰场侦探仅靠现场足迹侦破了案件。英国作家柯南道尔出版的《血字的研究》中，有福尔摩斯用卷尺测量足迹并运用足迹来判断人的身高、年龄的描写，从中也反映出当时较先进的足迹检验技术的应用。这个阶段，足迹在刑事案件中的应用以及足迹检验的相关研究迎来了较快的发展时期。

二、近代足迹检验理论和技术的发展

随着工业和科学技术的发展，足迹的刑事证据作用逐渐引起了各国刑事科学技术学者和司法部门的重视。

近代中国对足迹检验论述较为系统的是冯文尧的《刑事警察科学知识全书》，该书著于20世纪30年代，"足迹"一章有一万多字，系统地介绍了国内外当时足迹检验技术的研究状况，内容中还包括足迹形态、足迹与身高的比例关系、足迹的提取方法、保存方

---

① 吴旭芒、高以群主编：《足迹学》，警官教育出版社1995年版，第17页。

法、鉴定内容等,其中对人的行走运动的 17 种姿态作了介绍,并且将步幅特征分为自然步、宽阔步、交错步、病态步四种,与现今的步幅划分类型基本相同。另外,《中央警官学校讲义》也介绍了足迹制模和检验方法。现在应用的常规的石膏制模等方法也是当时沿用下来的。

1959 年,马玉林同志在内蒙古参加公安工作。内蒙古公安厅将马玉林和农牧民群众的码踪技术加以总结,提出一套完整的步法追踪技术方法,应用在公安工作中。1963 年冬,公安部组织专家进一步研究总结马玉林的方法,次年写出《步法追踪技术教材》一书,首次提出步法检验技术的概念和方法,并于 1965 年在公安部民警干校举办培训班在全国普及推广,用于各地办案。在这之后,尤其是进入 20 世纪 80 年代后,中国逐渐加强了与国外的技术交流,从中引进了一些先进方法和仪器设备,比如引入静电复印技术,解决了平面灰尘足迹的提取利用问题,等等。

目前中国的痕迹检验学科之中,足迹检验技术已经相对比较成熟,理论基础和技术应用相对比较系统和完整。

第二节 足迹检验概述

足迹是指人体在运动中,赤足或穿着鞋袜的足作为造痕体与地面等承痕体表面接触所形成的痕迹的总称,包括赤足足迹、穿鞋足迹和穿袜足迹。

一、足迹的特点

足迹是人足在行走活动过程中,直接或间接形成的印迹,是人足外部结构和运动功能等形态所特有的反映形象体系。它既包括人的赤足和穿鞋、穿袜足迹的外部结构形态的反映形象,也包括人行走运动功能形态,或称行走运动习惯动作(即动力定型)形态反映形象。人足的外部结构和运动功能等形态及其反映形象均具有反映性、相对稳定性、特定性、连续性等基本属性。

(一)足迹的反映性

足迹的反映性,是指足迹既能反映出遗留人的足和其穿着鞋、袜的外部结构形态,又能反映出人行走功能形态,这是客观的必然性。无论正常的足迹,还是变化的足迹,包括受外在环境条件的影响,或故意伪装而发生的变化的足迹,均具有反映性。

足迹的反映性,使足迹具有较高的利用率和利用价值,为足迹分析和鉴定提供了基础。

(二)足迹的相对稳定性

足迹的相对稳定性是指属于每个人不同时间形成的足迹,其基本特征变化不大。由于人足自身生理的新陈代谢,以及人的行走运动动力定型本身具有可塑性,当然还有所穿鞋、袜等物质,在多种条件的作用下所出现的变化等,这些因素的新旧更替都会形成差别。所以每个人不同时期的足迹,必然存在差异。但是这种差异是缓慢进行的,需要相当长的时间新特征才能覆盖旧特征。

足、鞋和袜以及行走运动形态的相对稳定性决定了足迹特征具有相对稳定性,这一特性为足迹的分析和鉴定工作提供了条件。

(三)足迹的特定性

足迹的特定性,是指每个人的足迹各不相同。这是由各人的足及其所穿鞋、袜的外部结构,以及各人的行走运动动力定型的特定性所决定的。因为每个人自身条件各不相同,生活环境、教育条件、生产工作要求各有差别,所穿具体鞋、袜及其具体使用也有差别,因此足迹体现出了不同特性的外部结构形态和行走运动功能形态。留下足迹时,这些形态在足迹中必然得到对应的反映形象,即所谓的足迹结构特征和步法特征。所有这些反映形象的特征,既能反映出不同人足迹的差异点,又能反映出相同人足迹自身的同一性。因此,正确判断是同一人足迹的局部差异,还是两个人足迹的本质不同;是两个人足迹的偶然相似,还是同一人足迹的自身同一,决不能单凭几个特征的异同,而要根据足迹特征所反映出的一系列特征的总和来认定人身特性。

赤足、鞋、袜的自身结构形态以及行走运动形态的特殊性，为利用足迹进行分析和鉴别人身提供了重要依据。

(四)足迹的连续性

足迹的连续性，是由人行走活动过程中左右足交替所决定的。人们只有周期性地向前位移，才能走得省力稳健、效率高，这也是足迹再现率高的内在因素。外界条件好时，就必然留下并反映出成趟足迹，这就给循迹追踪提供了可靠根据和条件，同样为足迹的分析、鉴别、全面对照、正确评断、充分认识特征提供了更充分的客观依据。

足迹连续性是完整反映运动形态、分析作案过程及足迹追踪的条件。

二、足迹的形成与分类

(一)足迹的形成

当人足与地面等承痕体相互接触时，由于两者之间存在不同形式的相互作用而引起后者发生变化，并相应地反映出人足的反映形象，即形成不同类型的足迹。

足迹的形成因素包含造痕体、承痕体、两者之间的相互作用力，在平面足迹中还存在介质转移。

1. 作用力。形成足迹的相互作用力是多种的，主要有人的肌力、重力、支撑反作用力和摩擦力等。从人足接触承痕体开始，即产生这些相互作用力。由于各力的大小、方向及着力点等综合作用，在承痕体上会形成相应的反映形象。

2. 造痕体。形成足迹的足包括人的赤足、穿袜足、穿鞋足。赤足所形成的足迹，是赤足结构与功能形态的直接反映形象，可以直接认定足迹与赤足的同一；穿鞋足、穿袜足所形成的足迹，是所穿鞋、袜结构形态和穿鞋、穿袜足有关结构与功能形态的复合反映形象，因此可以认定足迹与鞋、袜的同一。如果需要认定足迹与穿鞋人或穿袜人足的同一，须综合利用各类特征组合，并进行全面的科学实验论证。

3. 承痕体。形成足迹的承痕体包括各种地面、室内陈设家具、衣物用品等。这些客体均各由不同材质构成,具有不同的质地、结构、性能、空间状态等,这些因素均不同程度地影响足迹的质量。

立体足迹的反映是承痕体在外力作用下以塑性形变体现的,此时介质的转移往往被忽略。平面足迹的反映是由介质的转移来体现的。介质有液体的(血液等)与粉尘的泥土等。人足表面的介质被承痕体黏附会形成加层足迹,承痕体表面黏附的介质被人足表面黏附会形成减层足迹。

(二)足迹的分类

足迹可以根据不同角度进行分类,每一种分类都力求有助于揭示和运用足迹的某一特性,为检验、鉴定服务。

1. 按造痕体的类别分为赤足足迹、穿袜足迹、穿鞋足迹。
2. 按承痕体的反映形式分为立体足迹、平面足迹和混合足迹。
3. 按作用方式分为动态接触足迹、静态接触足迹。
4. 按行走运动周期性分为单个足迹、成趟足迹。
5. 按足迹质量分为完整足迹、残缺足迹、清晰足迹、模糊足迹、重叠足迹等。

第三节　足迹的特征

足迹的特征是人足反映形象的总称。由足迹特征所构成的特定性,是区别不同足迹、判断案件足迹与嫌疑人足迹是否同一的基础。

足迹的特征包括赤足和穿鞋、穿袜的足外表结构等形象特征和反映人体形态、动作习惯的特征,通常被称为赤足足迹的特征、穿鞋、穿袜足迹的特征和步法特征。

一、赤足足迹的特征

(一)赤足各部位的长宽和形状

正常人每只脚由七块跗骨(跟骨、距骨、骰骨、舟骨及三块楔骨)、五块跖骨、14块趾骨组成骨骼系统,加之肌肉、韧带、腱膜、皮肤等软组织,构成人脚的基本形态。因具体生理、生活、工作、遗传因素等的差异,每个人足的长宽和各部位的形态各有不同。

1. 赤足各部位的长宽

根据人足的生理解剖的特点,可以将赤足及其形成的足迹统一划分为脚跟、脚弓、脚跖(掌)、脚趾四大部分。

足迹中心线的确定方法:找出赤足足迹跟后缘向后最突出点和第二趾中心点,将两点连线作为赤足足迹测量基线或赤足足迹中心线。

赤足足迹足长的具体测量方法:首先确定赤足足迹最长趾的前缘最突出点,过此点作足迹中心线的垂直切线交于一点;确定足迹跟后缘最突出点,过此点作垂直足迹中心线的切线交于另一点,测量两点之间的距离,作为赤足足迹足长。

赤足足迹足宽具体测量方法:分别作跖内外缘突点的平行足迹中心线的切线,两切线之间的垂直距离即为赤足足迹足宽。

赤足足迹足长和足宽因各种不同因素的影响而有所变化,这些因素包括地区、职业、季节、早晚、承痕体表面变化方式、左右足的不同以及是否负重或长途行走等。

2. 赤足各部位的形态

赤足足迹各部位的形态结构特征分别由足趾、足跖、足弓、足跟四部分的特征构成。

(1)足趾的特征

足趾的特征包括足趾痕迹的大小、足趾痕迹的形状、足趾痕迹的分布状况、足趾痕迹前缘顶点连线的形状、畸形足趾痕迹、足趾痕间隙的大小和形状、足迹中趾节区的形状。

(2)足跖的特征

足跖的特征包括跖痕前缘形状、跖后缘形状、跖内缘形状、跖外缘形状、跖面的凸凹结构。

(3)足弓的特征

足弓的特征包括中断型、狭窄型、中等型、扁平型、膨胀型。

(4)足跟的特征

足跟的特征:其边缘形状有弧形、平直形、凸凹形、角形、波浪形、近似于方形和不规则形。

(二)赤足的乳突纹线以及其他特征

清晰的赤足足迹往往能反映出足底表层皮肤的乳突纹线。乳突纹线在足的趾、跖、弓、跟部位上都有反映,除足趾及趾节上的纹线较短,其他各部位大多数纹线较长较粗,各自都有起点、终点、结合、分歧、小沟、小桥、点、棒、眼等细节特征。也同样可以构成弓、箕、斗、混杂形等纹型。

与手印的乳突花纹相比,赤足乳突花纹有明显的区别:赤足乳突花纹纹线粗、间隔宽;纹线多呈现出点、短线、弓形线、弯折线、弧形线,中心花纹扁平,如跖中部只有纵向花纹;根基线多偏向一侧;纹线间常出现脱皮斑点等。

赤足足迹中有可能反映出其他特征,包括屈肌褶纹、皱纹、伤疤、鸡眼、老趼、脱皮、包扎物、黏附物等形成的痕迹。

二、穿鞋、穿袜足迹的特征

(一)穿鞋足迹的特征

1. 鞋底部的形状和长宽

(1)鞋底各部位的名称和长宽。鞋底的区划和名称,参照赤足解剖部位也划分为足尖、足掌、足弓和足跟四个部分。

(2)鞋底各部位的形状。鞋底整体有弯(认脚)底、直(便脚)底的区别;鞋底前尖部有圆头、尖头和方头等区别;鞋底平面有平底、坡底和高跟等区别。高跟鞋又可分为微高跟、低高跟、中高跟和特高跟。

2. 鞋底的制作特点

穿鞋足迹反映出生产过程构成的特征有鞋底的成型装配特征;鞋底上的花纹和标志。

(1)鞋底上的成型装配特征

压延冲切底的鞋底特征主要包括花纹边沿切边特征,厂号标志特征,围条接口特征,碰伤、气泡、砂眼、杂物形成的特征,凸起的绱底线道特征。

模压(注塑)鞋底特征主要包括注塑孔痕,气泡、砂眼、碰伤和钢模修理的特征,在配跟、装底、缝线、钉钉和修整等工序中所产生的缝线与花纹、切边的距离、针脚的形状、大小、距离、位置等特征。

明绱底鞋鞋底特征主要包括绱鞋线的稀密特征,绱鞋线在鞋底线槽内的分布位置,针脚的起点和结尾点的特征;绱鞋线的粗细和编织的松紧不同,在底线槽内的特征反映亦不同。

手工制底的特征主要包括手工制底所产生的针脚、钉帽以及切割的边缘形状等。

(2)鞋底花纹和标志

鞋底上的花纹、标志,是经过带花纹图案的滚筒或模具,压延或模压(注塑)在橡胶、塑料上而成的。鞋底花纹种类极多,这些花纹图案,在新鞋上多为种类特征,特别是模压底的花纹重复性较大。在鞋底处还可能出现厂名、地名、商标、鞋号、代号等特征。

模压(注塑)底鞋和冲切底鞋的主要区别:模压(注塑)底鞋鞋底花纹左右鞋对称,花纹多有边埂,鞋底商标、厂名、鞋号等标记位于鞋弓中部,同一模具生产的鞋鞋底花纹形态一致,冲切底鞋鞋底花纹左右鞋不对称,花纹不封边,无边埂,鞋底弓部的商标、厂名、鞋号等标记有内、外窜移现象,同一鞋号鞋花纹的边缘形态各鞋之间不同。

3. 鞋底原料特征

制作鞋底用的原料,大多是塑料和橡胶,少数是用布和皮革。

(1)塑料底鞋痕迹特点

周边反映较明显,多数较完整,底掌和跟的表面均有凸凹构成的有规律性的点、块、条状花纹，花纹边棱多呈直角，边沿的花纹封口，且多组成横斜向的网格，很少有横向粗长的花纹。

（2）橡胶底鞋痕迹特点

模压胶底鞋足迹特点：跟、弓、掌不在一个平面上，花纹互不连接。

冲切胶底鞋足迹特点：周边反映不够完整；掌心、跟心和弓部外侧痕迹一般反映较清楚，只是轻重不同。

（3）皮底鞋痕迹特点

穿皮底鞋形成平面足迹时，痕迹边缘不完整，因鞋底周边不易全部着地，除了有本身的毛孔和不规则的微凹陷、鞣制过程中留下的皱裂、糙斑及钉帽、针脚等痕迹的形态反映外，很少有明显的花纹反映。

（4）布底鞋痕迹特点

由于布面受针脚和织纱凸凹影响，以及穿用过程中布层被磨损程度的影响等，足迹周边反映不整齐，花纹不明显，且多不成型，常呈麻点状和不规则形态，有时反映出前掌和后跟的压力重点部位，或在足弓处可能出现针脚痕迹。

4. 鞋磨损修补的特征

由于长期的磨损，鞋底上需要钉掌、打钉、修补等，这些修补都是因磨损不同而酌情处理的，所以它们的形状、大小和方位以及和其他特征间的关系，都是很独特的特征。

（二）穿袜足迹的特征

1. 制作袜子的原料特点

织袜子用的原料，主要有化学纤维、动物纤维、植物纤维等。这些原料纺出的纱线有粗有细，织出的袜子经纬也不一样。

2. 袜底制作工艺特点

由于制作手法技巧的不同，制作的袜底有尖头、圆头、平头之分。袜底上的花纹图案多是点状花纹或构成交叉图格，有的还刺绣上花草或文字。

3. 袜底的磨损和修补

足迹中反映出袜底部的各部位的磨损和补丁、缝合、粘连的形状、大小、位置,特别是针脚、线头等磨损的具体细微特征,都是很独特的特征。

三、步法特征

所谓步法特征,是指受动力定型规律控制,足迹所反映出的在行走运动中的运足和迈步形态特征的总称。它包括步幅特征和步态特征。

(一)步幅特征

步幅特征是指在连续的成趟足迹中所反映出来的协调搭配关系及双足迈步动作的特征,可分为步幅的角度、步宽、步长三个体系。

1. 步角

步角是足迹中心线与步行线构成的夹角。左足足迹中心线与左步行线的夹角为左步角,右足足迹中心线与右步行线的夹角为右步角。步角可分为外展角、内收角、直行角、不对称角。

(1)外展角:其中6°~10°为小外展角,11°~19°为中外展角,20°以上为大外展角;

(2)内收角的角度在0°以下;

(3)直行角的角度为0°~5°;

(4)不对称角包括一直行角一外展角,一直行角一内收角,一内收角一外展角等。

步幅特征包括步长、步宽、步角三项特征,只要有连续行走四个以上的成趟足迹就可以检验步幅特征。

2. 步宽

步宽是成趟的左右足迹内侧分别连成的两条直线间的垂直距离。

步宽可分为特宽步(5cm以上)、宽步(3~4.9cm)、较宽步(1.1~2.9cm)、并搭步(±1cm)、较窄步(-1.1~2.9cm)、窄步(-3~4.9cm)和特窄步(-5cm以下)。

3. 步长

步长是成趟相邻的左足与右足足迹的相同部位间的距离，即半步的长度。

步长可分为长步(80cm 以上)、中步(71～80cm)、短步(70cm 以下)。由后跟向前算起，右足足迹后跟至左足足迹后跟的平行距离为左步长，反之为右步长。

(二)步态特征

步态特征是指足迹中所反映出来的遗留足迹人的行走习惯特点及身体结构特点的特征。可以分为起足、落足和支撑三个体系。每个体系均有必然出现的主体特征，也有可能出现的伴生特征。

1. 起足特征

起足阶段是指从足跟抬起到足离开地面的时期，是人体获得行走动力的时期。起足特征是指足的跖区和趾区向后下方蹬地以获得向前上方运动的动力，与地面相互作用时所形成的特征。

(1)主体特征：蹬痕。

分为跖蹬痕和趾蹬痕。一般情况下，跖蹬痕出现在足底与地面之间夹角小于60 度时，趾蹬痕出现在足底与地面之间夹角大于60 度时。

跖蹬痕的形状多为不规则的倒三角形，起缘在掌前缘，呈弧形；止缘在掌后缘，呈 V 字形。趾蹬痕的前缘位于趾前缘，呈弧形；痕迹的后缘位于跖区前缘，呈 V 字形。

跖蹬痕在立体足迹中，前深后浅，痕迹最深处在掌前缘附近，在掌后缘附近有蹬地形成的抛土或堆土。趾蹬痕立体足迹中趾尖处凹陷，向后方有抛土或堆土，潮湿地面上有开口向前的鱼鳞状裂纹。

在平面足迹中，由于后蹬动作将承痕体表面的附着物蹬擦到掌后缘 ，蹬痕的前缘发亮，附着物较淡；掌部向后逐渐发暗或附着物渐浓。

蹬痕的特征主要反映为其位置(内、正、外)、痕迹的深浅或抛土的多少、蹬地时水平分力的方向(抛土的方向)。

蹬痕位置会随生理年龄的增大而逐渐向外侧移动。另外蹬痕往往随鞋种、地面条件、行走速度、姿势、负重等条件的变化而变化。

(2)伴生特征:抬痕、挑痕、耠痕、划痕、扫痕。

第一,抬痕。因足底与地面接触紧密且起足较快,借助空气的负压作用,将地面上的干燥而细腻的粉尘或液态的中间介质吸附起来所形成的痕迹。赤足或鞋底光滑、鞋底花纹细密,与地面接触紧密,能形成空气负压区;地面上有干燥的粉尘或液体中间介质;行走速度快等均易形成此痕迹。

第二,挑痕。由于起足低,足尖离开地面前挑擦前上方的地面所形成的痕迹为挑痕。年老体弱,驼背的人起足低易形成此痕迹,小脚穿大鞋、地面松软介质较厚、负重时也易形成此痕迹。

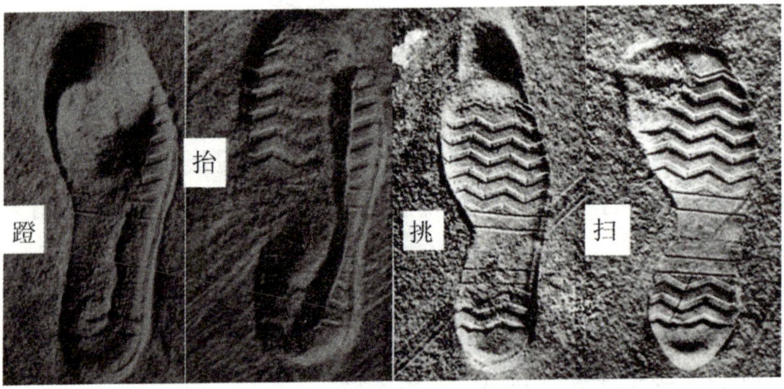

图4 起足过程中的主体特征和伴生特征

第三,耠痕。由于起足过低,足向前方耕犁地面而形成的痕迹。身体机能很弱的人易形成此痕迹,过度负重或地面松软介质过厚也易形成此痕迹。

第四,划痕。由于起足低,足尖离开地面前向内擦划地面而形成的痕迹。多为髋关节、膝关节、踝关节畸形或小儿麻痹的人所形成。多在松软地面形成。

第五,扫痕。由于起足过低,足离开地面前,跖内缘、拇趾内缘或鞋掌内前缘向内侧拖扫地面所形成的痕迹。下肢关节畸形或有较重的小儿麻痹，走路时拖着腿的人易形成此痕迹。

2. 支撑特征

支撑特征是指身体重心位于支撑足的正上方时，足与地面相互作用时所形成的特征。

(1)主体特征：压痕。

根据作用部位的不同，可以将压痕分为跟压痕、弓压痕、跖压痕、趾压痕。

立体足迹：压痕常以不同深浅的凹陷及受力部位的物质颗粒的粗细、松密、虚实和物质的干湿、光泽、增减等变化反映出来。

平面足迹：主要通过留下或被带走的中间介质的多少来反映。

随着生理年龄的变化，压痕的形态及大小会发生变化，由于行走姿势和动作的不同，压痕也会发生变化，压痕的反映同时也受到鞋种的影响。

压痕的特征主要反映为压痕的位置、形状、大小及其相互关系。

(2)伴生痕迹：坐痕、迫痕、拧痕。

第一，坐痕。坐痕是指支撑足向后微动所形成的痕迹，俗称倒跟。膝关节后凸、走路甩小腿或足跟向后凸出者在松软地面上穿软帮的旧布鞋行走时易形成坐痕。穿硬帮鞋或在硬地面上行走不易出现。在立体足迹中，足迹两侧能反映出鞋底侧面或部分鞋帮的印痕。平面足迹中反映稍弱。

第二，迫痕。迫痕是指在支撑阶段，身体左右晃动，使足向内侧或外侧挤压所形成的痕迹反映。走路左右晃动较大，O 形腿的人、负重、大脚穿小鞋，鞋底、鞋帮较薄、较软易成。赤足足迹中，反映为后跟稍重叠；穿鞋足迹中，会出现部分鞋帮的印痕。有时亦会反映为稍重叠的后跟。

第三，拧痕。拧痕是指支撑足以掌或跟为轴微微旋转所形成的痕迹，出现拧痕的人多为腿或髋关节畸形，有时小个迈大步且行走速度过快也会形成。在松软地面上的立体足迹反映较明显，拧痕主要反映为足迹掌区外侧和跟区内侧有堆土，掌、跟区的花纹会出现变形,有时类似两个重叠的足迹。

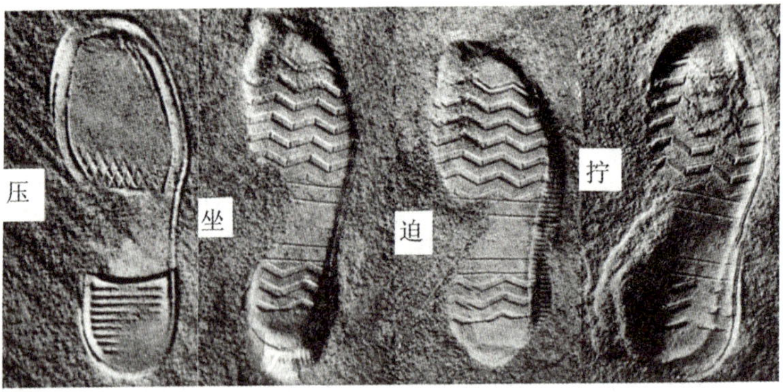

图5　支撑过程中的主体特征和伴生特征

3. 落足特征

落足特征是足跟下落接触地面并向前下方踩踏地面而形成的痕迹特征。

(1)主体特征:踏痕。

踏痕是在人行进过程中摆动腿变支撑前步时候,为保持身体平衡,足(鞋)底面与地面呈40°角左右状态,跟部后缘某点先触地,逐次扩散向前下方踏地形成的动态特征。在松软可塑的地面等承痕体上的立体足迹跟后部,则反映出半月形、扇形的,前浅后深的凹陷痕;在平坦坚硬承痕体上的平面足迹跟后部,则反映出类似半月形、扇形的残缺和擦拭迹象。

踏痕随着每个人年龄的增长,其形状、大小、轻重也发生相应的渐变。由青年到老年,一般由后、小、轻逐渐向前、大、重缓慢变化。

(2)伴生特征:擦痕、磕痕、推痕、跄痕。

第一,擦痕。擦痕的位置在足迹跟区后边缘的后面;呈现倒三角形的擦蹭痕迹。一般地面松软介质较厚时,年老体弱、小脚穿大鞋、穿拖鞋、抱重物等情况都有可能出现这种痕迹。

第二,磕痕。磕痕的位置在足迹跟后缘后侧,在立体足迹中反映为跟后缘有明显的堆土或向后喷土的现象。一般地面松软介质较厚时，长时间受到军事训练，走路甩小腿，膝关节僵直或后凹，鞋跟较硬等情况都有可能产生这种痕迹。磕痕在硬地面反映不明显。

第三，推痕。推痕的位置在足迹跟内前侧，立体足迹中主要反映为内前侧的堆土，平面足迹中反映较弱。能出现推痕的情况有膝关节、踝关节内凸，两脚之间距离较大，穿高跟鞋行走不稳。

第四，跄痕。跄痕的位置在跟前侧和掌区，在立体足迹中跟前侧有堆土，掌区花纹有变形，足迹中跟区长度有所加长，类似重叠足迹。在地面松软的情况下，摆动腿的摆动高度低，过度负重等情况都有可能出现跄痕。

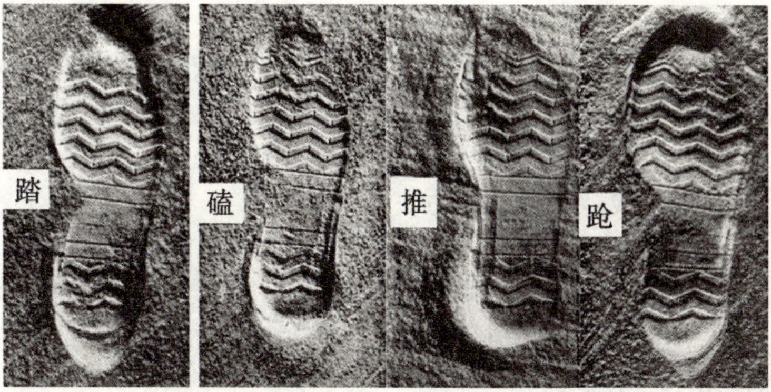

图6　落足过程中的主体特征和伴生特征

第四节　现场足迹的勘验

一、寻找、发现现场足迹

（一）寻找、发现足迹的重点部位

1. 来去路线。犯罪嫌疑人来去的路线上的足迹往往较清晰完整，但在未勘查中心现场以前很难确定是否与案件有关，这就要求现场保护的范围应适当扩大，无关人员不许在现场及附近随意走动，特别是对已发现的并初步判定可能与案件有关的足迹，应加强保护，等待中心现场发现确定了犯罪嫌疑人足迹后，根据其特征进行比对、追踪，扩大勘查范围，寻找发现成趟足迹，甚至同案犯的线索。

2. 现场出入口。犯罪嫌疑人进出现场的途径一般是门、窗、阳台、天窗以及原有或现挖的洞口等。勘查时，对这些部位及附近的地面和踩踏、攀蹬过的物体上，都必须认真细致的寻找。

3. 中心现场。中心现场是犯罪活动最集中的部位，一定要仔细寻找。

4. 隐身地点。犯罪嫌疑人在伺机作案过程中，往往利用现场的地物隐身，如树丛、窖洞、柴草垛、门后、厕所、楼梯间、阳台等阴暗僻静角落。这些处所平时很少有人走动，也是较容易留下足迹的地方。

5. 掩尸藏赃地点。有时犯罪嫌疑人为了灭迹，利用沟壑、坑穴、枯井、泥塘或自挖坑洞，将尸体、赃物埋藏起来。勘查现场时，应注意从附近地面去发现足迹。

（二）寻找、发现足迹的方法

现场的立体足迹和平面加层足迹，肉眼观察即可发现；如果是反差微弱的粉尘足迹，或无色汗液足迹，可以在一定光照角度下进行观察，边观察边调整视角，直至看清为止。必要时，还可以用多波段光源进行发现。

（三）确定、识别足迹的方法

1. 观察足迹遗留的部位与犯罪嫌疑人作案的动作是否吻合。例如，窗台上以及窗台下室内地面上脚尖朝内的足迹，可以判断为犯罪嫌疑人所留。

2. 观察足迹与现场其他痕迹的相互关系。例如，现场保险柜被撬，柜门前的足迹即可能是犯罪嫌疑人所留。

3. 分析足迹的新旧程度与发案时间是否一致。例如，及时勘查现场时发现的已干涸或积有尘埃的陈旧足迹，应是非犯罪嫌疑人所留；如果足迹新鲜，则应是犯罪嫌疑人所留。

4. 利用足迹上的附着物质进行分析。例如，足迹上附着的物质是现场所没有的，如金属屑末，则该足迹可能是犯罪嫌疑人所留。

5. 利用现场足迹的步态特征进行分析。犯罪嫌疑人在接近作案地点时,内心紧张、蹑手蹑脚能在步态特征上反映出来,有时一脚轻、一脚重,一脚直、一脚横,步幅也短。

6. 通过甄别案发后是否有其他人进入现场来分析。如果案发后,受害人、周围邻居或单位负责人进入过现场,在征得他们同意的情况下,可以提取其足迹与现场足迹进行对照,排除后即可确定足迹是否是犯罪嫌疑人所留。

二、现场足迹的提取

对于现场发现的犯罪嫌疑人足迹,应按照足迹的种类,选用适当的方法加以提取。

(一)拍照法

拍照是记录和提取足迹最常用的方法。不论是哪一种足迹,都要先拍照,然后方可采用其他方法予以提取。有的足迹,拍照方法是唯一的提取方法。

对单个足迹,可按现场细目摄影的要求和规则进行拍照;对成趟足迹,最少要拍照四个足印(一个周期),为了反映步态特征,可在足迹的一侧平放一个不短于两米的皮尺。如果一个画面不能包括成趟足迹,可采用直线分段连续拍照法拍照。

如有必要,还可进行录像。

(二)连同载体提取法

足迹载体不大者应将足迹连同载体一道提取,有利于以后进一步分析和检验。

(三)制模法

对于立体足迹,应当制作模型。制模材料通常是石膏粉。石膏粉应当符合颗粒细、干燥、无杂质的要求。石膏粉与水的比例通常为5:3。一个成年人的立体足迹,制模约需石膏粉500克。

制作石膏模型的步骤和方法:先清除发案后落在足迹上的杂物(如小枝条、草叶等),用泥土或其他合适材料将足迹围住,备好做“骨架”用的小木棍或竹条，然后将调成稀糊状的石膏浆从足迹较低处的边沿轻轻注入，注满一半厚度时，放上“骨架”，继续注入余浆。经过半小时左右，石膏凝固，可从一侧将模型轻轻起出，轻轻用水除去黏附的泥土，即制得足迹的石膏模型。

对于遗留在粉尘、沙土和雪地上的立体足迹，为了防止灌注石膏浆时将足迹冲坏或溶化，应当采取一定的防护措施：

如果是粉尘、沙土上的足迹，在灌注石膏浆前，先用喷雾器往足迹表面喷洒一薄层浓度为5%的松香酒精溶液或10%浓度的火棉胶溶液，待其凝结成膜，再注入石膏浆制模。如无上述痕迹固定剂可用，可先往足迹表面轻轻而又均匀地撒上薄薄一层石膏粉，再注入石膏浆。

如果是雪地上的足迹，在调制石膏浆之前，应对石膏粉和水进行降温：先将石膏粉置于垫以报纸的雪地上降温，并在所用之水中加入5%～10%的氨水，同时往水里放雪，使水温降至零摄氏度以下，并放入酒精防冻。浆的浓度应比一般稍浓。

还可用石膏和硫黄混合液（石膏粉与硫黄比例为3:1或3:2，撒入-2℃的水中调制）来制作雪地上的立体足迹模型。

有的专家经过实验还提出雪地制模的新方法：先向雪地足迹喷上薄薄一层铝粉，然后再注入降过温的石膏浆。此法操作简便，提取的雪地足迹特征清晰。

（四）静电吸附法

根据正负电相吸的原理，利用专门研制的静电发生器和金属板，可以提取水泥地面、地板、地毯、毛皮等物面上的粉尘足迹。此项技术，已在侦破案件中发挥了重要作用。近年来，有的专家提出利用黑色丝光平绒和多孔泡沫塑料黏合剂制成的按压板，来代替过去的金属板提取粉尘足迹，不但能提高足迹的清晰度，而且还能在某些圆弧状物面上提取足迹。

第五节　足迹的分析

一、足迹的年龄分析

(一)不同年龄步态分析

1. 少年(17 岁以下)

少年阶段因发育未成熟,运步多不规则,步态特征不稳定。其特点是步长长短不一、步角小、步宽较宽;前掌压力重、后跟压力轻,起、落脚快而有力,常出现蹬、挖、抠、抬痕迹。

2. 青年(18 ~29 岁)

青年发育基本成熟,运步较有规律,步态特征比较稳定。其特点是步长长、步角中等、步宽中等;前掌压力重、后跟压力较轻,起、落脚高而有力,多出现蹬、挖痕迹,挖痕伴有甩土,抬痕明显,踏痕明显,擦痕少见。

3. 壮年(30 ~39 岁)

壮年发育完全成熟,行走运动规律强,运步稳重有力,步态特征比较稳定。其特点是步长、步角适中,步宽较窄;掌、跟压痕比较均匀,壮年末期,前掌压力面稍向后移,跟压痕逐渐增加;起脚时,蹬、挖用力不大,抠痕多见,落脚时磕痕明显。

4. 中年(40 ~49 岁)

中年运步逐渐变缓慢,脚上的冲压力不强。其步态特征是步态逐渐变短、步宽开始变宽、步角外展逐渐变大;起、落脚偏低,后跟压痕比前掌偏重,前掌压力面向外移、扩散。落脚低出现擦痕,前上方起脚挑痕明显。

5. 老年(50 岁以上)

老年走路重心前移,身体后仰,起脚、落脚低而且缓慢,步态特征较为稳定。其特点是步长变短、步宽变宽、步角外展加大,跟压逐渐变得更重,掌压逐渐减轻,前掌边缘有虚边,擦痕、秴痕明显而且逐渐加重,前掌压力扩散、后移,后跟压力面增大。

(二)利用踏痕、压痕分析年龄

1. 年龄变化在压痕中的反映

人在行走过程中,支撑体重的脚作用在地面上形成的痕迹叫压痕。压痕中所反映出前掌压力的部位叫前掌压力面,后跟的部位叫后跟压力面。因为人的年龄不同,脚掌、脚跟在地面上用力的大小、部位、范围也不相同,形成的掌压、跟压面的大小和部位也不相同。一般是年龄小,脚底肌肉丰满结实,韧带弹性强而有力,脚掌、脚跟的重压面小而集中,重压面边线较清晰;年龄大,脚底肌肉松弛,韧带弹性减弱,接触面扩大,重压面也大,边沿不太清楚,并且重压向后外方向逐渐移动。由此可见,年龄影响重压面的形态、大小、位置,同时重压面也能反映年龄的大小,并可对人的年龄进行定量分析。

2. 压痕分析年龄的公式

年龄 = 跟压痕纵向直径(cm) ×5 = 足迹掌外侧压痕所形成实边长(cm) ×5 = 跖区内、外侧压痕纵向直径(cm) ×10

3. 利用踏痕分析法

年龄 = 踏痕半径(cm) ×10

二、足迹的身高、体态、性别分析

(一)利用足迹分析身高

1. 利用足迹分析身高的公式(单位为 cm):

(1)身高 = 赤足平面足迹长 ×7 = 足长 ×6.875

(2)身高 =(足迹长 - K) ×7

由于外底长 = 内外差 + 楦底全长(足长 + 放余量) - 后容差,从而得出各种不同的鞋对应一个 K 值。

鞋种不同,系数 K 不同,以下是参考对应 K 值:大上底单皮鞋:3 ~4cm,模压底单皮鞋:2 ~3cm,大上底棉皮鞋:4 ~6cm,模压底棉皮鞋:3 ~4cm,解放鞋:2.5cm,布底布鞋:2 ~3cm,塑料底布鞋:2 ~3cm,网球鞋:2.5cm,半高跟皮鞋:0.5 ~1.5cm,雨鞋:2.5 ~3.5cm。

2. 利用足迹步幅特征分析身高

中等个身高 = 单步长(即 1 个左步长 +1 个右步长) +1/2 足

迹长

大个身高 = 单步长(即 1 个左步长 + 1 个右步长) + 1/3 足迹长

小个身高 = 单步长(即 1 个左步长 + 1 个右步长) + 1/3 足迹长

(二)利用足迹分析体态

1. 胖人足迹特点

(1)步幅特征:步长变小、步宽变大、步角变大。

(2)步态特征:

踏痕相对明显;蹬痕相对轻,除擦、挑痕外其他伴生痕迹出现率低,压痕重、实、深,因足底软组织丰厚,赤足足迹中压痕的凸凹反映不明显;穿鞋足迹中边缘的虚实区分不明显;足迹的长宽比较小,正常体态人为 1∶2.5,胖人则多为 1∶2.2 左右。

2. 瘦人足迹特点

(1)步幅特征:相对于胖人而言步长大,步宽小,步角小。

(2)步态特征:踏痕相对轻,蹬痕相对重;压痕凹凸明显,足迹边缘虚实分明;从足形特征上看,长宽比 1∶2.7 时偏瘦。

(三)利用足迹分析性别

1. 根据外形分析。在外形上,男性足迹普遍大于女性,男性足迹长宽比普遍小于女性,男性穿鞋足迹与女性在鞋底外形上通常也存在区别。

2. 根据步幅特征分析。通常男性步长大、步角大、步宽小,而女性步长小、步角小、步宽稍大。

3. 根据步态特征进行分析。

男性:起、落足有力,蹬痕、踏痕、压痕明显,立体足迹表面凸凹明显,压痕边缘虚实分明,多外落足、内起足。从伴生痕迹看男性磕痕、迫痕多。

女性:足底压痕均匀,多正落足、正起足,有一些人还是内落足、外起足,擦痕、挑痕相对男性明显。

第三章　工痕、枪痕检验

第一节　工具痕迹检验

一、应用工具痕迹检验的典型案例

1932 年 3 月 1 日晚，在美国新泽西州，有人利用梯子爬进了著名人物——横越大西洋的飞行员查理斯·兰德伯格上校的家，绑架了他只有一岁零七个月大的儿子。这起案件震惊了美国。

案件现场遗留的物证有一封索要五万美元赎金的勒索信；窗户下遗留有模糊的足迹；现场遗留有作案人带来的自制的梯子；离现场不远处遗留有一把凿子。

警方经过不懈的努力，终于在 5 月 12 日，在距上校家两英里的海岸线上发现了孩子的尸体，尸体已高度腐败。查尔斯·米切尔博士对尸体进行了检验，证明孩子死于颅脑暴力伤，死亡时间是绑架案发生的当天晚上。

案件发生后，美国森林产品实验室的科学家亚瑟·柯勒先生积极参与了此案的物证检验工作，并为案件的侦破提供了很大的帮助。1932 年，亚瑟·柯勒先生已经是一位著名的木材专家，他出版的《木材的使用和属性》一书对此案有很大的指导意义。亚瑟·柯勒先生仔细查看案件中的梯子：梯子做工粗糙，梯子上的楔子是用凿子很随便地撮合上的，显得笨重、粗糙，其他的制造工具还有刨子、锯子。从痕迹上看，梯子的制造者对这些工具使用得很不专业。亚瑟·柯勒先生对现场的凿子进行了检验，但没有确认它是否是制作这架梯子的工具。

亚瑟·柯勒先生把梯子彻底拆开,并把每一部分都进行了编号,作了检验分析记录。阶梯部分从下至上分别编号为1~11号,梯子两边的扶手部分从左侧下部到右侧上部分别编号为12~17号。柯勒先生的检验结果是梯子使用的木材有四种:北卡罗来纳松树、桦木、道格拉斯枞木、邦德萨松树。第一至第十号阶梯使用的是邦德萨松树;第11号阶梯使用的是道格拉斯枞木;第12号和第13号使用的是同种木材北卡罗来纳松树,且被同一台带速为230英尺刨床处理过,因为两块木材上刨床的加工缺陷痕迹相同;第14号、第15号木材是道格拉斯枞木;第16号是北卡罗来纳松树,第16号木材上有四个钉子形成的洞孔,这和梯子的制作无关,说明这种木材以前有其他的用途,四个小眼干净无尘土,说明此块木材没有暴露放置,可能被用在仓库、车间及阁楼上;第17号使用的是道格拉斯枞木。

柯勒先生向1 598家木材加工厂发了调查信,询问刨床的使用情况,23家回了信,说使用过信中提到的刨床。其中北卡罗来纳地区麦克公司寄来的刨床处理过的木材样本,正好是柯勒要的那种。

从1929年开始,这家公司才开始使用每秒230英尺的刨床。1933年11月19日,也就是柯勒接手这一案件的第18个月,侦探们从这种木材入手,查到了在布朗克斯区的工厂,但公司说他们没有保存买方的记录,侦探们大失所望。尽管如此,警方至少了解到买木材者所在的地区。

警方除了在布朗克斯区调查木材外,还从赎身用过的钱上下过工夫。兰德伯格上校在案发初期,为了尽快找到孩子,将钱交到了指定地点。有记录证明赎身时使用的货币在纽约出现过,于是警方通知银行关注这一系列美元的号码。1934年9月18日,一位汽车修理厂的管理员从一位顾客那里收到了一张10美元的货币,并草草记下了此人的汽车牌照号4U-13-41-NY,当这张美元存入银行时,银行立即通知了警方。

第二天,32岁的德国侨民布鲁诺·哈普特曼被拘捕,他的职业是木匠。在布朗克斯地区他的家中，警方发现了剩下的被登记过的用来赎身的14 000美元，但布鲁诺·哈普特曼坚持说，这是他的一个叫爱塞得·费西的朋友的钱。此人已回到德国，并死于肺结核病。

警方搜查了布鲁诺·哈普特曼的家，在他的车库里发现了一个刨子，该刨子形成的痕迹和梯子上的一致。另外，一名警官检查发现阁楼的小梁被锯掉了一条，柯勒把第16号木材放到这一部分，小梁上的钉眼和木材上的钉眼完全合为一体。柯勒通过分析木质及其纹理，证明第16号木材和阁楼的这一部分以前曾是一个整体。

审判中，柯勒先生的证据展示了这个刨子怎样在哈普特曼的车库中发现，并且怎样用它来制作梯子的级梯。1935年2月23日，法庭作出了有罪判决。1936年4月3日，哈普特曼坐上了电椅。①

这个经典案例说明，20世纪初的美国，工具痕迹检验技术已经进行了较为深入的研究并取得了相当成效。

二、工具痕迹概述

(一)工具痕迹的概念

工具痕迹是罪犯利用工具破坏(或侵害)某种客体，实施犯罪行为时留下的一种形象痕迹，简称工痕。它是工具在力的作用下，与被破坏客体相接触，并使接触部位发生塑变或断离而形成的立体痕迹。

承受客体受力后发生塑性变形或永久性变形，就能形成工具痕迹。如果外力过大，承受客体就会断离而一分为二，并在断端形成断离痕迹。

力的作用是以造痕体与承受客体相互接触为前提的，而这两

---

① 罗亚平:《物证技术及物证鉴定制度》，中国人民公安大学出版社2003年版，第66～71页。

个客体的物质性能(如塑性、脆性和密度等),无疑对工具痕迹的形成有较大影响。

塑性是指客体材料在外力作用下,产生塑性变形,外力停止后不能恢复原状的性能;如外力停止后,具有恢复原状的能力,则称弹性。承受客体塑性越好,产生和保持变形的能力越强,形成痕迹的质量也越好。弹性大的客体,不易保留细小的痕迹特征。

脆性是指客体材料在外力作用下,稍有塑性变形后就发生断裂或破碎的性质,如玻璃、瓷器等均属脆性物质。脆性材料不易反映出作案工具接触部位的特征,利用这类痕迹虽不能对工具进行同一认定,但可供分析案情使用。

此外,客体材料的密度对形成工具痕迹特征也有很大影响,密度大、颗粒细、纤维紧密的材料上形成的工具痕迹,能反映出工具的细微形态特征。

(二)工具痕迹的作用

1. 解决嫌疑工具的同一认定问题

通过工具痕迹鉴定,可以解决痕迹是否是送检的嫌疑工具所遗留,从而为处理案件提供确凿的证据。

2. 解决留痕工具的种属认定问题

根据案件中工具痕迹的形状、大小、形成过程和方向等特征,可以推断形成痕迹所用工具的种类,并进而分析罪犯具有何种专业技能和使用专业工具的特点。这对划定嫌疑人范围和发现可疑工具都有重要意义。

3. 为分析案情提供依据

(1)有助于分析案件性质,为分析内盗、外盗提供依据。

(2)有助于并案侦查。如果不同现场遗留相同工具痕迹,不同案件中发现同样的破坏方法,可以将这些案件合并起来分析,加速破案。

(3)有助于分析罪犯个人特征,如分析罪犯身高及体力状况,分析罪犯使用工具的职业特点和动作习惯,等等。

(三)工具痕迹的分类

对工具痕迹进行分类,应考虑形成痕迹的作用力、造痕体和承受客体三个要素。作为造痕体的工具以及承受客体种类繁多,很难作为痕迹分类的依据,而力在形成工具痕迹中有决定性作用。因此,对工具痕迹进行分类应该以力的作用结果和力的作用方式为依据。

任何工具作用于承受客体时,在接触部位可以将力分解为垂直于承受表面的法向力和平行于承受表面的切向力。当力的方向主要呈现法向作用时,形成凹陷痕迹;当力的方向主要呈现切向作用时,形成线形痕迹。这两类痕迹又可根据力的作用方式作进一步分类:凹陷痕迹可以细分为撬压凹陷痕迹、打击凹陷痕迹;线形痕迹可细分为擦划线形痕迹和剪切线形痕迹。

按照工具破坏客体的方法,工具痕迹通常可以分为撬压、打击、擦划、钳剪、刺切和割削等痕迹。

三、工具痕迹的特征

工具痕迹的特征是指反映造痕体外表结构的宏观特征,即种类特征和反映造痕体外表结构的微观特征,即细节特征。它们是根据工具痕迹区分作案工具的种类,认定作案工具的依据。工具痕迹的种类特征能反映造型工具与客体接触部位的形状、尺寸、式样,因而可判断出工具的种类。工具痕迹的细节特征能反映出造型工具与客体接触部位的缺损、裂纹、折皱、凹坑和凸点等的形状、大小、深浅、位置、数量及相互关系等细微特征,因而可认定作案工具。工具痕迹的种类特征和细节特征的反映与工具和客体的接触方式及所形成痕迹的种类有关。

(一)凹陷痕迹

承受客体在印压接触力作用下,与工具的接触部位产生压缩变形所形成的痕迹。常见的凹陷痕迹有工具通过杠杆作用,使客体受到压力后,在其接触部位形成的撬压凹陷痕迹和工具以狠冲力形式作用于客体上形成的打击凹陷痕迹。可见凹陷痕迹形成时工具和客体呈静态接触，且痕底反映出工具接触面正面印压特征。

1. 凹陷痕迹的结构

凹陷痕迹以凸凹坑丘位置、形状反映工具表面的特征，痕迹与工具凸凹像相反。

凹陷痕迹结构可分四个部位：

痕起缘——开始形成痕迹的地方；

痕底——终止形成痕迹时，工具接触部位印压的地方；

痕止缘——痕底的边缘；

痕壁——起缘与止缘中间的部位。

2. 凹陷痕迹的特征

凹陷痕迹的种类特征是痕迹的轮廓形状和尺寸，它反映出工具接触部位的几何形状与尺寸。

凹陷痕迹的细节特征是痕迹底部的凸凹坑丘结构及边沿细节特征。特别是稀有的、明显的凸凹坑丘以及它们的位置、形状、相互关系，在鉴定中应用价值较高。

（二）线形痕迹

工具和承受客体在接触状态下产生相对位移时，在承受客体表面部位上形成的凸凹线束，即是线形痕迹。常见的线形痕迹有工具在客体上沿一定的方向滑动产生的擦划线条痕迹；有利用钳、剪类工具的上、下两刃，将客体剪断时，在客体断面上产生的剪切线条痕迹和利用刀刃、斧刃割削客体时，在客体切断面上形成的切割线条痕迹。可见，所有的线形痕迹都是由工具的尖角、边棱、刃口和客体表面上的凸凹点所形成的，而且工具和客体一定是切划接触。

1. 线形痕迹的结构

线形痕迹有凸起线和凹下线，单一线痕断面有峰、腰、谷，并以凸凹线条的起伏形态反映工具上的特征，且工具与痕迹上的特征凸凹像相反。

线形痕迹的结构分为三个部位：

痕起缘——开始形成线痕的部位（工具接触的开始阶段）；

痕止缘——终止形成线痕的部位(工具接触的最后阶段);

痕迹面——起缘与止缘之间的部位(工具接触的中间阶段)。

在观察线形痕迹时,起点通常光滑,无颗粒残渣堆积物,比较整齐,由浅入深呈斜坡状,成痕中被擦起的毛刺尖端指向起点。终点一般有停顿和按压现象,且常存有从物体表面擦掉的颗粒残渣堆积物。若无停顿,线形痕迹接近终点有时呈由深至浅、由宽变窄逐渐缩小成锥状的形态。

2. 线形痕迹的特征

线形痕迹的种类特征是痕迹的轮廓尺寸。它反映了工具接触部位的长度、工具的宽度和局部形状。

线形痕迹的细节特征是单一凸起和凹下线痕峰、谷、腰结构,它反映了与客体接触部位的工具表面(或端面)的细微特征。特别是粗大、明显、连贯的凸起或凹下线形痕迹,能客观反映工具在生产加工和使用过程中造成的突出特征,稳定、可靠,鉴定价值较高。

3. 线形痕迹的区别

线形痕迹可能由不同类型的工具造成,所以,在遇到留有线形痕迹的断面时,往往要区别断面是何种工具切断的。

利用单刃工具(刀、斧)切断客体,在两个断端上只形成平齐的断面;利用双刃工具断离客体后,在两个断面上形成四个剪切面,每个断面的两个剪切面上形成的线形痕迹有明显差异,并出现锋角(两侧剪切斜面构成的角称锋角)拉断面位于中央,即两剪切面的交界处。

钳子与剪子形成断面的区别是以钢丝钳和家用剪刀切断金属线为例,钢丝钳形成的断面锋角小,两个剪切面大小基本相等,拉断面宽而高并直立,断面上除有较粗和连贯性较差的凹凸线条外,常出现工具加工特征,如弧形线等。剪刀形成的断面锋角大,两个剪切面一大一小,拉断面窄而低,断面上只有较细密和连贯的凹凸线条,不出现工具加工特征。

(三)整体分离痕迹特征

1. 整体分离痕迹的概念

整体分离痕迹中的整体是就固体物而言。分离固体物，往往要使用工具，因此，整体分离痕迹的利用，往往离不开工具痕迹的检验。

所谓整体分离痕迹是指一个物质性客体在外力作用下被分离为若干部分而在各分离体上留下的痕迹。如：一块布被撕下一片，在断离边缘形成撕扯的断离痕迹；一根铜丝被剪成两段，形成反映剪切工具刃口及作用方式的断离痕迹；一部机器被卸下一个零部件，在该部件与机器其他部件组合的接触面会形成脱离痕迹。

案件中遇到的分离痕迹，可分为断离痕迹和脱离痕迹两大类。

断离痕迹是指完整体在外力作用下断裂为若干部分形成的痕迹。断离有可能借助工具，也可能不借助工具。

可能出现断离痕迹的整体，通常是同质条状体（如木棒、绳索等）、条状组合体（如有包皮的电线）、同质片状体（如纸张、玻璃等），也可能是同质块状体（如砖头）。

脱离痕迹是指由若干部件组合而成的完整体被拆卸了某一个或几个部件所形成的痕迹。组合型物体被分离后，其分离端表现为脱离。

案件中常见的易形成脱离痕迹整体物有整本的纸质印刷品、纺织物制品、木材制品、塑料制品、金属制品等。

物质客体的分离是外力与物质客体内力的综合作用的结果，外力形式不同，物质客体结构性质不同，其分离状态就不同。从分离动力来源和分离方式或手段来看，整体分离痕迹的形成可分为人力直接分离、利用工具和器械分离、拆卸分离、爆炸分离等。

此外，其他一些因素也会造成分离，如风力、雷电、热作用、化学腐蚀和金属材料疲劳等。所以，遇到客体被分离时，必须根据分离痕迹的特点，仔细研究分离的原因，以便正确判断其是否是故意破坏。

2. 整体分离痕迹的特征

整体分离痕迹的特征与分离方式、被分离物体的结构和物质属性有密切联系。

(1)断离痕迹特征。客体被断离的断端形态可根据客体的粗细、厚薄,分为面形和线形两种。很薄的片状客体,其断端呈断离线,其断离线可能是直线或曲线;较厚的客体,其断端呈断离面,断离面的形态可能是平整的,也可能是凹凸不平的或有毛刺的。通常将其断离面的边缘(即周边)称为断缘,断缘的形状一般与整体物相应的轮廓形状相一致。用人力直接使整体断离,其相对应的断端,多是不整齐的,呈凹凸相对应状态。而用工具刃部进行切削形成的断端,不管是哪种工具、哪种作用方式,在局部上应是整齐的,并能反映工具结构和作用方式的特征,爆炸作用形成分离痕迹形态与人力直接作用形成分离痕迹形态相似。不论是哪种分离作用造成的断离,其断离客体的断端,不仅断离线、断离面相互对应,而且断离面内部花纹结构、断缘与分离线的临界面上的痕迹、附着物及形态也互相对应。

(2)脱离痕迹特征。不论是简单的组合体,还是精密设计制造的仪表,各部件之间都有一定的接触面,并在接触面留下印痕,在相互接触的部件外表也可能留有附加的痕迹或附着物。一旦部件被拆开,就会出现脱离痕迹,能从新旧、色泽上反映出接触面印痕的几何形状。如果是利用工具拆卸分离,在拆卸过程中除留下正常的工具痕迹外,还可能留下反映拆卸动作的附加工具痕迹。

四、工具痕迹的寻找和提取

(一)工具痕迹的寻找

寻找工具痕迹是现场勘查的主要工作之一,应重点在罪犯犯罪过程中所破坏的障碍物和某些目的物及其周围进行寻找。

对室内现场,罪犯要破坏进出口处的障碍物和封闭设置,如门窗、锁扣、锁及房间四壁、箱柜的锁扣、合叶和箱柜的四壁等,通常这些具有封闭作用的客体上,常因罪犯破坏而留有工具痕迹,在其周围也可能寻找到罪犯遗弃的作案工具。

在中心现场,罪犯直接破坏的客体,如柜、橱、箱、桌、抽屉等处,寻找因撬压、打击、钳剪等方法遗留的工具痕迹。对于凶杀现场,应注意尸体衣着,观察伤害性质,在衣着和肌体上寻找工具痕迹。对于中心现场附近区域,注意观察各种陈设物或关联物,寻找工具痕迹;在院庭、墙角或某些隐蔽处,注意搜寻被破坏的锁具、作案工具等;在罪犯逃走的路线上,有时会发现罪犯遗弃的被破坏客体或者其组成部分、作案工具等。

对罪犯拆卸或破坏机械设备、铁路、桥梁、通信设施等,应根据这些机械或设备的结构、性能,在专业人员配合下分解、拆卸,从中寻找工具痕迹。

在细致、全面查找工具痕迹的同时,对于现场上某客体的变形或破坏,要注意认真分析、判断是否是工具痕迹,是否为作案时所遗留,重点关注一些痕迹与工具痕迹的区别,包括动物造成的痕迹、自然环境造成的破坏、生产或使用过程中形成的案前痕迹、保护或保管不当造成的痕迹。

(二)工具痕迹的提取

在发现和确定犯罪工具痕迹后,首先应拍照,将痕迹所在的客体环境、部位和痕迹特征固定下来。工具痕迹在经事主同意后,可提取原物或者锯割、拆卸工具痕迹所在的部位。

在不能提取原物的情况下,可用制模法来提取痕迹。

1. 硅橡胶法

106RTV 室温硫化硅橡胶为白色黏稠状液体。它塑型细腻,且固化之后弹性和韧性较强,不发生断裂,可适用于深浅不同、大小不等、形状各异的工痕。

根据痕迹的大小,用调墨刀取适量硅橡胶置于玻璃板上调好,然后涂入痕迹,五分钟左右干后从边缘轻轻掀起,取下模型。

2. 打样膏法

打样膏,是牙科制模用品。使用时,先在工具痕迹表面涂以甘油作为脱模剂,然后将打样膏浸入 60℃ 左右热水中软化。取出后甩掉表面水珠,用力压入痕迹中,过 20 ~ 30 分钟,待其冷却硬化后取下。此法简便易行,但不适用于粗糙客体和形状复杂的痕迹;而且由于用力挤压,易使质软客体变形而影响痕迹特征。

3. 醋酸纤维素薄膜法

醋酸纤维素简称"AC 纸"。使用前,先在工具痕迹表面涂以甘油作为脱模剂,然后取稍大于痕迹的 AC 纸一片,用镊子夹住浸在丙酮中 3~5 秒,浸软即取出贴在痕迹上,表面再放一层干的 AC 纸,压紧一分钟,使两者相粘。20 分钟之后,AC 纸干透,工具痕迹即在 AC 纸上压印成模。此法适用于较浅的工痕,如线形擦划痕迹。不适用于较深的凹陷工痕,亦不适用于表面粗糙和有毛刺的客体。

在提取工具痕迹时,还应注意发现、提取痕迹上的附着物(物质互换痕迹)和工具断裂的碎片。如果是金属碎屑,可试用磁铁吸取,或用针挑、敲拍提取,对已提取的工痕中的附着物应当分别装入洁净的容器或纸袋内。

在提取工具痕迹过程中,注意切勿用手直接拿取附着物。提取后,在包装物上应注明发案地点、时间、提取部位、提取方法及附着物或分离物的种类。

第二节　枪弹痕迹检验

一、枪弹痕迹检验概述

(一)枪弹的分类

枪是指利用火药燃烧产生的气体压力发射弹头或弹丸,以达到杀伤目的、口径在 20 毫米以下的便携武器。如果口径在 20 毫米以上,则不称枪而称炮。①

1. 枪可从不同角度分类。按用途可分为军用枪械、民用枪械、特种枪械、教学枪械;按枪管内膛结构可分为膛线枪和滑膛枪;按枪管长度可分为长枪和短枪;按枪管口径可分为小口径枪(3~6.5

---

① 徐立根主编:《物证技术学》(第三版),中国人民大学出版社 2008 年版,第 97 页。

毫米）、中口径枪（7～11.5毫米）、大口径枪（11.5～14.5毫米）；按性能可分为自动枪械、非自动枪械和转轮枪械；按制造方式可分为制式枪与非制式枪。

2. 子弹也可以从不同角度进行分类。按作用性能可分为普通弹和特种弹；按配用枪种可分为步机枪子弹、手枪子弹、小口径枪子弹、猎枪子弹、信号枪子弹、教学枪子弹等；按发火部位可分为中心发火弹、边缘发火弹；按弹壳外形可分为瓶形弹、柱形弹；按弹壳底部形状可分为有底槽弹和有凸缘弹；按弹头形状可分为尖头弹、钝头弹和平头弹；按弹头固定在弹壳上的方法可分为平面紧口弹、腰带紧口弹和卡窝紧口弹。

（二）枪弹的主要结构

1. 枪的主要结构

枪的构造比较复杂，从枪弹痕迹角度来看，主要起作用的是枪管、枪机和枪机匣三个部件。

（1）枪管位于枪支前部，用无缝钢管制成。它可分弹膛、坡膛和线膛（膛线又称来复线）三个区域。弹膛在枪管的后部，是子弹待发时所在的部位，有瓶形和圆柱形两种形状。坡膛在弹膛前方，由后向前逐渐变小呈坡度，其作用是使弹头发射时顺利进入线膛区。线膛区从坡膛开始直至枪口。发射子弹时，膛线与火药爆炸产生的高压气体从两个方面作用于弹头，使弹头在枪管内以极高速度旋转推进，推出枪口后仍能始终围绕着弹道切线作锥形运动向前飞行，既能降低空气对弹头的阻力，又能提高弹头飞行的稳定性和射击精度。

膛线有阴线与阳线，左旋与右旋之分。从枪口观察，膛线呈逆时针方向旋转者为右旋膛线，反之则为左旋膛线。我国生产的枪支多为右旋膛线。膛线条数随口径大小而定，手枪、步枪、冲锋枪有的四条，有的五条或六条。

（2）枪机又称枪栓，位于弹膛后部，是完成推弹、闭锁、击发底火和退壳等功能的装置，包括机体、击针、拉壳钩、抛壳挺等。

（3）枪机匣简称机匣，是连接枪管和枪机并引导枪机前后滑动的部件。

2. 子弹的主要结构

制式枪支所用的子弹是由弹头、弹壳两部分组成。弹头呈尖头或圆头流线型，弹心多用铅锑合金或钢制成，外壳多用铜锌合金、铜镍合金或复铜钢。①

弹壳内储存火药，壳口与弹头紧密相连。弹壳壳体通常用铜锌合金或复铜钢制成。

装在弹壳内的火药是产生弹头活力的化学能源。现代子弹普遍使用无烟火药，其主要成分是硝化纤维和硝化甘油。这种火药敏感性小，受到轻微撞击、摩擦或加热均不容易引起燃烧，但爆发力强，烟灰残渣少。它燃烧后生成气体的主要成分是二氧化碳、一氧化碳、二氧化氮、一氧化氮以及氢气等。其中有些是可燃气体，在高温时与空气接触即可燃烧，这是发射时产生枪口火焰的原因之一。此外，土造枪及猎枪还用有烟火药，即黑色火药，它是硝酸钾、硫黄和碳的混合物，其爆发力弱、残渣多，并产生大量烟雾。

嵌在弹壳底部中心的底火是引燃火药爆炸的引火装置，呈圆帽形，又称火帽，由铜锌合金制成，内含雷汞起爆药，含雷汞和叠氮化铅、氯酸钾和三硫化锑等化学物质。

猎枪霰弹不同于军用枪子弹。霰弹只有弹壳，没有弹头。弹壳内装有弹丸、火药，底部有底火。弹丸和火药之间有毛毡和隔层，弹丸前面则有隔层和封闭物。

（三）枪弹痕迹检验

1. 枪弹痕迹

枪弹痕迹是指射击弹头、弹壳上的痕迹及弹头击中被射物体而留下的弹着痕迹的总称。

枪弹痕迹的种类总体分为三大类：（1）弹头、弹壳痕迹，它是以枪支机件为造痕体，经发射而留在弹头、弹壳上的痕迹，它反映了枪支机件作用部位的外表结构特点。（2）弹着痕迹。它是以弹头

---

① 李德仲、李国安主编：《枪弹痕迹检验技术》（上册），警官教育出版社1995年版，第3页。

为造痕体，在弹头击中物体后而留下的弹孔、弹道、弹着点等痕迹，它反映了射击的方向、角度、距离、着速、口径、威力等弹头结构和弹道特性。(3)射击残留物痕迹。它是以从枪口和在枪机后退时喷出的火药气体为造痕体，在被射物体上和射击者手上留下的烟垢、未燃尽的药粒、枪油、金属粉末等。它反映了射击的距离、方向、顺序、发射药的种类及枪支状况等特点。

2. 枪弹痕迹检验

枪弹痕迹检验是运用枪械、枪弹知识，利用射击学、弹道原理和现代科技手段，通过对现场弹头、弹壳上痕迹和弹着痕迹的检验分析，以确定发射枪种、枪支，查明弹道特性和枪击案件的情节、性质，以揭露和证实持枪犯罪的一项专门技术。

(四)枪弹痕迹检验的主要任务

1. 区分发射枪种和认定射击枪械。根据射击弹头、弹壳上反映枪械机件痕迹特征，进行区分发射枪种和认定射击枪械的鉴定工作。侦查中可以由痕及枪，以枪找人，为破案提供证据。

2. 查明作案的具体情节。勘查涉枪案件现场，要检验枪弹痕迹的特征及有关物证，判断作案枪械种类；确定现场洞孔是否为弹孔，推测射击距离和射击方向，辨别弹头的出入口；判断作案时间、顺序等。从而进一步判定作案枪械和划定嫌疑人范围，为侦破案件提供线索。

3. 判断作案枪械的性能、状况。检验作案枪械机件的使用安全性和动作的可靠性，判断是否会因为枪械机件失灵而造成误伤或走火，自制枪还要鉴定其是否具有杀伤力等。

4. 对人体致伤效应的检验。根据弹头对人体致伤机理，检验入孔和出孔，判断创伤是否为弹创，根据弹头对人体损伤面积和侵彻深度，确定作案枪械的威力和射击距离、角度。

5. 确定射击距离。对射击距离的准确判断至关重要，影响到对持枪案件性质的认定，即确定他射或自射。

6. 对多起案件现场的弹头、弹壳物证进行串并案。同一现场提取的数枚弹头、弹壳和数个现场提取的弹头、弹壳物证进行并案,从中可以确定是同一支枪或数支枪作案,为侦查部门并案侦破提供线索。

7. 查明与枪械子弹有关的信息。查明枪械、子弹的制造国别、厂家和年代等信息,对查找枪械、子弹的来源可提供线索,缩小侦破范围。

8. 特种枪械的技术性能鉴定。特种部队、特警、防暴队等大都配有防暴枪、匕首枪、麻醉枪、无声手枪、毒气枪等特种枪械,对于这些枪械的技术性能、杀伤作用及安全性能等须进行技术鉴定和检验。

9. 查对枪弹痕迹档案。根据射击弹头、弹壳上的痕迹特征、弹壳底面的标记符号,痕迹分类和编码以及文字、图形等,查明枪械的归属地区,枪械、枪弹的来龙去脉,弹痕特征的异同反映,还可用来并破积案。

二、射击弹头上的痕迹特征

射击时撞针撞击弹壳火帽,引起“发火”,点燃火药。火药在弹壳内燃烧速度很快,从点火、着火到燃烧起爆,仅仅千分之几秒的时间内,产生几千度的高温和两三千个大气压的高压,把弹头高速射出枪口。弹头在通过枪管时,其外壳与枪管内壁产生强烈的摩擦作用,这种摩擦就是射击弹头痕迹产生的原因。弹头上的痕迹特征主要包括:

(一)弹头部的磕碰痕迹

弹头部的磕碰痕迹是枪弹进膛过程中产生的,位于弹头弹尖附近,多为圆形、月牙形、角形点块和点线状,出现率较高,形态稳定,可用来区分发射枪种。

(二)拔弹痕迹

拔弹痕迹是弹头在火药气体压力作用下克服弹壳口部对弹头的拔弹阻力所形成的与弹轴方向平行的线条状的擦划痕迹,位于弹头圆柱部与弹壳口部相接触的部位。

(三)坡膛痕迹

坡膛痕迹是弹头在火药气体压力作用下经过坡膛时,克服坡膛内表面,尤其是坡膛区阳膛线起始部位对弹头披甲的阻力而形成的间隔分布的与弹轴方向平行的线条状擦划痕迹。始于弹头弧形部末端并贯穿整个圆柱部,多分布在阳膛线痕迹中次棱线痕的左侧,常被后形成的线膛痕迹部分或全部覆盖,是认定发射枪械的主要痕迹。

(四)膛线痕迹

膛线痕迹是弹头挤进膛线和在膛内旋转前进时,因挤压、剪切、摩擦等作用形成的与弹轴方向有一定夹角的擦划痕迹。始于弹头的弧形部末端并贯穿整个圆柱部。它反映出枪管膛线的结构特征和阳膛线表面的状态特征。反映结构特征的参数有阳线的旋转方向(右旋或左旋),阳线的宽度、深度、缠角、数量等。反映状态特征是指膛线表面与弹头表面相对运动时在弹头表面形成的细微纹线特征。膛线痕迹是成对出现的,这就是阳膛线痕迹和阴膛线痕迹。阳膛线痕迹是由两条棱线痕迹、条带状的凹陷痕迹和起末端痕迹组成。因为弹丸在膛内作旋转运动时,右边受的阻力比左边大,阳线右侧边缘棱线比左侧的粗大。右侧棱线称主棱线,左侧棱线称次棱线。主棱线在阳线的右侧,次棱线在阳线的左侧。在枪弹检验中,膛线痕迹既可用来确定发射枪种,又可用来认定发射枪械。

膛线痕迹具体包括七个方面的特征:

1. 阳膛线痕迹的数量

在射击弹头上,阳膛线痕迹是弹头圆柱部被刮擦掉的表面凹陷的条带状痕迹;弹头表面没有什么磨损或磨损不严重的部位叫做阴膛线痕迹。由阳膛线两个棱边的棱角所形成的痕迹叫做棱线痕迹。由于膛线有左旋和右旋之分,如右旋膛线枪,弹头进入线膛后随膛线向右旋转,则膛线导转侧作用于弹头的力在右边,右边棱角的摩擦力加大,形成比较粗大明显的棱线痕迹,这就是主要棱线痕迹;相反,左边那条不及右边粗大明显的叫做次要棱线痕迹。

2. 阳膛线痕迹的宽度

枪械的种类不同,阳膛线痕迹的宽度也有所不同。在实际鉴定过程中，它可以作为一种辅助特征，但不能作为认定同一的依据。

3. 阳膛线痕迹的旋向

枪管里的阳膛线有左旋、右旋两种。从枪膛往枪口看，膛线呈顺时针旋转的为右旋，反映在弹头上是自右上向左下的倾斜线痕。发射时弹头首先进入坡膛中作直线运动，所留的痕迹与弹头轴线平行。凡是与弹头轴线平行的擦痕（除拔弹痕迹）就叫做初生痕迹。当弹头进入线膛区域开始转动时，在弹头上留下倾斜的擦痕，这些擦痕就是次生痕迹。

4. 阳膛线磨损特征

根据弹头上膛线痕迹特征的反映，可以判断枪管磨损的状况。枪管磨损主要是由于弹头外壳与枪管内壁磨损及火药气体烧蚀等造成的。按枪管的磨损程度一般可分为三类：枪管轻度磨损时主要棱线痕迹和次要棱线痕迹都能反映出来，阴膛线部位看不到线条状痕迹，起、末端形态轮廓清晰，看不到小线纹，对鉴定不利；枪管中度磨损时常能反映阳膛线主要棱线痕迹，次要棱线痕迹反映得比较断续、不明显，阳膛线中小线纹较多，阴膛线中也能见到一定数量的线条痕迹，起、末端形态较清晰，对鉴定有利；枪管高度磨损时阳膛线痕迹的主、次要棱线痕迹很难分辨，线条多呈平行于弹头轴线的状况，有时可见到部分的阳膛线主要棱线痕迹，阴阳膛线痕迹中细小纹线密集，鉴定时难度较大。

5. 阳膛线的起、末端痕迹

靠近弹头尖端的阳膛线痕迹叫起端痕迹；靠近弹头底部的阳膛线痕迹叫末端痕迹。每支枪枪管的枪口部及后部形状结构都不相同，所以其痕迹特征也不相同。一般来说，膛线起端痕迹与坡膛里的膛线起始方向的形状、特点相适应；末端痕迹则与枪口处膛线的边沿磨损情况相吻合。膛线磨损严重时，弹头上起、末端痕迹就会形成椭圆形、弧形，甚至连在一起的特征；反之，则多成平直较短的线条形。

6. 膛线痕迹中的小线纹

膛线在生产加工过程中会留下多种斑痕，再加上使用、擦拭、保管过程中造成各种斑痕，形成了各种不同的特征，发射时就会在弹头上形成小线纹特征。膛线痕迹中的小线纹是每支枪所固有的重要特征，检验价值较高。

7. 金属卷屑痕

如果膛线的棱角在形成棱线痕迹时，刮下了较多的金属屑，这些金属屑经过磨损与翻压就被压在棱线痕迹的边沿，形成了金属卷屑的特征。

在进行枪弹痕迹检验时，有一些因素会影响到射击弹头上痕迹的形成，这些因素包括：

第一，弹头直径。弹头直径过大、过小都会使射击不正常，降低弹头的初速，射击弹头上的痕迹也相应变化。弹头直径过大，从枪管中射击后，膛线痕迹会变深变长，把外壳刮去一层，甚至弹头披甲碎裂脱离。若弹头直径过小，则不易紧贴枪管内壁，形成的痕迹分布凌乱，膛线痕迹断断续续，头部和尾部有时也会留下擦痕。弹头形状也会变化，易形成棱角状。

第二，枪管内壁磨损程度。由于使用、擦拭等原因，枪管内壁在物理、化学作用下发生形状和尺寸的变化。枪管轻度、中度、高度磨损程度不同，会在射击弹头上形成不同的痕迹，痕迹特征会相应反映出枪械膛线的不同磨损程度。

第三，截短枪管。由于枪管截短，弹头飞出枪口时所受到的火药气体压力比正常枪管要大，但初速变低。弹头在压力较大、受力不均的情况下，易发生破裂变形。截短过程中，枪管易歪斜变形，截口处边沿锐利，直径变小，毛刺增多，在射击弹头上反映出膛线痕迹杂乱，截口处形成的刮擦痕迹有时覆盖了反映前段枪管特征的细微线痕。膛线痕迹的起、末端痕迹发生变化，且轮廓不清。

三、射击弹壳上的痕迹特征

装弹、发射和退壳这三个阶段中，射击弹壳上会形成不同的痕迹。

(一)装弹过程中形成的痕迹

1. 弹匣痕迹

枪弹压入弹匣时,壳体和匣口的两侧棱边发生摩擦,在壳体和底座棱边上留下两条平行而有一定间隔的擦划线条痕迹,其宽度等于弹匣扣弹齿宽度。双排装弹弹匣,只留下单条痕迹。

2. 枪击下表面痕迹

枪弹上膛时,枪机必须后拉,枪机下表面和弹壳发生摩擦,在壳体表面和底座棱边有时留下较大的擦痕,位置在两条弹匣痕迹之间。

3. 弹膛后切口痕迹

弹膛后切口是指枪管后部弹膛口沿上开设的切口。它可以使子弹上膛闭锁时能很好地密封,防止子弹移动。枪弹进膛过程中,与弹膛后切口以一定的速度碰撞、摩擦而形成了弹膛后切口痕迹。多出现在弹壳口部、口沿、斜肩或接近口部的壳体上以及近底部的壳体表面上。

4. 拉壳钩前端痕迹

枪弹进膛过程中,拉壳钩前端与弹壳底面、棱边发生碰撞而留下的磕碰痕迹。

5. 指示杆痕迹

枪弹被推进弹膛时,弹膛指示杆就突出在枪机尾部外面,用肉眼可以辨别弹膛内是否留有枪弹。在发射过程中,指示杆痕迹会加深。弹膛指示杆痕迹是一个稳定痕迹,可以根据指示杆痕迹确定发射枪械的种类。

6. 推弹突笋痕迹

当推弹突笋表面与弹底面碰撞并推弹进膛过程中,在枪弹弹底面相应位置上会形成推弹突笋痕迹。

(二)发射过程中形成的痕迹

发射过程中留下的痕迹,是枪械机件的主要痕迹。因为这个过程接触面广,作用力大,且多是印压痕迹,所以特征反映明显,稳定可靠,检验价值较高。

1. 击针头痕迹

击针以一定动能撞击底火时，会在弹壳底部的底火帽上留下一个凹痕，凹痕包括击针头部的印压痕和击针边缘的擦划痕迹。它反映出击针表面的几何形状、尺寸、结构特征及端面细节特征。击针头痕迹特征主要包括其形状、位置、舌痕、针端特征、深度、坡度等。

2. 弹底窝痕迹

射击过程中由于火药气体压力的作用，使弹壳底部与枪机弹底窝表面紧密接触。由于弹壳与枪机弹底窝的硬度不同，在弹壳底部形成枪机弹底窝表面痕迹，反映弹底窝的结构特征、加工特征、擦拭特征。

3. 弹膛内壁痕迹

射击过程中，弹壳在弹膛内受到火药气体压力的作用，径向膨胀，与弹膛紧密相贴在一起，使弹壳表面留下反映弹膛内壁结构的压痕。如“六四”式和“七七”式手枪，均使用“六四”式手枪弹，但“六四”式手枪弹膛结构是四条螺旋槽，“七七”式手枪弹膛结构是中间有一凹环形槽。射击后的“六四”式手枪弹壳上有四条螺旋线，而“七七”式手枪弹壳中间有一环形凸起。

4. 弹膛指示杆痕迹

除了装弹时可留下较轻的弹膛指示杆痕迹外，在射击过程中，弹底强大气体压力，迫使弹壳底面抵住弹底窝后坐，特别在后坐到位瞬间，形成惯性撞击，会留下较深的明显的指示杆痕迹。它的位置、形状、大小、边沿、底面等细小特征，都可用作检验。

5. 烟垢特征

发射瞬间，火药残渣、烟垢会挤入弹壳缝隙，附着在弹壳表层。因各种枪支结构不同，烟垢分布部位、浓度等也都不同，可用来辅助分析发射枪种。

(三)退壳过程中形成的痕迹

1. 拉壳钩痕迹

射击后，枪机在火药气体作用下开始后退，枪机上的拉壳钩抓住弹壳底部边缘一起后退。拉壳钩痕迹与拉壳钩的宽窄、钩角、形状和位置都有密切的关系。在弹壳底部及边缘、弹底槽形成拉壳钩痕迹。

2. 抛壳挺痕迹

射击后,枪机带动弹壳一起后退,当弹壳底部退到机匣上抛壳挺的位置时,就与抛壳挺产生猛烈撞击。由于惯性的作用,弹壳从抛壳口抛出。同时在弹壳底部留下了抛壳挺的印压痕迹。抛壳挺痕迹比较明显、特征稳定,反映出抛壳挺表面加工的痕迹特征和几何形状。不同枪械抛壳挺痕的深浅、大小不完全相同,抛壳挺痕的形状、位置、痕迹特征也不同。

3. 抛壳口痕迹

抛壳口痕迹是弹壳受到抛壳挺惯性力的作用,从抛壳口抛出时,壳身、斜肩、壳口等部位与抛壳口边缘擦划形成的痕迹。利用其宽度、大小、数量、位置及与其他痕迹的关系可判断枪械种类。

4. 弹匣口刮擦痕迹

大部分“六四”式、“七七”式、“五九”式的公安式手枪在抽、抛壳瞬间都会产生弹匣口刮擦痕迹,这一痕迹又被叫做抛壳匣口痕、小旗痕,其形状似小旗。弹壳被抽至壳底接近抛壳挺时,弹壳下表面与弹匣右侧棱边接触并产生线性摩擦,产生旗杆痕;这时壳底与抛壳挺撞击,弹壳翻转,在杆痕末端滚动旋擦形成旗面痕。它一般出现在壳体中部四、五时位。

四、枪弹痕迹的发现、提取和射击残留物的检测

(一)枪弹痕迹的发现

勘查涉枪案件现场,必须仔细寻找射击弹头、弹壳、枪支及弹着点痕迹。对于发现的痕迹物证必须全面提取、准确记录、妥善包装。

1. 寻找射击弹头。弹头飞出枪管遇到障碍物,有的穿透,有的射入而不穿透,有的反跳落地。寻找时可先观察弹孔,分析弹道,然后在弹着点重点查找弹头。如人体被射,要观察弹头射中什么

部位，弹头是否穿透。若未穿透是盲管枪创，弹头留在体内，可用X光检视，并用手术把弹头取出；如射在地板、墙壁或泥地内，则应顺弹道方向挖掘。从被击中目标中取出弹头时，应小心仔细，不能损坏弹头上的痕迹。如弹头射透障碍物，但未找到弹头，则应利用弹孔和附带射击痕迹，先确定射入口、射出口和飞行方向、角度，然后再顺迹寻找。要尽量把所有的弹头和弹头的分离物找到，以便弄清射击和犯罪活动的关系。对找到的弹头，应分别用清洁的白纸或纱布包装，并注明发现的时间、地点等有关情况。发现多个弹头，应分别包装。

2. 寻找射击弹壳。各类枪支的抛壳方向和抛壳的远近不同，一般情况下弹壳遗留在射击点附近五米左右范围内。但由于射击时的环境或地面的具体条件不同，弹壳抛出的距离可能在五米以外，要结合射击距离方向、罪犯的足迹以及现场环境等进行寻找。有的罪犯为了逃避打击，射击后把弹壳带走，有的甚至把非作案枪支的射击弹壳扔在现场，如果罪犯使用转轮手枪或非自动枪支射击，发现枪支时，要注意在弹膛和弹巢内去寻找。提取的弹壳应与弹头分别包装好，并注明提取的地点和时间等。

3. 寻找发射枪支。在一般情况下，罪犯作案后都把枪支带走，但也有的把作案枪支抛在井洞、池塘、粪坑、垃圾堆或小河沟内，因此，需要结合具体案件采取有效方法寻找。找到枪支后，应拍照和记录。提取枪支时，还要注意枪支上是否有手印等痕迹，并应注意安全，防止枪支走火伤人。

4. 寻找弹着点痕迹。为了寻找弹着点，应当根据弹头飞行方向及可能的反跳方向或折行的途径仔细观察。射击附带痕迹只在近距离射击时才有，而且分布在弹孔的周围。在发现弹孔和附带射击痕迹后，应当拍照和测量，并准确记录其所在位置。

（二）枪弹痕迹的提取

对现场发现的射击弹头、弹壳，未射过的子弹、枪支，均要拍照，照片要反映出这些物品与周围主要物体之间的关系。

提取枪支要注意弹膛内是否有子弹。如有，要进行必要的处置，以防发生危险；还要注意不要破坏枪支上可能有的手印。对枪支的种类、口径、枪号、枪机所处状态，剩余弹数，是否上膛，有无闭锁，以及枪管有无气味及火药灰等情况，均应记入笔录。

对提取的弹头、弹壳，应按顺序编号，并将它们所在位置、是否有附带痕迹记录下来。如发现弹头已射入墙壁、泥土或木头之中，应先用手或竹夹子去夹。需要挖掘时也不能用金属工具，以免破坏弹头上的痕迹。对提取的弹头、弹壳，应用棉花、软纸逐一妥善包装，分别放入小盒，以备检验。对各种附带痕迹，应先拍照，然后刮取其微粒物质，以供理化检验。

（三）射击残留物的检验

在枪支发射过程中，未燃烧尽的火药、残渣、金属屑等会随着弹头从枪管中喷出，飞向射击目标，同时在后坐力的作用下也会喷向后方，留在射击者的手上或衣服上。检验射击残留物的目的，就是要确定在射击嫌疑人的手上或衣服上是否存在达到一定量的射击残留物。为了这个目的，首先要及时对嫌疑人的手背、手掌和衣服进行技术处理，以便把可能存在的射击残留物提取下来。通常有以下几种技术处理的方法可供选用：

第一，石蜡手套法。将石蜡烧熔后缓缓倒在可疑人手上，冷却后即形成石蜡手套。如有射击残留物，便会附在石蜡手套内层。仔细取下石蜡手套，放在干净的容器内待检，同时提取另一只手的石蜡手套，作为空白样本。

第二，棉签擦拭法。分别用两根各含有四滴5%硝酸溶液的棉签擦拭嫌疑人一只手的正反两面，然后放入干净塑料袋中。再对另一只手作同样的处理。将上述棉签连同空白棉签分别包装一起送检。

第三，薄膜提取法，用4%醋酸纤维素的丙酮溶液喷在嫌疑人手上，待结成硬膜，如有射击残留物就能附在薄膜上被提取下来。

第四，胶纸粘取法。用胶纸粘取嫌疑人手上或衣服上的射击残留物。在粘取射击残留物的时候，可以多次、大面积粘取。

检验射击残留物的方法通常有以下几种：

1. 显微镜法。这种方法用于直接观察目标物弹孔周围或用棉签擦拭弹孔周围,然后用显微镜进行观察,确定是否有颗粒状射击残留物。

2. 化学检验法。在嫌疑人手上取下的石蜡手套或薄膜层内侧用化学显色法来测试是否有亚硝酸盐存在。此法的优点是可以看出射击残留物分布的情况,缺点是有很多其他物质,例如烟灰、尿、肥料等有类似的反应。

3. 原子吸收光谱法。用此法测定样本中是否有锑、钡及铅。这种方法不能测出射击残留物的分布。此外,某些情况下非射击者手上也可能含有锑、钡等,这使得评断测试结果变得困难。

4. 扫描电镜法。带有 X 光能谱仪的扫描电镜可以对样本同时进行形象观察和成分分析。如果在样本中发现了射击残留物的颗粒,而且其成分又含有一定量的锑、钡、铅,就可以作出肯定有射击残留物的结论。

五、枪弹痕迹的分析

勘查持枪作案现场应当分析的情况通常有射击使用枪支种类的判断、射击距离的判断、射击方向和角度的判断以及射击时间和顺序的判断。

(一)枪击弹孔与其他孔洞的区别

1. 分析穿透力的大小

弹头从枪管中发射后能量大、速度高、高速旋转,具有较大的穿透力,可穿透一般工具难以穿透的物体。

2. 观察玻璃洞孔及其碎裂痕迹

弹头撞击玻璃的速度大大高于石击,且高速旋转,穿透能力较强,形成的洞孔及裂纹不同于石击,痕迹在辐射裂纹边侧无弓形花纹。

3. 查看孔洞是否符合弹道的特点

弹道是一条近似于抛物线的曲线,其升弧段的距离大于降弧段。随着射击距离的增加,降弧段与升弧段的比例逐渐减小。

4. 观察在洞孔周围弹着点有无弹头或其分离物

当然要注意是否有伪造现场的情况,以防误断。

(二)射击枪支种类的分析

射击所用枪支的种类可以根据射击弹孔直径大小、形状、分布特点及射击痕迹的反映,进行推断。也可以根据子弹结构特点和弹头、弹壳上的痕迹特征进行判断。还可以根据弹头穿透力大小,分析枪支性能和威力,进而推断枪支的种类。在现场勘查中应尽量推断出发射枪支种类的大致范围。为了分析枪支种类,必要时还可以进行射击模拟实验。

(三)射击距离的分析

分析射击距离,就是要确定射击时枪支与被害人的间隔距离。这对分析案件性质有重要意义。枪弹痕迹检验技术中,射击距离分为三种,即贴近射击、近距离射击和远距离射击。

贴近射击指枪口碰着被射目标或相距一两厘米的射击。在弹着点周围能见到各种射击附带痕迹,包括烧焦痕迹。近距离射击指 30 ~ 50 厘米以内的射击,其主要标志是射入口周围有明显的射击附带痕迹,其面积大小与距离大小有关。远距离射击指超过 50 厘米的射击,一般只见弹孔。

(四)射击方向和角度的判断

判断射击方向,主要利用射入口和射出口的特征。由于正射、斜射、近射、远射等条件不同,弹头射入口、射出口会出现不同特征,可作为分析出入口的依据。

判断射击角度主要利用弹孔的形状、不同材质物体上弹孔的特点、弹道曲线等。

(五)发射时间和顺序的分析

1. 发射时间的判断

查明发射时间,对于弄清枪械在发案前后有无射击、明确检验重点和了解案件某些情况均有重要作用,可利用闻气味、检查机件有无变化、化验亚硝酸盐等方法判断。此外,在枪支保管情况较复杂的情况下,为了查明大致的时间,还可运用实验的方法。

2. 分析射击的顺序

判断射击顺序，对于判明案件性质、过程，寻找犯罪痕迹有着重要的作用。可利用脆性物质上裂纹中断现象、作案路线与抛壳位置的关系、多个枪弹伤的相互关系、弹膛或转轮中弹壳存留情况等判断。

（六）他射、自射、误射和走火的判断

1. 具有以下特征，可以判断为他射：

（1）尸体上的致命伤是枪弹创，但没有发射枪械，或留有枪械但没有近距离射击的痕迹；

（2）遗留的弹头、弹壳和弹着点不符合自射规律，死者衣物上无近距离射击的痕迹，手部没有射击残留物；

（3）现场留有多枚弹头、弹壳，尸体上有两处以上立即致命的枪伤；

（4）遗留枪械不能发射现场弹头弹壳；

（5）尸体上有两个以上射入口、射出口方向不同的贯通伤，符合被射过程中体位自然转动造成；

（6）尸体上的枪伤本人不能形成；

（7）尸体上有挣扎搏斗的伤痕；

（8）现场有被翻动、被窃等迹象或作案人留下的其他痕迹物证。

2. 具有以下特征，可以判断为自射：

（1）尸体上只有一处枪弹创，且为致命伤；

（2）弹道特点符合自射的动作；

（3）死者身上无挣扎搏斗痕迹，手上留有射击残留物；

（4）死者身上、衣服上留有明显的近距离射击残留物；

（5）现场留有射击弹头、弹壳及发射枪械，且枪机处于待发状态；

（6）现场枪械上留有死者的指纹；

（7）现场一般门窗紧闭，只有由内向外的弹头出口，没有由外向内的弹头入口；

(8)现场没有任何罪犯活动的痕迹物证。

3. 流弹误射的特点：

(1)既没有发现罪犯留下的痕迹物证，又不具备自射的特点；

(2)现场没有发射枪械和射击弹壳；

(3)发案时间，一定距离内有人朝着现场方向发射过子弹；

(4)在发射地点一般无法瞄准被害人，但根据弹道曲线规律，弹头可能飞到现场。

4. “走火”伤亡的特点：

(1)肇事枪械机件陈旧松散，保险机件失灵，枪械处在一定状况下，可在拆卸、擦拭、触摸、碰撞等过程中引起击发；

(2)枪弹痕迹分布状况符合无意击发的动作，现场无作案的迹象；

(3)肇事人员的交待情况与勘查、实验的结果相一致。

第三节　特种痕迹检验——耳纹痕迹检验

耳朵作为人体五官之一，早就是医学研究的对象，然而许多人并不知道，耳朵、耳纹也是法庭科学专家关注的对象。耳纹进入法庭科学已经有几十年的历史，在这期间，法庭科学的成熟逐渐使科学融入整个诉讼程序。在这个过程中，耳纹并没有像指纹、DNA 那样作为证据广泛应用，其原因不仅在于研究难度大、不确定性大，还在于耳纹印痕还很难像指纹、足迹一样，在犯罪现场有很高的出现率，所以很多法庭科学专家并不十分青睐耳纹的研究。

随着法庭科学中显现技术的不断发展，许多过去发现不了的痕迹(耳纹)频频在犯罪现场出现，法庭科学界关于耳纹的研究有重新兴起的趋势。

耳纹研究不同于传统物证技术研究，在国内耳纹对破案几乎没有过帮助，因此有人对研究的必要性提出了质疑。其实，耳纹破案已不是新闻，耳纹对侦查破案的帮助远远大于我们的预想。近几年，耳纹痕迹已经帮助各国警方侦破了百余起案件，耳纹痕迹也被荷兰、德国、澳大利亚、美国、英国等国家或地区作为证据使用过。通过耳纹破获的案件中多数是盗窃案,也包括一些杀人、抢劫、强奸案等。正是看到耳纹的这种作用,英国建立了耳纹痕迹的数据库并且投入了应用,欧盟也资助建立了耳纹课题研究小组。1996 年,美国的大卫(David Kunze)一案更是引起了众多国外耳纹研究专家的关注。

法庭科学是一门独立的学科,经过几代专家、学者的努力,形成了较完整的学科体系。但法庭科学同很多实用性较强的学科一样,需要不断更新和补充。耳纹研究是法庭科学中一个较为新颖的研究领域,国内对这方面的研究还不多,国外很多法庭科学专家的研究也刚刚起步。耳纹痕迹的系统研究将是对原有法庭科学体系的有益补充。

一、耳纹研究概况

(一)耳纹案例

1994 年 12 月 16 日的凌晨,多数美国人还正在熟睡,但克拉克(Clark)市却发生了一起骇人听闻的血案。一个歹徒闯入詹姆斯(James McCann)家中,对正在卧室睡觉的詹姆斯和他 13 岁的儿子泰勒(Tyler)下了毒手。詹姆斯当场死亡,幸免的泰勒在手术之前对警察描述了歹徒的形体特征。

警察勘查现场时发现歹徒翻动了抽屉和橱柜,抢走了家中的一些财物,开走了主人的卡车。华盛顿的犯罪实验室人员乔治(George Millar)在现场还发现了一些线索,他在走廊靠近詹姆斯一侧的卧室门上发现了一个潜在的耳纹痕迹,并用黑色指纹显现粉末和掌纹胶带对其进行刷显、提取。耳纹特征包括对耳屏、耳屏的一部分、螺旋线、螺旋点和对耳轮。

警方很快确定了犯罪嫌疑人大卫,他和妻子结婚近 20 年,而在詹姆斯遇害的四天前,大卫的前妻说要离开他和詹姆斯(被害者)结婚。虽然大卫与泰勒对歹徒的形容不很符合,可是警方还是对其产生了怀疑。

1995 年 3 月 28 日，华盛顿犯罪实验室的刑事专家乔治和格瑞布(Grubb)对门上发现的耳纹痕迹和大卫的侧面头像比对之后，提议要对其进行检验鉴定。同年 9 月 21 日，乔治和格瑞布对大卫的耳纹样本进行了提取，并对现场耳纹与耳纹样本作了比对鉴定，结论是大卫极有可能就是犯罪现场上耳纹的遗留者。

1996 年 6 月，大卫被提起了诉讼，罪名是谋杀、侵犯、抢劫、绑架罪。因为在审判之前法庭必须对案件中的证据进行了解，所以 12 月法庭组织了一次包括格瑞布在内的耳纹专家证人的多伯特审听会。

包括美国耳纹专家阿弗列(Alfred V. Iannarelli)、荷兰耳纹专家万德勒特(Cor Van der Lugt)、美国法庭科学协会前会长埃利斯(Ellis Kerley)等 20 多位专家出席了审听会，给出了自己的专家意见。在所有专家的意见中，荷兰人万德勒特和格瑞布认为耳纹证据鉴定准确，极具可采性。审听会得出的结论：允许耳纹作为证据进入法庭审判。大卫被宣判犯有恶性谋杀、入室抢劫罪，不允许假释，耳纹成了控方主要证据之一。

这场针对耳纹的论战吸引了很多法庭科学专家的视线，耳纹痕迹作为认定嫌疑人的主要证据第一次在多伯特审听会中得到法庭认可，这标志着耳纹证据正在进入科学证据的行列。虽然在一审后，大卫提起上诉并且最终打赢了这场官司，但是耳纹证据在对科学证据要求极为苛刻的美国法庭出现，说明耳纹已经不再是实验室中的研究对象，它已经和指纹、足迹一样，能够帮助警方侦破案件，成为指控嫌疑人的重要证据之一。

(二)耳纹概述

耳朵能听辨声音，是人体不可缺少的器官之一，人耳经过一代代进化，其外耳呈现出我们现在所看到的形状。近年来，耳纹痕迹逐渐进入法庭，担当起证据的角色，所以对其感兴趣的法庭科学专家越来越多。对于国内物证技术领域的专家，耳纹这个名词应该不陌生，但究竟什么是耳纹，耳纹有什么作用，耳纹有怎样的形态特征，特征又怎样认定，可能回答起来就不那么确定了。

现场的耳纹痕迹不仅可以帮助判断犯罪嫌疑人的耳朵形状，与耳纹样本比对，排除或认定犯罪嫌疑人，在某些案件中还可以根据耳纹以及饰物细节特征大致判断嫌疑人年龄，根据尸体耳朵的特征认定身源，根据遗留耳纹的高度划定嫌疑人的身高范围，从而确定侦查方向。①

耳纹不同于指纹，手指的中心纹线分布在一个近似平面内，而手指皮纹的基本构造也决定其与平面客体接触时，遗留的指纹痕迹变形不大。耳纹是耳朵形态在平面上的反映，耳朵在与平面客体接触时，会产生一些变形，相对指纹而言，耳纹的变形比较大，这也是由耳朵的生理构造决定的。

综合国内外研究资料，“耳纹”应定义为耳朵与客体接触、挤压的过程中在客体上遗留的二维印痕。耳纹是由一些粗大的轮廓纹线和中心纹线构成，不过这些纹线同指纹纹线有着较大的差别。（见图 1）

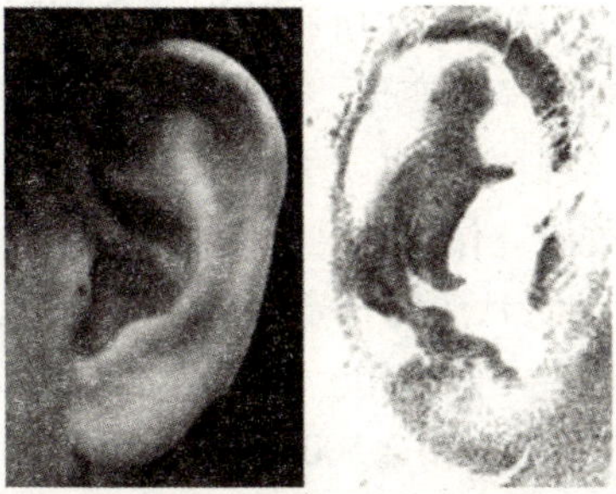

图 7　耳朵与耳纹的比对图

（三）国外耳纹研究历史

在成为医学研究的对象之前，耳朵属人相学的研究范围。我国古代看相先生对耳朵的关注不亚于其他面部器官，认为耳大者必有福相。国外的解剖学家和人类学家也对耳朵在人相学上的作

---

① H. J. Hammer and F. Neubert. Experimental Investigations into the Evaluation of Ear Print Traces. Criminalistic and Forensic Sciences, 1989, 73/74: 136 ~ 139

用有所关注，早在16世纪，莱维特已经对外耳进行了人相学方面的论述，被许多法庭科学专家看做是耳纹研究的萌芽。①

1854年，法国人阿麦德发现了耳朵在遗传学上的表现。他说过："让我看看你的耳朵我就会知道你是谁，你从哪里来，要去向何处。"②博兰德也是阿麦德的赞同者，认为外耳在家族内有很明显的遗传现象，他在《巴黎医学》杂志上发表论文阐述自己的观点："在父辈对子辈的遗传上，外耳有着非常好的表现，对父辈和子辈的外耳进行检验比对，会找出许多相同特征。"③DNA可以决定耳朵形态，耳朵人各不同，耳纹研究的基石开始被研究者认识。这标志着耳朵、耳纹的研究已经从迷信落后发展到科学的范畴。

法国人贝蒂隆在巴黎警察局工作时提出一套人身识别的科学方法——人体测量学。人体测量于1882年在巴黎警察局开始试行后，很快风行欧洲各国。在人体测量中，耳朵也是重要的测量标准之一，在比对了许多质量较高的耳朵照片之后贝蒂隆得出结论："世界上几乎没有两只耳朵在所有特征上是相同的，这些特征在人的一生当中并没有明显的变化。"这句话被现代法庭科学专家经常引用，而且现代耳纹研究者也要引用测量学来增加比对的客观性，可见贝蒂隆为耳纹研究作出了巨大的贡献。

捷克斯洛伐克的尹浩佛肯定耳朵在遗传学上的表现，认为耳朵在认定家族上具有一定作用。为了解耳朵在认定人身方面的作用，他专门对120个罪犯和2 500个罪犯存档照片进行了研究，利用耳朵照片的档案库，还对500张照片进行了测量比对。他在耳朵所有特征中分别选择三项和四项特征，比对的结果是三项特征

---

① MU Dr. R. Imhofer. The significance of the external ear for determining identity. Archives For Criminology, 1906, 26

② Amede Joux. Gazette of the hospitals of Paris. Archires For criminology, 1885, 16

③ Dr. Boulland (Limoges). The folds of the auricle of the ear in view of identity. Medical Journal of Paris, 1880, 13

匹配的照片有两张,四项特征都匹配的照片并不存在。1906 年,他公开阐述耳朵在法庭科学方面的作用,尽管他客观地指出了耳朵在认定人身上也存在不足(耳饰、年龄、外伤都会导致耳朵在外形上的变化),耳朵仍然在认定人身方面有很高的价值。由于对耳朵认定人身的归纳研究,尹浩佛一直被研究者认为是将耳朵纳入法庭科学研究的奠基人之一。

在接下来的半个世纪里,法庭科学界很少有关于耳朵、耳纹方面的报道出现,直到 20 世纪 70 年代,法庭科学专家又开始关注耳纹研究。[①]

1965 年以来,瑞士的赫斯奇利用耳纹技术侦破多桩盗窃案件。他强调耳纹在人身认定方面具有一定作用,他对 48 人的耳朵及耳纹进行了分析比对,发现没有哪两只耳朵的耳纹在所有特征上都匹配。他也提出了耳纹变形的问题,并且认为如果没有变形,耳纹认定人身的功用将拥有更大的价值。[②] 在瑞士,人们将赫斯奇在 1970 年发表的论文看做是耳纹研究的又一座里程碑。这一时期,在一些期刊上刊发了一些与耳纹相关的案件报道[③],但均较为简单。[④]

1975 年德国的海默尔等人开始了对耳纹的研究工作,他们主要研究耳朵在认定人身方面的价值。[⑤] 对 609 个男性和 534 个女性的外耳形态进行分析后,海默尔测量和统计了其中的 350 个男性和 300 个女性的耳朵。对所选五项种类特征出现率的统计中,

---

① SP7 H. O. Medlin. Can you match up these earprints? Earprint identification solves crime. Military Police Journal, 1967, 51: 10 ~ 11

② Hirschi F. Identification from earprints. Criminalistics, 1970, 24: 75 ~ 79

③ Pertson WJ. Ear, lip and nose prints, another means of identification. R. C. M. P. Gazette, 1987, 49(9): 12 ~ 15

④ Sherlock We. Ear impression case. AFTEJ, 1991, 23: 850 ~ 853

⑤ H. J. Hammer. The Identification of ear prints secured at the scene of the Crime. Fingerprint World, 1986, 12: 49 ~ 51

他指出其中几项的出现率较低，对于认定工作有很高的价值。[①] 海默尔1989年发表了《耳纹印痕的实验测量》一文，宣布他已经将研究从耳朵深入到了耳纹。他在文中提出了身高与犯罪现场耳纹的联系，使研究者了解到通过统计，耳纹还可以为划定嫌疑人范围提供支持。海默尔还提出了一些现在仍对耳纹研究影响重大的问题，比如耳纹遗留轻重程度等（轻、中、重）。海默尔是耳纹研究的几个创始人之一，许多研究方法目前看来仍具有很大的借鉴作用。

1984年威廉在《犯罪检验》杂志上发表论文，阐述了耳朵重合率为三亿分之一，即三亿人中可能有两个人的耳朵在所有特征点上重合。[②] 而乔治和兰格得出耳朵的重合率却是三千亿分之一。[③] 虽然他们与海默尔一样没有对重合率的计算细节进行论述，但这毕竟说明研究者已经对耳纹的研究原理予以了足够重视，可以说是耳纹研究的一个科学化转变。

1967年美国人阿弗列出版了关于耳朵、耳纹研究的第一本专著，1989年此书再版，这本书也是关于耳朵认定人身的唯一专著。[④] 在该书中，他讲述了对上千只耳朵进行比对的经历，进而对耳朵人各不同的性质进行了论说。他提出对耳朵采用测量法，从而增加比对的客观性，但测量都是对标准耳朵照片进行的，因为有些犯罪现场出现的耳朵图像以及耳纹并不完整，所以不能保证采用此种测量方法的准确性。在耳纹研究方面，阿弗列并不深入，还存在很

---

① H. Hunger and H. J. Hammer. Concerning questions of identification by ear prints. Criminalistic and Forensic Science，1987，65/66：75～79

② Willi Jung. From the ear to the perpetrator identification by ear prints. Criminal Technique，1984，10：bottom of page

③ Christophe Champod，Ian W. Evett，Benoit Kuchler. Earmarks as evidence：A critical review. Journal of Forensic Science，2001(6)：1275－1284。

④ Iannarelli AV. Ear Identification. Fremont：Paramount Publishing Company，1989。

多问题没有答案①，但这毕竟是耳朵在认定人身方面作用的一次有益探索，为其他致力于这方面研究的专家提供了一个思路。② 阿弗列将毕生的精力都倾注于将耳朵作为认定人身这项事业上，他也被耳纹研究者们称为第一位从法庭科学角度系统研究耳朵、耳纹的专家。

现在，荷兰人万德勒特是在耳纹检验研究领域最为活跃的专家之一，在耳纹检验方面有自己独到的研究，欧洲以及美国涉及耳纹证据的几桩案件的审判都邀请他出庭作证。在耳纹认定的方法上，他使用的是切割比对和重叠比对思路，这一点与阿弗列没有太大差异，但有细微改进。在耳纹样本制作时，他也借鉴了海默尔的研究方法，主要是采取人为控制方式，将压力分为轻、中、重三个档次。样本制作完毕后，将其与已知耳纹进行比对，观察测量判断哪个档次最为接近耳纹检材。万德勒特认为检材和样本之间还是会存在微小的差异，但是可以通过预见压力的变化来解决，并不影响耳纹的鉴定工作。除了在耳纹比对检验方面的研究，他还涉足了其他有关耳纹的研究，例如通过现场耳纹遗留的高度来推断嫌疑人的身高。在 1997 年发表的论文中，他介绍了通过对几百名警察进行测量的统计分析结果。这一统计分析比起之前赫斯奇的研究样本更为丰富，结论也更为精确。③ 万德勒特是当今法庭科学界耳纹研究方面的领军人物。他对耳纹鉴定的贡献不仅仅体现在耳纹的鉴定方法上，在他的努力下，荷兰法院已将耳纹列为可采信的科学证据之一。在欧洲组建的耳纹研究实验室中，他作为技术骨干，正带领研究者们向耳纹研究中现存的疑难问题发起新的挑战。他

---

① Roming CHA. Book Review——Ear Identification, Journal of Forensic Identification, 1991, 41: 446 ~ 449

② Iannarelli. A Letter re: Comments Regarding the Book Review. Journal of Forensic Identification, 1992, 42: 10 ~ 11

③ Corndlis van der Lugt. Determining a person' s height based upon the vertical distance of a located earprint. Journal of Forensic Identification, 1997, 47(4): 406 - 419。

还鼓励法庭科学界的专家们更多地关注耳纹研究。

(四)耳纹研究现状

耳朵、耳纹的研究很早就进入法庭科学界,但到目前为止还是一个不成熟的研究领域。如果现实的需要比起科学家的倡议更管用,那近年来耳纹在许多案件中的频繁出现就是专家们对其产生兴趣的主要原因。目前,许多媒体和网络都对耳朵、耳纹认定人身方面的研究进行了报道,其中并没有多少能够切中研究的要害,而只是对研究情况的一种介绍。①

2000 年之后,在国外《法庭科学》期刊上分别出现了几篇论文,代表了法庭科学界对耳朵、耳纹研究的几个发展方向。

2001 年海格斯垂特等人发表文章,介绍了自己对耳朵图像的比对研究。近年来,因为蒙面抢劫案件的增多,被抢金融机构几乎都拥有监控设施,随着科学技术的进步,监控图像的质量也不断提高,所以作者在这篇文章中主要讨论了通过监视器中耳朵图像确定嫌疑人身份的可能性。② 文中并没有对图像比对进行深入研究,仅进行了一些比较说明,探讨这种比对检验的可行性。

2003 年《法庭科学》杂志上出现了一篇文章,名为《耳朵在认定人身上的作用》,其主要内容偏重于人类学、解剖学,对形态学仅仅是一带而过,并没有详尽论说。③ 作者将耳朵分为外耳、中耳和内耳,并对其构造、血管分布、神经分布以及各部分的功能列表分析,在外耳、中耳、内耳认定人身方面进行了实例分析。除此之外,在外耳认定人身上,作者强调了特殊生理结构、特殊饰物的作用,提到中耳和内耳在认定人身上的作用时,作者所持的态度是肯定

---

① John Kennerley F. F. S. , Lancashire. Ear prints – a progress report. Fingerprint World, 1998, 24:69 ~ 71。

② AJ Hoigstrate, H Van Den Heuvel, E Huyben. Ear identification based on surveillance camera images. Science&Justice, 2001:41(3):167 ~ 172

③ Benjamin Swift, Ch. B, Guy N. Rutty, et al. The human ear: its role in forensic practice. Journal of Forensic Science, 2003, 48:153 ~ 160

的，并认为在这一领域还有很大的研究空间。

2004 年万德勒特等人发表论文，集中讨论耳纹认定人身的问题。在这篇论文中，作者对以往在耳纹方面的种属分类以及人身认定研究作了一个回顾，同时讨论了耳纹认定人身的可行性，说明了耳纹在排除嫌疑人和认定嫌疑人之间的区别，并且提出了一些短期研究目标。作者透露，在欧盟资助下，一个专门对耳纹进行法庭科学角度研究的小组已经成立，其中包括荷兰、英国、意大利等多家科研机构的人员。2005 年《法庭科学》杂志上发表了名为《耳洞对耳纹人身认定的影响》一文，文中说明在遗留耳纹中，耳饰特征会产生明显的附带痕迹，统计分析了耳饰特征的规律，介绍了耳洞在认定人身上的作用。①

综合国外研究成果可以看出，耳纹研究是法庭科学界对耳朵研究的一个方面，目前耳纹方向的研究成果并不多，对耳纹的研究也不系统，多数是针对耳纹某一方面的作用进行研究说明。耳纹的显现、提取等基础性研究并没有引起研究者重视，研究者们对耳纹的特征分类、测量标准、认定方法等研究结论并不统一，在这种情况下，笔者对耳纹进行了一个相对系统的研究。

二、耳纹痕迹显现、提取问题研究

耳纹痕迹不同于指纹痕迹，它在遗留客体、痕迹类型、主要成分、显现方法、提取方法等诸多方面都与指纹痕迹存在差异，在显现和提取时不能仅仅等同于指纹等痕迹进行。国内在耳纹痕迹显现、提取方面的研究并不系统，技术人员在犯罪现场发现耳纹痕迹之后的初步处理只能参考指纹痕迹的显现提取方法，所以有必要对耳纹痕迹的显现、提取问题进行实验研究。

---

① Ali Abbas and Guy N. Rutty. Ear Piercing Affects Earprints：The Role of Ear：Piercing in Human Identification. Journal of Forensic Science，2005，50（2）：386～392

(一)耳纹痕迹的显现

在大量的国外资料中,针对耳纹的显现几乎仅提到了粉末显现法一种,而且使用的粉末也仅限于黑色磁性粉末。究竟是因为只有这种方法能够显现耳纹,还是因为这种方法最为简捷有效,就此问题,笔者对耳纹的显现方法进行了一系列研究。

1. 物理显现法

光学显现方法是一种非破坏型显现法,在实验室这种方法能够得出较好的效果,但由于拍摄耳纹痕迹经常需要在暗室进行,对光线也有较高要求,而多数现场难以满足这种要求,耳纹遗留的客体多数也无法带回实验室供技术人员提取,所以光学显现法应用较少。不过侧光观察仍是发现耳纹痕迹的较好方法。

粉末显现法是显现潜在指纹痕迹的常规方法之一,在实验室分别使用金粉、银粉、磁性粉对玻璃板上的新鲜潜在耳纹痕迹进行刷显,均可得到较好的效果。另外,运用碘熏的方法熏显纸张上的潜在耳纹痕迹,其效果也较好。但是,经过综合比较,磁性粉对耳纹痕迹的显现效果还是最佳的。(见图8)

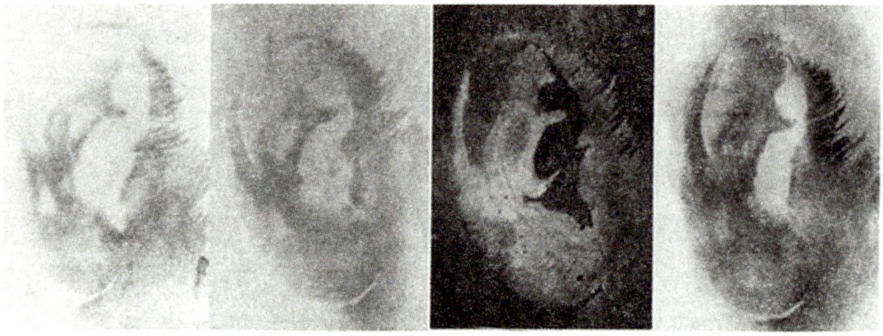

碘熏　　金粉　　银粉　　磁性粉

图8　物理显现方法显现耳纹效果比对图

2. 化学显现法

化学显现法是显现潜在指纹痕迹的常规方法,这种方法经常应用在显现渗透性客体上的痕迹。首先在实验室条件下,选用较为常见的纸张(黑色光面纸和打印纸),水平放置在实验台上,通过样本耳朵与纸张的接触挤压,制作出实验样本。接下来,分别运用

502 黏合剂、1% 的硝酸银溶液、2% 的茚三酮溶液进行显现实验。结果显示，502 黏合剂、硝酸银显现对耳纹的显出率几乎为零，茚三酮对耳纹的显出率为 50%。（见表 1）虽然茚三酮可以显现出耳纹的大致轮廓，但是效果不如磁性粉，显出的耳纹也缺乏细节特征。（见图 9）

表 1　几种显现方法的现显率及效果

显现方法	502 黏合剂	茚三酮	硝酸银
显现出耳纹数	0	5	0
没现出耳纹数	10	5	10
效果	差	较差	差

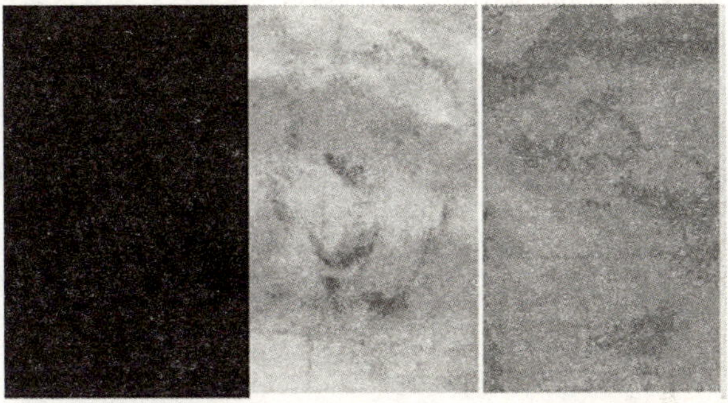

图 9　相同条件下 502 黏合剂、茚三酮、硝酸银显现效果比对图

(二)显现效果与遗留时间的关系研究

耳纹痕迹的显现是否受遗留耳纹痕迹时间的影响，新鲜的耳纹痕迹与陈旧的耳纹痕迹在显现效果上有何区别，这对现场耳纹痕迹的显现是非常重要的问题。实验是在 20 摄氏度到 30 摄氏度室温、空气湿度较小的实验室条件下进行的，选择玻璃板和硬纸卡片（普通相纸背面）两种客体上遗留的耳纹痕迹作为研究对象。

玻璃板和硬纸卡片都保存在储藏箱中。根据预实验效果，选定两种客体的显现时间，玻璃板上耳纹痕迹的显现时间分别定为当天、3 天、7 天、15 天、1 个月、3 个月、6 个月、12 个月、18 个月，而硬纸卡片上耳纹痕迹的显现时间定为当天、1 天、3 天、7 天、15 天。

经过实验结果分析可以发现,玻璃板上耳纹痕迹遗留时间几乎没有影响到显现效果,而硬纸卡片上耳纹痕迹的显现效果受遗留时间的影响较大。(见图 10、图 11)

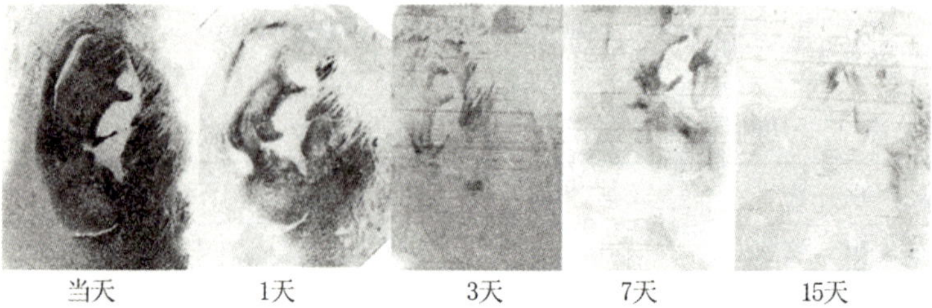

图 10 不同显现时间硬纸卡片遗留耳纹痕迹显现效果图

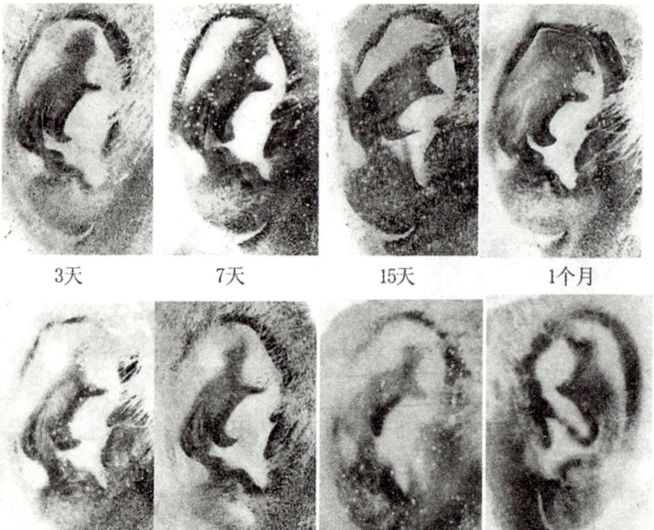

图 11 不同显现时间玻璃板遗留耳纹痕迹显现效果图

(三)显现效果与遗留客体的关系研究

现场耳纹痕迹的遗留客体是不固定的,不同客体上的痕迹显现效果也有差异。针对这个问题,我们在实验室模拟现场上经常出现耳纹痕迹的客体，分别对皮革、塑料布、木漆门、铁漆门、玻璃、本色木等客体上的新鲜潜在耳纹痕迹进行了显现效果的比对实验，除铁漆门使用银粉显现外，其余各种客体均使用黑磁粉进行显现。实验结果显示，各种客体上的耳纹痕迹均有较好的显现效果，其中玻璃、铁漆门、木漆门上的显现效果较好。（见图 12）

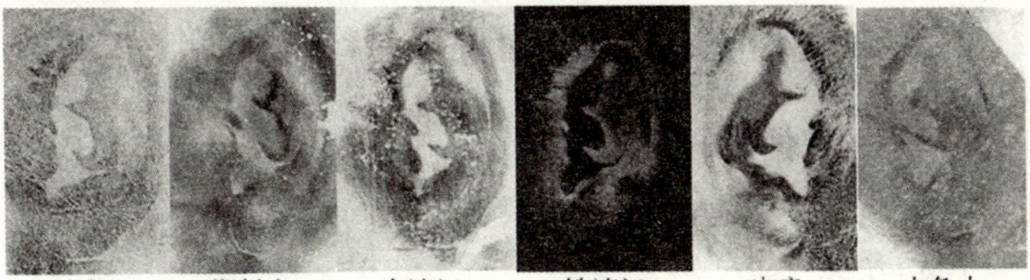

图 12　不同客体上遗留耳纹显现效果图

（四）耳纹提取问题研究

耳纹痕迹的提取是耳纹痕迹显现之后一项必要工作。耳纹痕迹提取的质量直接影响到痕迹的比对分析、对嫌疑人的排除或认定乃至诉讼阶段的证据展示。由于耳纹遗留客体多为门、窗等，显现时绝大多数使用磁性粉末，所以此处仅就非渗透性客体上的耳纹痕迹的提取方法进行说明。

1. 耳纹检材的提取

耳纹痕迹的提取方法并不复杂，可以参照指纹的提取步骤。在显现工作完毕后，先将掌纹提取专用的透明胶带的一端粘在耳纹痕迹的一侧，慢慢推赶胶带的粘连面，尽量避免气泡的产生。用手或工具挤压胶带，使之与耳纹痕迹充分接触。之后，力量均匀地从一端将胶带揭开，避免用力过猛造成的横条印痕和胶带自身的粘连。最后，针对粉末的颜色，将粘有磁性粉末的胶带按照第一个步骤，慢慢贴在与粉末颜色相对应的衬底上。

2. 耳纹样本的提取

耳纹样本即供比对使用的嫌疑人耳纹痕迹。由于耳纹痕迹是三维客体在一个平面上留下的二维印痕，用力的大小、方向等因素会使耳纹的具体形态发生变化，所以对耳纹样本的提取需要特殊的步骤。

耳纹样本提取的常规步骤为垂直静态提取：工作人员要对嫌疑人进行图谱式提取，即要求嫌疑人直立不动，工作人员用实验客体板对嫌疑人的耳朵平面贴压。在贴压过程中，工作人员掌握用力的大小，分轻、中、重三个力量级进行压印。如有必要，还要进行随机式提取，即对嫌疑人同一耳朵进行轻、中、重之外的其他力量压印。在提取后依照上述显现提取方法将之提取固定。另外，压印时所用工具要尽量结合现场耳纹痕迹依附的客体，比如现场痕迹是在玻璃窗上发现的，就利用玻璃板进行提取。

（五）小结

1. 耳纹痕迹显现的分析讨论

由于潜在耳纹痕迹与潜在指纹痕迹的成分均为人体分泌物，所以在显现实验的过程中参照了指纹的显现方法进行逐一实验。实验结果表明，显现效果最好、过程最简捷、相对成本最低的方法即磁性粉末显现法。为了了解深层次原因，需要对潜在手印和耳纹中的物质成分进行比较。笔者使用岛津 GC – MS 5050A 对相同皮肤面积的手指与耳朵的人体分泌物进行了测定，通过色谱图的比对，发现耳朵中所含脂肪烃对应的峰高和峰面积较大，而手指的相应峰高和峰面积明显较小。（见图 13）结果显示，耳纹痕迹中油脂含量高于手印中的油脂含量。磁性粉对油脂印迹显现效果较好，这也印证了实验的结论。结合各种显现方法与显现效果的关系，有理由相信，手印中的汗液成分要多于耳纹，相反耳纹中的油脂成分多于手印。

本书中提及的显现方法有粉末法、碘熏法、硝酸银法、502 贴显法和茚三酮法，在此部分的实验中选择的样本均为新鲜潜在耳纹痕迹。粉末显现主要基于粉末与汗液和油脂成分的吸附作用，在粉末显现的实验中，所有潜在耳纹痕迹均可显出，其中以磁性粉显现效果最佳。碘熏法对油脂印痕也能得到较好的显现效果，实验中碘熏显现效果也较好，但由于显现客体为白色纸张，所以在对比度方面显得黑色磁性粉的显现效果要更好些。502 的显现原理是

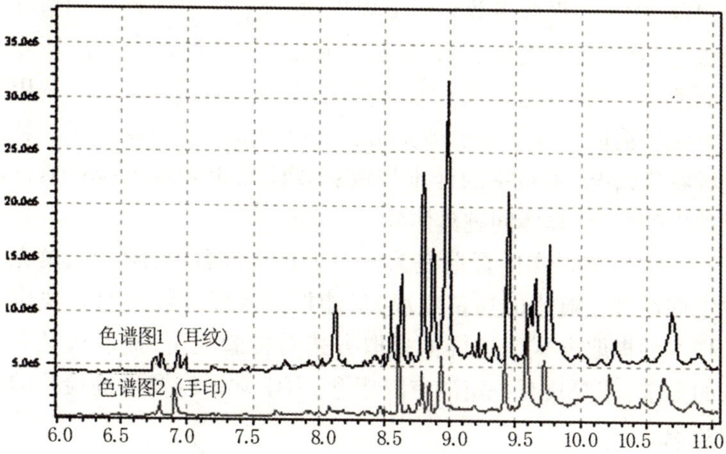

图13　耳纹与手印中油脂含量比对色谱图

其在汗液中发生的阴离子聚合，硝酸银在显现痕迹的过程中，主要依靠其与汗液中的氯化钠产生的化学反应，茚三酮显现法的原理也是其与汗液中的氨基酸发生的化学作用，但由于耳纹痕迹中的汗液成分较少，所以显现效果不佳。

在耳纹显现时间对显现效果影响的研究中，由于条件限制，仅选择了玻璃板和硬纸卡片两种客体。玻璃板具有较好的代表性，可实验室条件远不及现场环境复杂，现场遗留痕迹很可能受到风吹、雨淋、日晒、灰尘等很多因素的影响，实验结果并没有考虑到这些因素。硬纸卡片上耳纹痕迹的显现效果与遗留时间有很大关系，因为普通相纸具有特殊性，所以这种结果并不适用所有纸张类客体。在今后的研究中，笔者将继续增加实验客体和影响条件。

在显现客体对显现效果影响的研究中，其中的一种实验客体为铁漆门。铁漆门这种客体并不能够使用常规的磁性粉，因为铁漆门会对磁性刷产生很大的吸力，刷显的时候会对操作带来很大困难，所以实验中选用了银粉刷显。

2. 耳纹痕迹提取的分析讨论

耳纹痕迹经常出现在盗窃现场，即嫌疑人在入室之前的偷听之处，其他现场出现的耳纹痕迹也多数与偷听有关，针对这种情况,耳纹样本的提取多数采用常规步骤。但是,犯罪现场的情况是很难预测的,比如痕迹有可能是嫌疑人为了某种其他目的所作动作而遗留下来的,这些动作很可能是躲闪、隐藏等等,这时运用常规方法所提取耳纹样本痕迹就无法与检材痕迹比对认定了。针对这种特殊情况,实验室的样本提取就要模拟犯罪现场遗留痕迹所反映出的情况,具体问题具体分析。

耳纹痕迹样本的提取是为比对分析作准备的,检验人员无法决定现场耳纹痕迹的遗留状况,只能根据现场耳纹检材来决定耳纹样本的提取方式。这样的提取方式对检验人员、提取人员有一定的要求,需要具有一定的空间概念、力学常识以及痕迹检验的基础知识。

由于受到很多条件的限制,耳纹痕迹显现提取的研究还存在很多不足,比如耳纹痕迹显现受遗留时间影响的研究客体单一,耳纹痕迹的提取主观性还较强等,在今后的研究中,笔者将继续关注这些问题。

三、耳纹测量标准与特征分类研究

耳纹痕迹的比对分析、检验鉴定是建立在耳纹特征分类和测量标准基础上的。特征分类的科学统一有助于检验鉴定的规范化,测量标准的确定更有助于提高检验鉴定的客观性。目前,耳纹的测量标准、特征分类并不统一,所以耳纹测量标准与耳纹特征分类的问题有待解决。

(一)耳朵、耳纹的测量

耳纹是耳朵的印痕,在多数情况下反映的是耳朵真实形态特征,对耳朵的研究是耳纹研究的一个基础性内容。早在20世纪初,法庭科学专家已经开始对耳朵进行研究,并得出了耳朵具有家族遗传性的结论。从现代生物学角度看来,耳朵与指纹同样是人类DNA人各不同的一个外在反映。

为了更好地了解耳纹的测量标准,首先要对耳朵的形态、组成以及各特征部位的名称有所了解。耳朵形态、特征相对简单、稳定,可以用八个大的特征部位表示:1. 耳轮前部;2. 达尔文点;3. 耳轮后部;4. 对耳轮;5. 对耳屏;6. 耳垂;7. 耳屏;8. 耳轮起点。(见图 14)

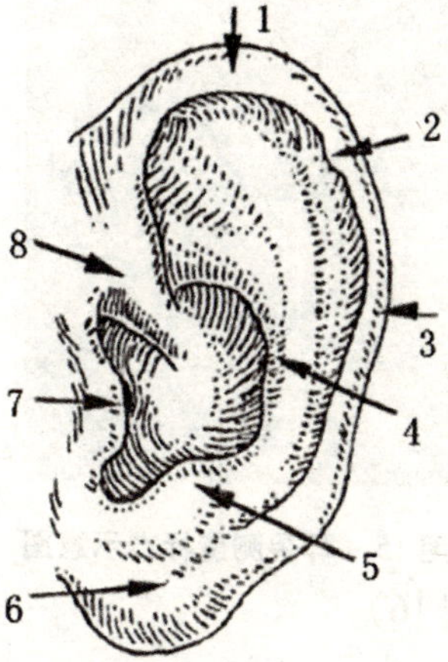

图 14　耳纹主要特征部位示意图

耳纹特征测量的基础是耳朵的研究测量,测量体系是以耳轮起点为中心点,以水平线和垂直线将耳朵图像分为四个象限,在中心点作两条直线,将每个象限等分,切割线与耳朵各部分交叉得到 12 个可测量特征,特征的测量对耳朵的区别认定有很大帮助。(见图 15)

耳纹的测量标准相对复杂,在确定耳纹测量的标准之前,需要对耳纹进行坐标划分。通过前耳轮内侧切点和耳屏内侧切点 O 作一条竖直垂线,与耳轮交于 C 点。然后,通过 O 点垂直于 OC,作一条水平线,从而确定一个直角坐标系。通过 O 点在第二象限分别作一条 290 度和一条 345 度的虚线,第一条交对耳轮于 A 点,交后耳轮于 D 点,第二条交上耳轮于 E 点。最后以 O 点为原点,测量与对耳轮最近的一点 B,B 为对耳轮的切点。从而确定了几个几何和角度关系。在这些角度中,∠OAB、∠ABC、∠OBC、∠OCA、∠CAO 都是极具测量价值的,对于提高耳纹比对客观性和科学性具有很

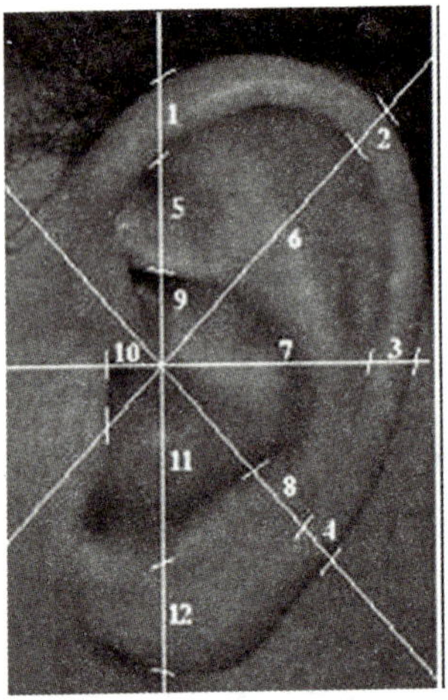

图 15　耳朵测量标准示意图

重要的帮助。[①]（见图 16）

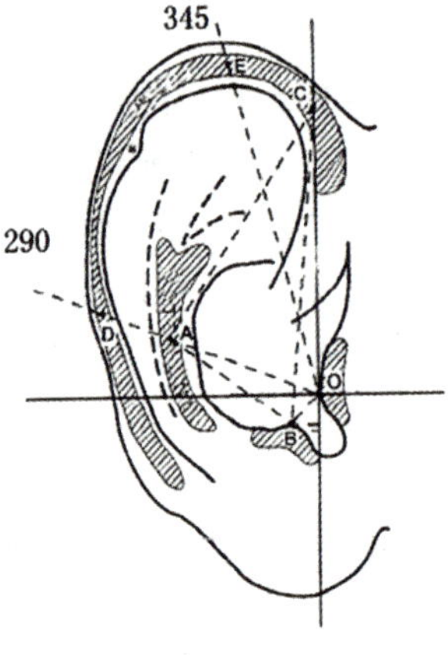

图 16　耳纹测量标准示意图

（二）耳纹特征分类

耳纹特征包括耳纹的种类特征和耳纹的细节特征。耳纹兼具

① 董凯：《耳纹测量标准与特征分类初探》，载《中国刑警学院学报》，2005 年第 3 期，第 31～33 页

排除嫌疑和认定罪犯双重功用，在排除嫌疑的过程中主要用到种类特征，而认定罪犯就要依赖于细节特征。在对耳纹的研究过程中，通过对上千枚耳纹的观察，可以发现耳纹的中心印痕尤其是对耳轮十分稳定，对排除嫌疑具有很重要的作用，所以首先将对耳轮的种类划分予以介绍。

耳纹中心印痕是对耳轮及其周边部位特征的反映，在归纳人类耳朵对耳轮特征和耳纹中心印痕特征的基础上，中心印痕可分为：1. 上行状；2. 前行状；3. 前下状；4. 上前下状；5. 上前状；6. 上前（下）后状；7. 满平状；8. 特殊状。（见图 17）

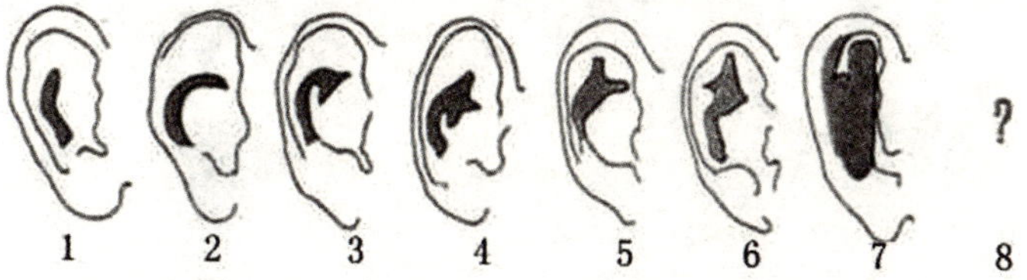

图 17　耳朵中心印痕特征分类示意图

原有的物证技术学将耳轮主要分为四种：圆形、椭圆形、矩形、三角形。此处不再赘述。

耳纹细节特征在进一步的比对认定中经常遇到，细节特征几乎涵盖了耳纹的所有特征，其中也包括一些饰物特征等。通过归纳总结可以发现，细节特征包括：1. 耳轮点前端；2. 耳轮点后端；3. 耳轮；4. 耳轮 V 形痕；5. 耳轮间断痕；6. 达尔文点；7. 达尔文增大痕；8. 上耳轮痕；9. 对耳轮；10. 对耳轮前部；11. 对耳轮上部；12. 对耳轮后部；13. 对耳轮下部；14. 对耳轮附加物；15. 对耳轮压痕；16. 耳屏痕；17. 耳屏点；18. 耳屏上部 V 形痕；19. 对耳屏痕；20. 耳屏下部 V 形痕；21. 轮屏接（断）痕；22. 耳轮间断痕；23. 耳垂痕；24. 耳垂皱纹；25. 耳前面颊痕；26. 耳前皱纹；27. 耳前瘢痕；28. 秃头皮肤细节痕；29. 耳轮末端痕。（见图 18）

（三）小结

综上研究，可以得出一些阶段性结论：

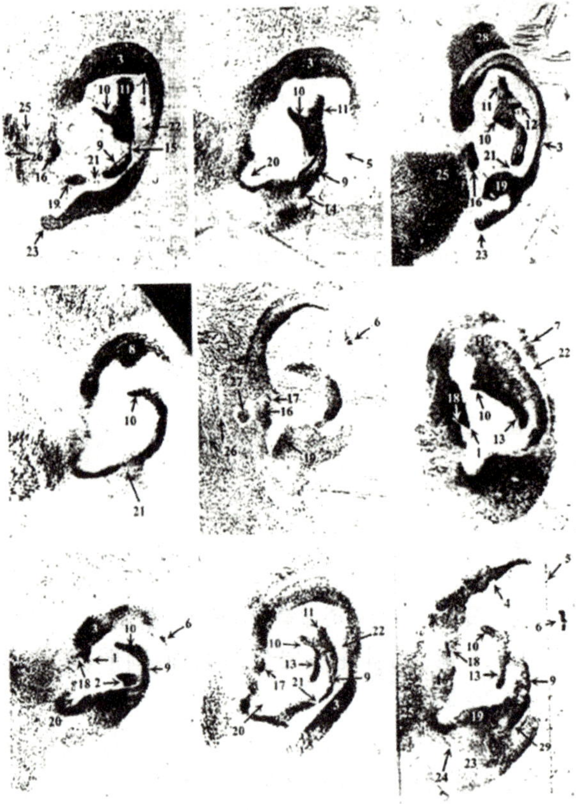

图 18　耳纹细节特征示意图

1. 耳纹细节特征是很难穷尽的。人们常说“世界上每一片雪花都是不一样的”，细节总是无法用归纳的方式穷尽。每个时代、每个民族甚至每个人都有自己的特殊性，耳朵作为人身体的一部分，也具有这种特殊性。有些年轻人喜欢在耳朵上作一些附加物，这种情况在中国也是较常见的。国外的一个案例中出现的耳朵，更使研究者认识到，耳纹的细节特征研究比起种类特征研究要困难得多。（见图 19）耳纹人各不同，不同的压印条件也会产生某种细节特征，所以，细节特征的分类只能对具体的实际比对作概括性指导。

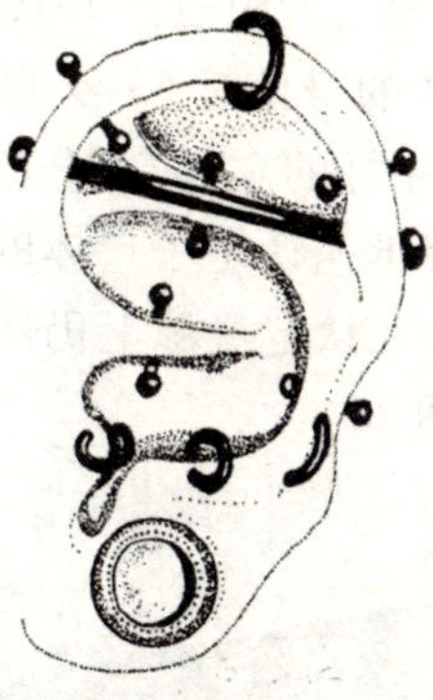

图 19　复杂耳饰示意图

2. 测量学在耳纹比对上的应用将增加比对认定的客观性。作为法庭科学专家、物证技术专家，测量耳朵并不是新鲜的事情，在一个多世纪以前，法国人贝蒂隆就已经将其列为人体测量的重要标准之一。随着科学的发展、技术的革新，测量比一个世纪以前精确了很多，但是目前耳纹的比对方法仍然停留在切割比对、重叠比对阶段，缺少客观性因素，影响了耳纹比对的准确性、科学性。国外的许多专家也注意到这个问题，并且在加大这方面研究的投入。测量学在耳纹比对上的应用，势必增大耳纹比对的准确性、科学性、客观性。

四、耳纹认定人身问题研究

耳纹认定人身是一个新兴的研究领域，研究耳纹的法庭科学专家没有给出一致的认定标准，甚至认定的步骤、方法也没有统一。本章针对耳纹易变形的特点，通过对小范围耳纹样本进行实验研究，讨论了耳纹认定人身的科学性，并且提出了耳纹认定人身的方法和认定标准。

（一）耳纹认定人身案例

1984 年 5 月，警察在德国莱比锡附近的火车轨上发现了一具不明身份的男性尸体。由于受到火车的撞击和车轮的挤压，尸体的头部已经被毁坏。因为当天附近刚好接到报告，有人与旅行团走散，所以警察怀疑尸体的身份是53岁的H先生。受条件限制，警察只能利用尸体头部完好的左耳与H先生的护照比对，因为存在明显一致的特征，警察迅速认定了尸体的身源。在DNA技术得到广泛应用的今天，耳朵在认定身源上仍然发挥着作用，即使是尸体有腐烂的情况。（见图20）

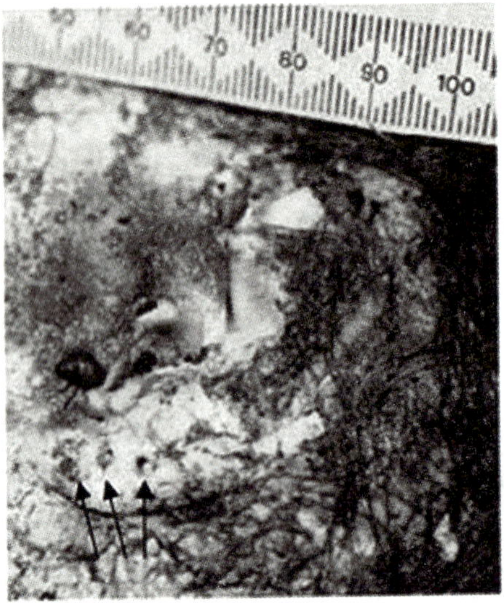

图20　腐败尸体耳朵上的耳洞特征

1968年，比利时的沙勒瓦罗市发生了一起药店盗窃案。技术人员勘查现场时在玻璃窗上提取了两枚耳朵印痕，并推断是嫌疑人入室之前偷听所留下的。经过侦查，警察发现了嫌疑人并将其耳朵印痕提取下来，与现场的耳纹进行比对。二者的形态、大小和耳纹结构特征均一致，所以认定同一。面对此结论，嫌疑人只好供认了自己的罪行。

近年来，耳纹认定人身的作用越来越突出，许多欧洲国家的警察局多次利用耳纹认定人身破获案件，而且法庭也接受了耳纹这种证据形式。但与指纹相比，耳纹认定人身难度较大，目前在法庭科学界还存在争议。

(二)耳纹认定人身的研究现状

耳纹印痕是耳朵在挤压的过程中遗留在接触客体上的,它的形成有些类似于印章的盖印。但是耳朵不同于印章,在压印的过程中耳朵会有一定的变形,这种变形也就是现在耳纹研究者最为关注的问题。

虽然耳纹在压印过程中产生变形是众所周知的事实,但法庭科学界在变形是否影响认定的问题上还是没有达成一致意见。多数研究耳纹痕迹的老专家认为,在挤压变形的过程中,耳朵各组成部分都是互相牵引移动,整体耳廓不会有太大的变化,一些内部花纹的变化也是在相对位置不变的情况下发生的,所以不会影响认定。一些刚刚进入耳纹研究领域的专家几乎都认为变形是个非常严重的问题,这种变形直接影响到人身认定的准确性。

耳纹受压变形是一个复杂的问题,需要一个系统的研究和大量的数据来给出答案,而世界上还没有任何一个组织或个人拿出过这样的研究结果。

(三)耳纹认定人身标准的研究

耳纹是否能够准确认定人身,关键问题有两点,一是不同耳朵在压印过程中形成的耳纹痕迹是否能够相互区别,二是同一耳朵在多次压印过程中形成的耳纹痕迹是否具有可重复性。针对这两个问题,人们提出一种观点,如果不同耳朵留下耳纹痕迹之间的变化率(inter - individual variation)大于同一耳朵遗留耳纹痕迹之间的变化率(intra - individual variation),那么耳纹认定人身的准确性即可以得到印证。耳纹和指纹一样,是 DNA 的外在体现,人们永远无法检验所有人的指纹和耳纹,最后得出结论——世界上没有相同指纹和耳纹的人。

为了解决耳纹认定人身标准的问题,需要在实验室条件下进行系列研究。

1. 在耳纹的形成过程中,先变换压印时的力量条件,分别提取在轻、中、重三种力量下形成的耳纹,再变换压印时的角度条件,分别提取向上、下、左、右四个方向偏斜用力形成的耳纹。通过对多个实验样本的观察比对和数据测量,可以发现耳纹痕迹的变形与力量的大小、用力方向关系很大,对同一耳朵样本在不同力量、不同用力角度下形成的耳纹痕迹很难通过数据测量的方法进行认定。(见图21、图22)而在用力角度保持一致的情况下,稍微变换力量大小所形成的耳纹痕迹是可以进行测量认定的。(见图23、图24)由此,在认定前对耳纹检材形成时受力情况进行推断是必要的,在耳纹样本的制作时需要尽量符合检材的形成条件。

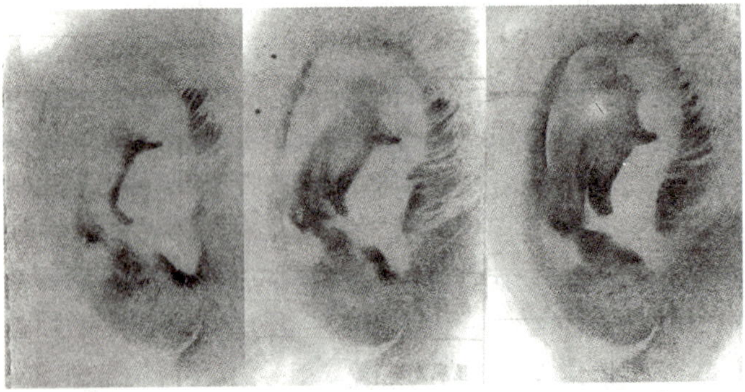

轻　　中　　重

图21　不同力量形成的同耳印痕比对图

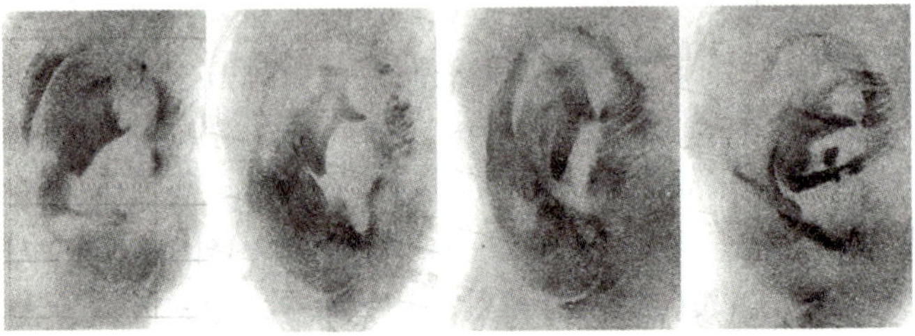

上　　下　　左　　右

图22　不同用力方向形成的同耳印痕比对图

2. 对同耳在用力方向、大小相对一致的条件下形成的十个耳纹样本进行观察测量。

测量方法:通过前耳轮内侧切点和耳屏内侧切点O作一条垂线,与耳轮交于C点。然后,通过O点垂直于OC,作一条水平线,

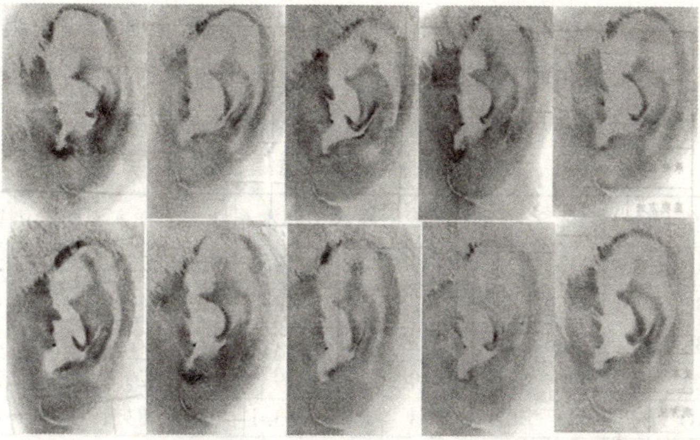

图 23　相似力量压印形成的同耳印痕

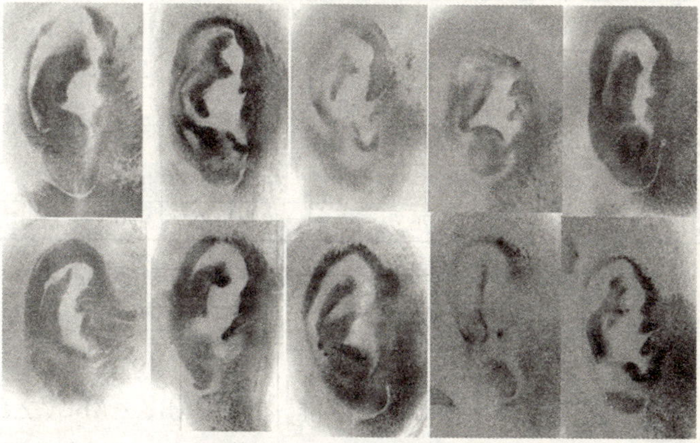

图 24　不同人耳的印痕

从而确定一个直角坐标系。通过 O 点在第二象限分别作一条 290 度和一条 345 度的虚线，第一条交对耳轮于 A 点，交后耳轮于 D 点，第二条交上耳轮于 E 点。最后以 O 点为原点，测量与对耳轮最近的一点 B，B 为对耳轮的切点。（见图 16）

测量值：∠OAB、∠ABC、∠OBC、∠OCA、∠CAO。

经过对十组耳纹的测量发现，在五个测量角度中，∠ABC 的变化率最大，最大值与最小值相差为 1.9 度；∠OBC 的变化率最小，最大值与最小值相差0.6度，测量值见表2。之后通过对十组不同耳朵耳纹进行相同角度的测量，可以发现在所有角度中，相差最小的∠OBC为1.5度，测量值见表3。

表2　　十个同耳朵印痕测量值比对表

测量角	样本1	样本2	样本3	样本4	样本5	样本6	样本7	样本8	样本9	样本10
∠OAB	22.5	23.3	23.1	23	23.5	22.8	22.6	23.2	22.7	22.8
∠ABC	47	48.9	48.2	47.3	48.2	48.5	47.6	47.9	47.5	47.7
∠OBC	27	27.6	27.3	27.5	27	27.5	27.5	27.6	27.4	27.2
∠OCA	28	29	28.5	29	29.2	29.1	28.5	29.5	28.7	28.9
∠CAO	83	82	82.6	83	82.8	83.1	83.5	83.4	82.9	82.9

表3　　十个不同人耳印痕测量值比对表

测量角	样本1	样本2	样本3	样本4	样本5	样本6	样本7	样本8	样本9	样本10
∠OAB	20	16.5	25	29	26.9	17.9	27	14	19.8	22.5
∠ABC	59	49	45	48	64	55	34	39	37.5	47
∠OBC	40.5	49.5	46.5	48.5	33	42	30	22	29.5	27
∠OCA	4.9	20.5	18	23	14	26	25	10.5	16	28
∠CAO	85	95	90.5	76	67	69	88	79	73	83

通过比对表2和表3可以看出，相同耳印痕的测量值分布均匀，而不同耳印痕离散度较大，所以在比对中，五个测量角度具有较好的比对价值。

综上，本文提出一个认定标准，在∠OAB、∠ABC、∠OBC、∠OCA、∠CAO中，同时满足五个角度差值均在2度之内，即可认定两耳纹极有可能同一。

（四）耳纹认定人身的方法

首先检验人员观察耳纹检材的具体形态，判断耳纹形成时的条件，包括用力的大小和用力的方向。根据确定的形成条件提取多个耳纹样本。

耳纹认定人身的方法分为三个步骤：依据种类特征排除、依据细节特征排除、依据测量法认定。

1. 耳纹的种类特征排除首先是根据外耳轮整体形态。通过大

量观察统计，外耳轮整体形态分为椭圆形、圆形、矩形、三角形等几种类型。（见图 25）

外耳轮整体形态上相似的耳纹，要根据对耳轮及中心印痕的形态分类进行筛选。对耳轮及中心印痕形态具体划分：1. 上行状；2. 前行状；3. 前下状；4. 上前下状；5. 上前状；6. 上前（下）后状；7. 满平状；8. 特殊状。（见图 17）在检验排除过程中，排除条件是中心印痕的具体流向。

除了以上种类特征之外，耳垂形态亦可作为排除特征。耳垂大致可以分为圆形、方形、三角形等。

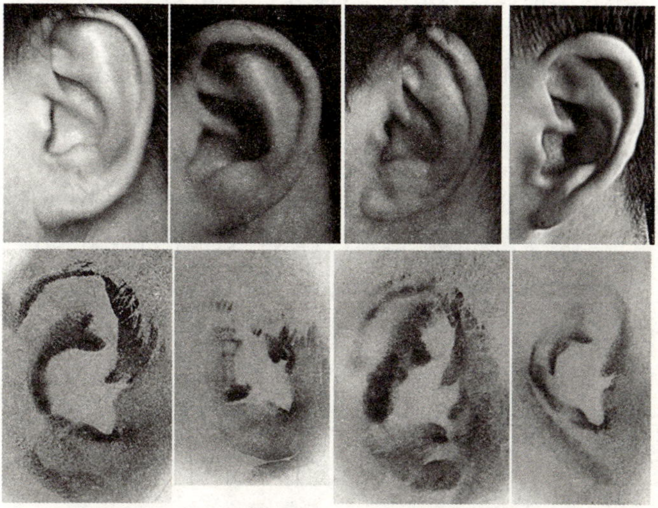

图 25　不同耳轮形态的耳朵与耳纹比对照片

2. 耳纹细节特征是重要的排除依据，同时也是认定的重要依据。经常利用的相对稳定的细节特征为耳屏、对耳屏、对耳轮、耳垂具体形态以及相互位置关系，包括相互之间所成夹角、漏印，等等。有时也会遇到头发、面颊、头皮、瘢痕、脱皮、伤疤等附加特征。耳纹的细节特征无法穷尽，除了常规的细节特征，还包括许多装饰特征。在检验比对中，耳朵上的耳环、耳钉等饰物对耳纹的影响也需要考虑。（见图 26）

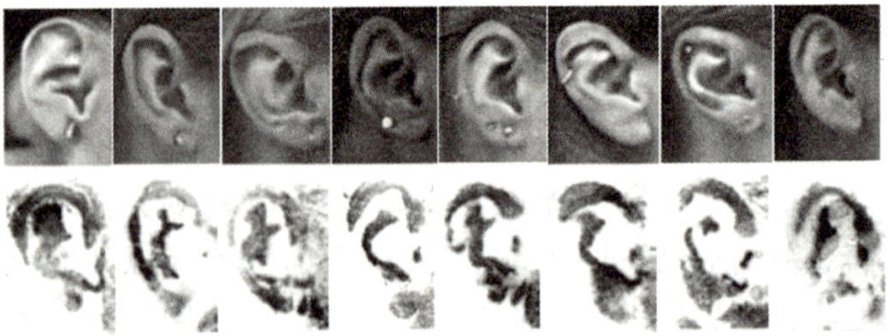

图 26　耳饰对耳纹的影响

3. 首先对耳纹的长宽等种类特征进行测量，在耳纹的种类特征与细节特征都符合的情况下，需要利用角度测量来确定耳纹样本与检材是否同一。依据上文提出的测量认定标准，对五个特征角度进行测量，同时满足∠OAB、∠ABC、∠OCA、∠CAO、∠OBC 五个角度差值均在 2 度之内，即可认定同一。

（五）小结

通过耳纹认定人身是一个新兴的研究领域，国际上并没有一致的认定标准。和许多法庭科学分支学科的认定工作一样，耳纹的认定并不能保证百分之百的准确，至少目前并没有人进行归纳统计的验证工作。由于受多方面条件限制，此部分研究不够深入，提出的认定方法不甚完善。在今后的研究中，将会增加实验样本的数量，对认定标准进行验证工作，从而使耳纹认定人身的标准更为精确。

五、根据现场耳纹遗留高度确定遗留人身高研究

（一）国外耳纹与身高关系的研究现状

1965 年以来，瑞士法庭科学专家赫斯奇利用耳纹痕迹侦破了多起案件，他被认为是第一个根据耳纹痕迹遗留高度推断嫌疑人身高的研究者。赫斯奇在研究中选取了数十名实验样本，希望通过实验数据的分析，找到耳纹遗留高度与嫌疑人身高的对应关系。经测量后的统计，耳孔到头顶的平均垂直距离为 13.7 厘米，而偷听时的平均下蹲距离为 3 厘米。现场出现的耳纹痕迹的高度只要

加上下蹲距离和耳孔到头顶的距离，得出的结果就是嫌疑人的身高。

在赫斯奇之后，荷兰法庭科学专家万德勒特对身高与耳纹的关系作了进一步研究。因认为赫斯奇的样本数量太少，结论可信度不高，所以他选用了荷兰警察系统的500名男性警察和63名女性警察作为样本群体。在实验中，他也想找到一个公式，能够利用现场耳纹痕迹遗留高度推导出嫌疑人的身高。经过测量、统计，耳孔到头顶的平均垂直距离是14厘米，而偷听时的平均下蹲距离为6厘米。这与赫斯奇的结论存在较大不同。

国内在耳纹与身高关系的研究方面尚无资料可参考，而瑞士、荷兰两位专家的数据、公式来自欧洲，他们的结论是否能够在中国适用无人可知。这种情况下，笔者对耳纹遗留高度与身高关系进行了实验研究。

（二）实验方法

本项实验所选择的样本群体是学生，他们分别是黑龙江大学法学院本科生和中国人民公安大学的研究生，人数共564人。

实验中选用的偷听客体是没有任何障碍的木门，每名样本用自己最常用、最舒服的姿势窃听门内的声音。门上所遗留的耳纹被用来测量耳孔到地面的垂直距离。

偷听时耳孔到地面的垂直距离＝身高－耳朵到头顶的垂直距离－偷听时下蹲的距离。根据这个公式可知，只要耳朵到头顶的垂直距离已知，偷听时的下蹲距离已知，就可以推算出偷听人的身高。本次实验所要统计的就是样本的左右耳到头顶的垂直距离和偷听时的下蹲距离。

为了方便后期的数据分析，需要记录以下数据及信息：

A——样本的年龄

B——样本是左利手还是有利手（右利手用代码1表示、左利手用代码2表示）

C——样本的身高

D——右耳孔到头顶的垂直距离

E——左耳孔到头顶的垂直距离

F——用右耳偷听时留下耳纹的耳孔距离地面的垂直距离

G——用左耳偷听时留下耳纹的耳孔距离地面的垂直距离

H——用右耳偷听时下蹲的垂直距离

I——用左耳偷听时下蹲的垂直距离

J——样本的体重

本项实验主要测量数据：被检测人的身高(C)，耳孔到头顶的距离(D、E)，偷听时留下耳纹的耳孔距离地面的垂直距离(F、G)。(见图27、图28)H、I并非直接测得，而是通过计算得出，即H(I) = C - F(G) - D(E)。

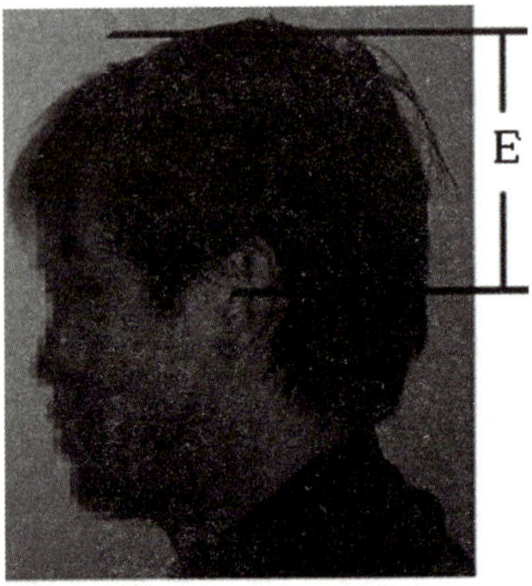

图27 耳孔到头顶的距离

(三)实验数据分析

本次实验所有数据分析都应用Microsoft Office Excel和SPSS统计软件。

由于偷听时的下蹲距离变化较大，受影响的可能性也较大，所以在实验中，H、I是数据分析讨论的主要对象，具体包括以下几方面问题：

(1)样本的年龄因素是否影响实验数据H、I；

(2)样本的身高因素是否影响实验数据H、I；

(3)样本用左耳和右耳偷听时在实验数据H、I上有什么区别；

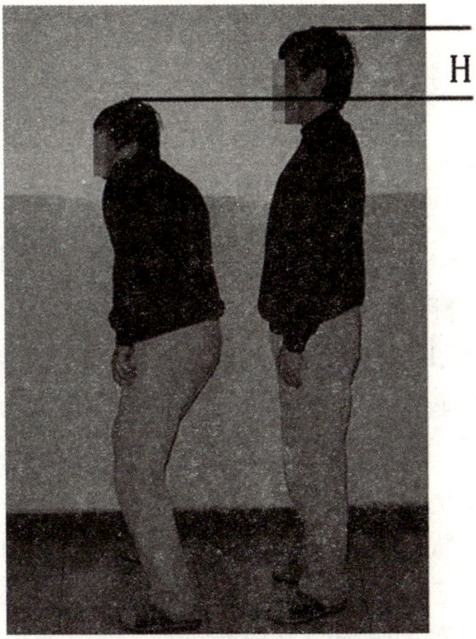

图 28　偷听时的下蹲距离

(4)样本的左右利手是否对实验数据 H、I 有影响;

(5)样本的体重是否对实验数据 H、I 有影响;

(6)样本的性别是否对实验数据 H、I 有影响。

1. 男性数据分析

实验中男性样本 328 人,年龄在 19 岁到 40 岁之间,平均年龄 25 岁。全体男性样本中,左利手的样本人数为 34 人,占男性样本总数的 10.4%。身高在 155 厘米到 190 厘米之间,平均身高为 174.4 厘米。左耳耳孔到头顶的距离在 9.9 厘米到 18.5 厘米之间,平均距离为 13.63 厘米,右耳与左耳基本一致。用右耳偷听时下蹲的垂直距离在 0.7 厘米到 24.6 厘米之间,平均为 10.98 厘米;而用左耳偷听时下蹲的垂直距离在 0.9 厘米到 28.9 厘米之间,平均为 11.52 厘米。

(1)年龄因素

实验中,将年龄在 19 岁到 25 岁定为年轻群体,年龄在 26 岁到 35 岁定为中龄群体,35 岁以上定为大龄群体。年轻群体的 H 平均为10.87厘米，I平均为11.61厘米；中龄群体的H平均为10.93厘米，I平均为11.43厘米；大龄群体的H平均为11.03厘米，I平均为11.49厘米。实验结果表明，年龄对数据H、I并没有太大影响，几乎可以忽略。

（2）身高因素

实验中的样本身高在165厘米以下为矮个群体，166厘米到175厘米为中等身高群体，176厘米以上为高个群体。实验结果表示，身高对数据H、I没有太大影响。但是身高对数据F、G确实有很大影响，即身高较高的样本，耳纹遗留高度也相应较高。

（3）左耳与右耳的区别

实验数据的分析表明，多数样本用右耳偷听时留下的耳纹痕迹比左耳偷听时留下的痕迹要高，相应的右耳偷听时H平均值10.98厘米，小于左耳偷听时I的平均值11.52厘米。所以左耳和右耳用来偷听，下蹲的平均距离是不同的。

（4）左右利手的区别

对10.4%的左利手数据进行分析，我们发现左利手H平均为11.32厘米，I平均为11.42厘米；右利手H平均为10.94厘米，I平均为11.37厘米。左利手与右利手在数据上并没有太大区别，所以左利手并不影响实验数据H、I。

（5）体重因素

在所有328名男性样本中，体重最轻的47公斤，最重的102公斤，平均体重为70.9公斤。在比较不同体重群体的实验数据H、I之后，我们发现体重不会对实验数据H、I造成很大影响。

2. 女性数据分析

实验女性样本共236人，身高在151.5厘米到180厘米之间，平均身高为164.7厘米。左耳耳孔到头顶的距离在10.5厘米到17厘米之间，平均距离为13.46厘米，右耳与左耳基本一致。用右耳偷听时下蹲的垂直距离在1厘米到23厘米之间，平均为11.48厘米，而用左耳偷听时下蹲的垂直距离在1.3厘米到29.5厘米之间，平均为12.12厘米。

(1)身高因素

实验中的样本身高在155厘米以下为矮个群体,156厘米到165厘米为中等身高群体,165厘米以上为高个群体。实验结果表明,身高对数据H、I没有太大影响。

(2)左耳与右耳的区别

实验数据的分析表明,多数女性样本用右耳偷听时留下的耳纹痕迹比左耳偷听时留下的痕迹要高,相应H的平均值小于I的平均值。所以女性样本在用左右耳偷听时,下蹲的距离也是不同的。

(3)左右利手的区别

在236名女性实验样本中,左利手为14人,占总数的5.9%。对左利手与右利手样本的数据进行分析,结果表明左利手与右利手在数据H、I的平均值上并没有较大区别。

3. 男女数据比较分析

男性样本人数为328,女性样本人数为236。男性样本身高的最高值及平均值都大于女性样本,但身高并不影响数据H、I。左右利手对男性样本、女性样本的H、I值都几乎没有影响。

男性耳孔到头顶的距离在9.9厘米到18.5厘米之间,平均距离为13.63厘米;女性耳孔到头顶的距离在10.5厘米到17厘米之间,平均距离为13.46厘米。男性与女性在这项指标上区别不大。

男性偷听时下蹲的平均距离为H为10.98厘米,I为11.52厘米。女性偷听时下蹲的平均距离为H为11.48厘米,I为12.12厘米。这项数据表明,无论用左耳还是右耳,女性在偷听时下蹲的平均距离大于男性。但男性与女性一样,多数样本用左耳偷听比用右耳偷听下蹲的距离要大。

(四)实验结论

综合以上分析数据,假设耳孔到头顶的距离为13.5厘米,误差值为1厘米,则有511人包含在12.5厘米到14.5之间,占样本总数564人的90.60%。(见图29)假设用右耳偷听时的下蹲距离为11.2厘米,左耳偷听时的下蹲距离为11.7厘米,误差值为4厘

米,则有 471 人包含在此范围内,占样本总数 564 人的 83.51%。(见图 30)

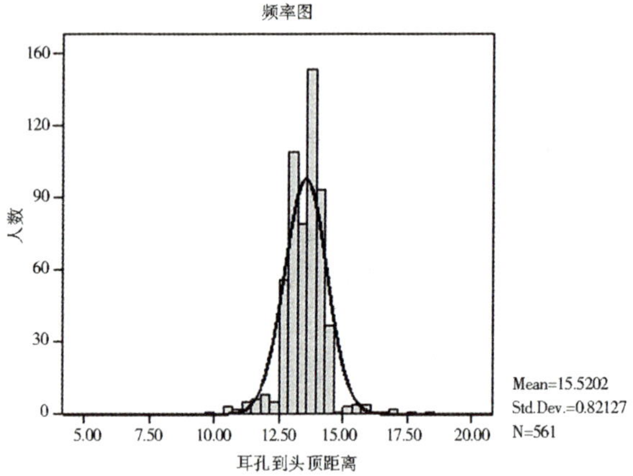

图 29　耳孔到头顶距离样本人数分布频率图

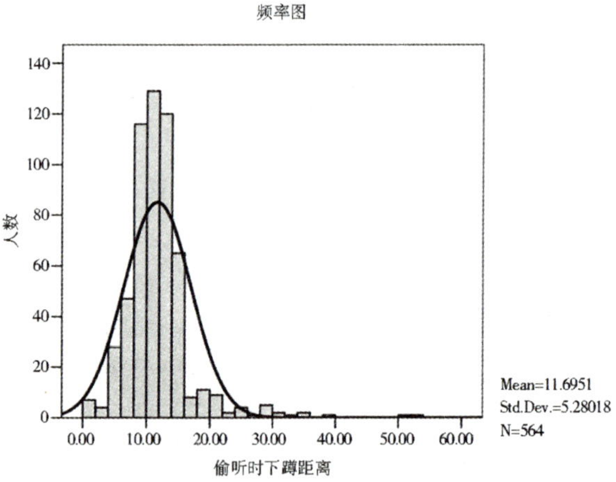

图 30　偷听时下蹲距离样本人数分布频率图

由图 29、图 30 可以看出,大多数人包含在推算身高的假设域值之内,所以在推算耳纹遗留人身高时,将应用到耳孔到头顶的距离 a:13.5 厘米,右耳偷听时的下蹲距离 b:11.2 厘米,左耳偷听时的下蹲距离 c:11.7 厘米,误差值 d:1 厘米,误差值 e:4 厘米这五个定量。

本文得出的公式:遗留人身高 = 右耳耳孔到地面的垂直距离 + a + b ± (d + e)

遗留人身高 = 左耳耳孔到地面的垂直距离 + a + c ± (d + e)

例如:在犯罪现场的门上发现一个右耳的耳纹痕迹,确定出耳纹耳孔中心位置。(见图 31)测量得知耳孔中心到地面距离为 150 厘米,嫌疑人身高即可如此估算:

耳纹耳孔距离地面高度:	150 厘米
耳孔距头顶距离 a:	13.5 厘米
右耳偷听时的下蹲距离 b:	11.2 厘米
耳纹耳孔距离地面高度 + a + b:	174.7 厘米
缩放量(d + e):	5 厘米
嫌疑人身高:	169.7 ~ 179.7 厘米

嫌疑人身高范围在 169.7 厘米到 179.7 厘米之间。

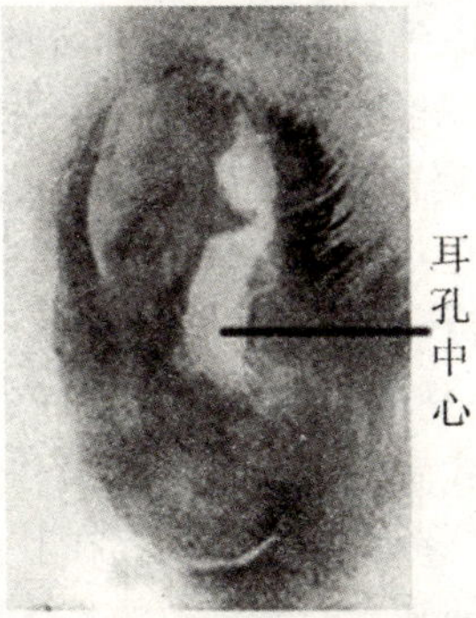

图 31 耳孔中心示意图

(五)分析讨论

1. 比较分析

在相同项目的研究上,笔者的实验在很多方面与赫斯奇和万德勒特不同,区别如表 4 所示。

表 4　　本实验与前人实验区别

实验人	耳孔到头顶距离		偷听时下蹲距离		样本数、性别
	右	左	右	左	
赫斯奇	13.7cm	13.7cm	3cm	3cm	40 男 0 女
万德勒特	14cm	14cm	6cm	6cm	435 男 63 女
董凯	13.5cm	13.5cm	11.2cm	11.7cm	328 男 236 女

前两者选用的样本来自欧洲的警察局，在身高等很多变量上没有代表性。本次实验中，笔者选择的是学生群体，与前两者相比，代表性要稍强。此外，本文在实验中还讨论了体重对样本偷听时下蹲距离的影响，这也是前两人研究中没有考虑的因素。

2. 讨论

在实验中，样本在用右耳偷听时比用左耳偷听时的下蹲距离小，这一点具有普遍性，但是也有例外。男性样本和女性样本在耳孔到头顶的平均距离上有差别：男性 13.63 厘米，女性 13.46 厘米。男女样本用左耳和右耳偷听时的下蹲距离也有差别：男性 H 为 10.98 厘米，I 为 11.52 厘米；女性 H 为 11.48 厘米，I 为 12.12 厘米。综合两点差别，考虑到估算嫌疑人身高时，两者刚好起到相互抵消的作用，所以性别在推算身高中并不起决定因素。

本次实验中选用的样本来自全国各地，但是考虑到样本学生的身份和学校的地域，在年龄等因素上还受到一定限制，所以只在一定地域和群体中具有代表性。

根据现场耳纹遗留高度确定遗留人身高的研究所使用的方法是归纳统计，得出的公式满足大多数人的动作习惯，没有其他条件判断嫌疑人特征时可以应用，如果现场存在其他条件（足迹等），要通过综合分析、相互印证来判断嫌疑人的具体特征。

推算遗留耳纹的嫌疑人身高有一个大前提，就是偷听房间内的声音时，嫌疑人在没有障碍（水管、桌椅、窗台等）的门、窗等部位遗留下了耳纹痕迹，只有满足这个条件才能应用此公式，否则公式仅可作参考之用。[1]

六、结论

通过对国外研究现状的介绍,结合国内侦查工作中可能遇到的具体问题,本文就有关耳纹的研究进行了阐述。耳纹痕迹在入室盗窃案中的出现率远高于其他类型的案件,因为在盗窃之前,很多嫌疑人要通过偷听来确定室内是否有人。这里涉及的所有研究几乎都考虑了这种实际情况。

潜在耳纹痕迹的显现与提取问题关系到现场勘查中对耳纹痕迹的初步处置。耳纹痕迹存在的位置多数是现场的出入口部位(门、窗),针对门、窗的材质,我们提出了用磁性粉末显现潜在耳纹痕迹。选用这种方法不仅考虑到显现客体的适应性,更重要的原因在于磁性粉末对含有油脂较多的耳纹痕迹显现效果最佳。耳纹痕迹的提取参照指纹提取方法,运用掌纹胶带将刷显出的粉末痕迹粘贴在衬底卡片上。提取耳纹样本有特殊的过程,需要参考检材的形成条件,推断嫌疑人偷听时留下耳纹痕迹的动作,从而确定用力的大小和方向等因素。

在研究耳纹痕迹遗留高度与遗留人身高关系的过程中,考虑到犯罪现场的耳纹多数是偷听时无意中留下的,所以在实验之前,样本被告知偷听时所用的姿势要尽量舒适、自然,尽量使用自己最习惯的动作。所有样本数据经过统计归纳,得出的即是偷听时的下蹲距离和耳孔到头顶的距离。因为现场的耳纹遗留高度可经过测量得知,嫌疑人的身高即可通过公式推算出来。这里所给出的公式:“嫌疑人身高 = 偷听时下蹲距离 + 耳孔到头顶距离 + 耳孔到地面的高度。”当然,考虑到实验统计的前提条件,这个公式仅适用于没有障碍的门、窗等位置所遗留的耳纹痕迹。

耳纹痕迹的特征分类、测量标准、比对方法、认定标准等问题

---

① 董凯:《耳纹相关问题研究》,载《中国司法鉴定》,2008 年第 3 期,第 38 ~44 页。

在法庭科学界并没有统一的规范，这里在对特征分类与测量标准初步确定之后，给出了一种比对方法和认定标准。因为受各方面条件的限制，研究并不完善，仅为阶段性结论。在今后的研究过程中，笔者也希望能够在耳纹比对认定部分有所突破。

耳纹作为法庭科学的研究对象，国内正处在尝试、探索阶段。这里仅对与痕迹相关部分进行了阐述，还有很多关于耳纹、耳朵的研究内容没有涉及，比如通过摄像监控系统记录的耳朵图像的认定，从医学、遗传学角度探讨外耳、中耳、内耳的人各不同等。由于受到自身知识结构限制，这里的论述不甚完善，仅希望能通过此研究，使国内的专家们给予耳纹研究更多的关注。

第三篇

文件检验技术

第一章　文件检验总论

第一节　文件检验

一、文件的概念

文件是各种文字记录的通称，在物证技术检验领域内，文件作为被检验的对象，是指以文字、数字、图形及其他形式与案件诉讼相关的各种书证、物证。

文件是人们用以表达思想、记录事实、传递指令、证明身份、进行交际和固定法律、条规等的重要形式，是人们在工作、生活的各领域内，不可缺少的物质。例如公务文件、法令、指示、通知、报告、计划、合同、契据、公函、介绍信等；有关部门制作、发行和管理的人民币、债券、信用卡、支票、车船票、边境通行证等；私人使用的文稿、日记、信函、证书、证件、身份证、书画、照片等；还有文字图形和语言信息的物品以及书报、期刊之类。

有些时候，某种文件既可能作为书证，也可能作为物证，还可能同时既是书证，又是物证，比如：犯罪现场遗留下嫌疑人的帽子，帽子上面用圆珠笔写着嫌疑人的名字。

二、文件检验

文件检验，简称“文检”，或称文书检验。它是运用文件检验学的理论和方法，检验各种案件中的文件物证，确定文件与案件事实、与当事人或嫌疑人之间关系的一种物证技术鉴定手段。

根据文件的表现形式和物质特性的种类,文件检验的具体检验对象可分为以下五类:

(一)文件的笔迹

文件的笔迹是文件书写人通过书写活动形成的字迹,是个人写字的特有形象。包括书写的各种文字、符号,绘制的图画,以及书写、绘画时用笔所形成的特定的痕迹。

(二)文件的印刷图文

文件的印刷图文是借助印刷手段,在文件上形成的文字、图案、线条印迹以及有关的加工痕迹。包括利用工业印刷、手工方式印成的书面文件、图画、票证和印章印文。

(三)文件的言语

文件的言语是文件作者运用语言写出来或说出来的话。包括书写的或印刷的书面言语、录音的有声言语。

(四)文件的污损

文件的污损是指文件遭受人为的破坏、改造或自然条件影响而发生变化,乃至难以辨认的文字内容或图形,包括被损坏、污染、变造的文件以及自然老化、退色的文件。

(五)文件的物质材料

文件的物质材料是指制作各种文件必须使用的纸张和墨水、油墨、印泥等着色材料以及黏合剂等原材料。

第二节　文件检验的发展

一、中国的文件检验最早出现

文件检验的最早案例出现在中国,关于早期文件检验的案例在《史记》、《三国志》当中均有记载:

(一)东郡陨石案。据《史记·秦始皇本纪》载:“有坠星下东郡,至地为石,黔首或刻其石曰‘始皇帝死而地分’。始皇闻之,遣御史逐问。莫服,尽取石旁居人诛之。因燔销其石。”这是一起发生在公元前 211 年刻写标语的通天大案。秦始皇亲自派人查办，没弄清是谁刻写的。于是把现场附近的居民全杀了，又烧了石头。此案例说明：第一，是一起刻划笔迹案例；第二，御史不能不采用各种手段"逐问"，如能做笔迹鉴别不能不用；第三，也许用了笔迹检验手段，但因检验条件差，鉴别水平不高，因此"莫服"。

（二）汉武帝识伪书案。据《史记》载："齐人少翁以鬼神方见上。……居岁余，其方益衰，神不至，乃为帛书以饭牛。佯不知，言曰此牛腹中有奇。杀视得书，书言甚怪，天子识其手书。问其人，果是伪书，于是诛文成将军。隐之。"这是发生在公元前 119 年，汉武帝刘彻通过辨认"书言甚怪"的帛书笔迹，揭露李少翁（封文成将军）愚弄皇帝的案例。此案是凭借汉武帝对李少翁笔迹的熟识，认出帛书是李亲笔伪造的。

（三）国渊比书案。秦汉以来，投书案增多，也积累了查办此类案件的经验。汉武帝识伪书，证明当时已经会用笔迹鉴别书写人。到了东汉建安时期（196 年 ~219 年），便有了通过言语识别确定侦查方向，根据笔迹认定书写人的完整典型案例。据《三国志·魏书》记载："时有投书诽谤者，太祖（指曹操）疾之，欲必知其主。渊请留其本书，而不宣露。其书多引《二京赋》，渊敕功曹曰：'此郡既大，今在都辇，而少学问者。其简开解年少，欲遣就师。'功曹差三人，临遣引见，训以'所学未及《二京赋》，博物之书也，世忽略，少有其师，可求能读者从受之'。又密喻旨。旬日得能读者，遂往受业。吏因请使作笺，比方其书，与投书人同手。收摄问案，具得情理。"这是说，时任魏郡太守的国渊，接曹操交办的匿名信案件之后，要求保留原信，并作了深入分析，又以求师为名寻访为数不多的能熟读《二京赋》（东汉张衡写的《东京赋》与《西京赋》的合称）的人，然后取其笔迹样本与匿名信比对，认定"与投书人同手"。经审问，该人供认不讳。

社会生产、科学文化发展到一定水平后，文字及其书写活动在人类的工作、生活中普遍存在，在某些特定的案件中即产生了对笔迹检验的客观要求。从早期的案例推知，笔迹检验技术应当于公元前200年左右的秦汉时期产生。[1]

二、美国文件检验技术及规则的发展

美国的《联邦证据规则》中对科学证据的入门要求比较高,文件检验鉴定结论作为一种科学证据曾经受到过质疑,美国文件检验技术的发展也受到制度方面的限制。美国文件检验的发展可以通过以下两个判例来了解:

(一)桶尸谋杀案

美国的文件检验技术最初并不被重视,这和美国当时立法规定——限制比较笔迹的原则有着重要关系。美国的鉴定人员被称为专家证人,在19世纪中期,文件检验能否成为一门专家知识是存在争议的。

1859年在芝加哥发生了一桩被媒体喻为"桶尸的秘密"的谋杀案。一位名为亨利的男子被控杀害他的情妇索菲沃纳。亨利到案后承认分尸的事实,供认将她的肠子埋在密歇根湖边某处沙堆,并把遗体塞在一个桶中寄到纽约一处虚构的住址。但让人不解的是他矢口否认杀害被害人,并辩称当他抵达死者住处时她早已气绝,当时她悬挂在卧室的门上,身边有一张写明自杀的遗书,但很不幸的是那张纸被风吹走了。当时他本想报案,但因在该地人生地不熟,怕被误以为自己杀害索菲沃纳,才利用在医学院所学的解剖知识,将内部器官清空后再肢解了她。

检方并不同意这种说辞,认为亨利是因为厌倦才将她杀害,因为此前他曾向友人提起索菲沃纳年华已逝,不愿与她结婚。检方认为亨利是先对索菲沃纳下毒,为避免被发现她的肠胃内残留有毒物才把她的肠胃丢弃。亨利则提出证人证明索菲沃纳曾有多次自杀的记录。最重要的是拿出一封据称是索菲沃纳生前寄给他的信,内容中透露出自杀的意图,信中写道:"很快就要放弃这个世界,进入坟墓,吾将永别……亲吻你唇后我将永别……"这封信对

---

① 贾玉文主编:《笔迹检验》,警官教育出版社1999年版,第19页。

亨利的辩解是非常重要的，可以证明索菲沃纳是自杀，并且能够反驳检方对其杀人动机的指控。

本案许多证词都是围绕着这封信展开的，检方认为这封信其实是被告人亨利杜撰的，并举出许多熟识索菲沃纳的证人证明该信的字迹并非索菲沃纳的。同样，被告也举出许多证人证明这封信确是索菲沃纳所书。

虽然该信函在本案是如此重要，但诉讼双方就信的真实性却都没有提出鉴定，而只是曾经见过索菲沃纳笔迹的朋友提出了自己的看法。这其实并非检察官、律师的疏忽或诉讼准备不足。因为本案自审判开始前一年，尸体在纽约车站仓库被发现时便引起了媒体的关注，跟踪报道的记者排成队，传讯的证人也来自各地。本案之所以未请笔迹专家比对鉴定，是因为在当时的伊利诺伊，法院认为并非一定需要专家证言来证明某人笔迹是否真实。当时确实曾经有法院利用过笔迹鉴定的专家证言，但笔迹鉴定并不被认为是审理该案件的必要方法。

亨利一审被判有罪，但上诉法院撤销了原判决，撤销的理由是该案处理方法与限制比较笔迹的原则相悖，该原则的内容是："笔迹的真伪不能由陪审员经过比对当事人一方笔迹的方式认定，亦即不可拿书写的样本给陪审员让他们与争议文书比较。"

（二）威廉谋杀案

1900 年 9 月 23 日，一位 84 岁高龄的得州巨富威廉在纽约公寓中死亡。最初，医生判断是自然死亡，并认为死亡原因是吃了过量的香蕉，但解剖后医生却发现死者的肺有充血的现象，而无法查出确切的死因。

在威廉死后不久，一个名叫艾伯特的律师到银行兑现威廉签发的支票，因为该律师名声不佳，支票面额高达 25 万美元，威廉签发的日期正是死亡前日，威廉本人对于钱财的管理也向来谨慎保守，所以这张支票的真伪引起了怀疑。不过艾伯特此后表示他持有威廉死亡之前三个月所写的遗嘱，此份遗嘱列有多笔遗赠，艾伯特除了是受遗赠人之外，还受托管理威廉 90% 的巨额遗产。但与此矛盾的地方是几年前威廉已经有过一份遗嘱，那份遗嘱是另一位律师所草拟，内容是将威廉90%的不动产交给由其本人创立的管理机构管理。艾伯特和威廉的贴身仆人查理被以伪造文书的罪名起诉。

羁押期间，查理虽然曾向他多名狱友讲述其雇主威廉的事情，但其陈述内容并不一致。后来，查理向法院供述，承认是他依艾伯特的指示，用三氯甲烷杀害了威廉。1901年2月26日，艾伯特以谋杀罪被起诉，而对查理的起诉被撤回。该案中法院的最主要的证据除了查理的供述外，还有法医学的检验结果，死者威廉系因三氯甲烷中毒死亡。

本案中最受关注的证据是关于笔迹的专家鉴定结论，此结论证明艾伯特持有的支票及遗嘱是伪造的。检方主张艾伯特与查理共谋夺取威廉的财产因而伪造遗嘱，但因等不及而出手谋害。

与此前亨利案不同的是，笔迹鉴定的专家证言在本案中扮演了重要角色。艾伯特因伪造文书被捕主要得益于专家证言。在预审、大陪审团的听证会和审判过程中，检方网罗了最好的笔迹鉴定专家，鉴定专家不仅给出鉴定的结论，而且还教给陪审员如何辨别书写者的提笔动作以及“i”上的圆点的运笔习惯等细微之处。辩方也聘请了一位专家证人，但控辩双方的专家证人明显实力差别较大。在陪审员四个小时的讨论后，被告被控谋杀，判决死刑。

案后被告对媒体说，他认为专家的证据并不可靠，他可以提出许多银行职员及专家证言证明支票上及遗嘱上威廉的签名是真实的。辩方专家证人也控诉法官对双方专家证人有差别对待。

本案对于文件检验科学在美国的发展意义重大，此后开始出现许多专业笔迹的鉴定专家，投入时间对文书鉴定展开专门研究，在美国开始形成笔迹鉴定专家的圈子，有人活跃于出庭办案，有人著书立说，文件检验的鉴定结论在短时间内成为一门在民事及刑事诉讼中重要的科学证据。

三、文件检验技术的成熟阶段——冒充总理签名诈骗案

1960年3月18日下午5点40分，中国人民银行总行接待了一位自称是国务院办公厅的人，此人来的目的是给中国人民银行

总行行长送急件。急件使用的是国务院专用信封，写有“速送（限下午五点四十分前送到）”和“中国人民银行行长亲启”字样。

中国人民银行总行接待人员在来人打开的发文簿上签字后，转交行长办公室。拆阅后，里面是有周总理批示的公函。公函用钢笔写着：

总理：

主席办公室来电话告称：今晚九时西藏活佛举行讲经会，有中外记者参加，拍记录影片。主席嘱拨一些款子做修缮寺庙用。这样可以表明我们对少数民族和宗教自由的政策。

根据以上情况，拟拨给15～20万元，可否请批示。

1960.3.8

公函左边毛笔批文是：

请人民银行立即拨给现款20万元。周恩来　三月十一日。

下面又写：

为避免资本主义国家记者造谣：①要市场流通旧票；②拾元票每捆要包装好看一点。七时务必送到民族饭店 赵全一收（西藏工委宗教事务部）。（见图32）

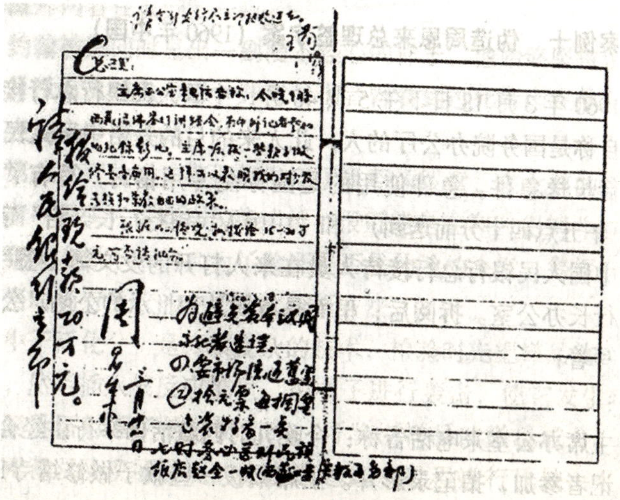

图32　总理批示公函

当时因行长不在，时间紧迫，某负责人在函头批道：请会计发行局立即把款送去。在准备现款过程中，人民银行又接到总理办公室催办电话。银行工作人员将 20 万元分装在两个袋子里，于当晚七点半送到民族饭店。工作人员在大厅找到赵全一，赵全一收到钱后，将盖有“总理办公室介绍专用”章的介绍信（见图 33）交给了工作人员，并写了张收条。（见图 34）

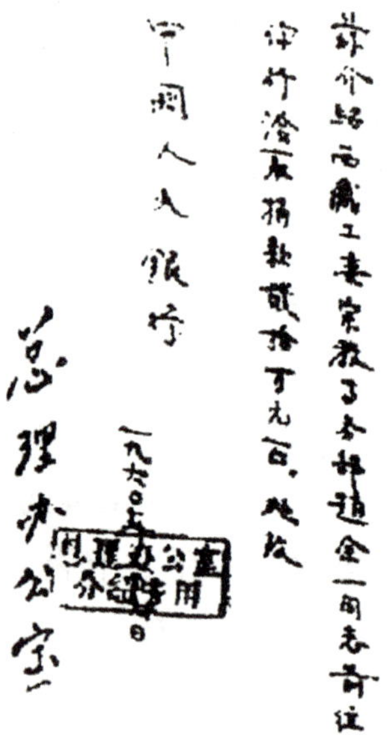
兹介绍西藏工委宗教了参科赵全一同志前往你行洽取捐款贰拾万元，此致

中国人民银行

一九六〇年三月 日

总理办公室介绍专用

总理办公室

图 33　总理办公室介绍信

3 月 24 日，人民银行就 20 万如何下账，请示总理办公室，得知总理从未批过此款，就马上报案。

公安部会同北京市公安局成立专案组。文检技术人员连夜对案犯留下的“公函”、“介绍信”、“收条”进行了初步检验，发现：1.“公函”、“介绍信”、“收条”上的字迹是同一人所写（见图35），周总理签字系摹仿而成；2.“公函”所用的国务院信封有擦刮和二次封口痕迹；3.“介绍信”上的“总理办公室”戳记是用水彩笔描绘的，“总理办公室介绍专用”印文是用钢板刻蜡纸再用红印油印成的。

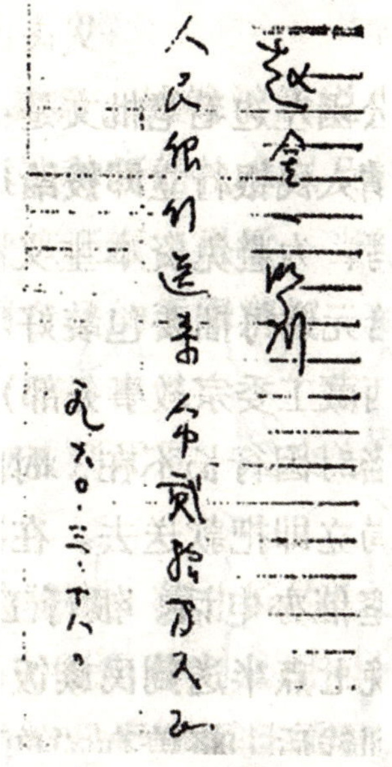

图 34　赵全一收条

因无其他有价值的线索，该案的侦破只能以物定向，从物找人。

技术人员收集了国务院信封样本，并对物证信封进行同版鉴别、纸张纤维成分分析以及原子发射光谱分析，确定物证信封是国务院 1959 年 6 月印刷的浅棕色牛皮纸信封。这种普通信封，特别是使用过的旧信封，在国家机关各部门均可得到。

为显现信封上被擦刮掉的文字，技术人员反复用红外线技术进行检验，但未发现有价值的线索。同时对墨汁、墨水和印油进行检验。通过广泛收集样品，虽初步确定了案犯使用的墨汁、墨水和印油的品牌，但由于同类物质使用面太广，未发现有价值的线索。

案犯伪造公函使用的是八开张、中有折缝、左右各 15 横格的公文稿纸，该式样在当时使用普遍，但是由各部门分别加工印制，其印刷特征各不相同。经普遍调查、取样，发现只有对外贸易部使用的公文稿纸与物证公文稿纸式样相同，且为同版印刷。纸浆均为草纤维。

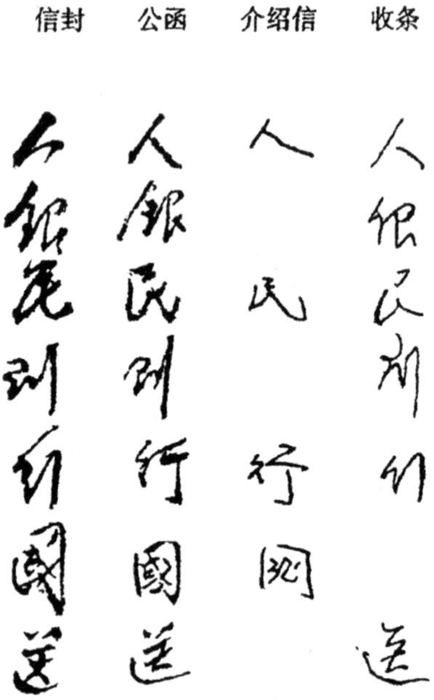

图 35 特征比对表

由此，案件侦破工作取得突破性进展，侦查重点划定在外贸部及其所属单位。

在对作案因素、条件进行摸底排队的同时，文检技术人员也开始进行笔迹排查。4 月 2 日夜，在外贸部所属的中国进出口公司进行笔迹排查时，发现该公司科员王倬的笔迹可疑。同时，审阅王倬的人事档案发现，1949 年和他一起逃离部队的王某曾化名赵全一。此时，王倬被定为重点嫌疑人，通过笔迹检验，认定“公函”、“介绍信”、“收条”上的字迹是王倬所写。4 月 3 日警方逮捕王倬。

在对王倬办公场所搜查时，发现一誊写钢板的面上有可疑痕迹，经文检人员辨别和比较，确认为刻画“总理办公室介绍专用”印文时形成的。王倬的同事证实，案发前几天王倬曾借用过这块钢板。

4 月 4 日，警方对王倬家进行彻底搜查，在西屋地下挖出 19.1

万余元人民币。当日，王倬不得不交代了全部作案过程。为证实口供，再次对王倬家搜查，在煤球炉炉膛和垃圾堆搜集到部分炭化纸张碎片，经用红外技术检验，确定为1元、2元、3元、5元面额人民币的纸灰。

伪造周恩来总理签名案是发生在50多年前的一起震惊全国的特大诈骗案，破案仅用10天。在该案的侦破中，充分利用了文件物证，综合运用了文件检验技术，成功地展示了文件检验学的价值，标志着中国文件检验学已经走向成熟。[1]

---

① 罗亚平：《物证技术及物证鉴定制度》，中国人民公安大学出版社2003年版，第77~83页。

第二章 笔迹检验

第一节 笔迹的概念及检验原理

一、笔迹的概念

笔迹(handwriting/script)书写人按照一定的书写规范,利用一定的书写工具,在物质表面书写时形成能反映书写人特有的书写动作习惯的特殊痕迹。

笔迹的概念告诉我们,笔迹的实质是人的习惯性书写动作。作为一种特殊的痕迹,构成笔迹的文字符号只是人们这种习惯性书写动作的外在表现。为了理解笔迹检验的科学性,应当从笔迹的形成这一视角理解笔迹的实质。

从高级神经活动生理学的观点看,人的各种技能,如书写,都是经过长期练习和实践才获得的。当一个人从事书写技能训练时,和书写活动有关的信号按一定的顺序和强度刺激着人体,参与书写活动的人体各器官受到信号刺激,会产生有规律的反应。刺激与反应的经久重复,即长期的书写训练、长期的书写工作,使得刺激与反应间的联系逐渐得以巩固,就会在大脑皮层分析、综合的基础上形成以第二信号系统为主,第一、第二信号系统相互作用并与各书写器官协调活动的条件反射锁链系统。该条件反射锁链系统即是书写动力定型。得以巩固并最终形成动力定型的书写动作,按照条件反射理论,便有了“自动化”的性质。此后,只要有初始的信号刺激,书写这一条件反射锁链便会按已有的顺序和强度,自动地、环环相扣地启动。动力定型愈巩固，其书写动作自动化程度便愈高，书写动作的协调程度也愈好。此时，书写人书写，例如，书写一封信，便无须再考虑每个字如何运笔、如何搭配等，只需考虑怎样表达自己要表达的内容。

可见，习惯性书写动作是书写人大脑中形成并巩固下来的书写动力定型，笔迹是这种书写动力定型的特征反映体，而笔迹所反映的就是已经得到巩固的书写动力定型。通过笔迹之所以能认定某可疑文书上的笔迹是否为某人书写，就是由笔迹的这种实质决定的。

二、笔迹检验的原理

笔迹检验，也称笔迹鉴定，是指根据笔迹表现出的书写人的独特书写动作习惯而对笔迹书写人作出认定的一种活动。

科学的发展，生理学、心理学、统计学等学科的诞生及成熟，条件反射理论的建立等，使得我们有可能从笔迹的形成过程来正确认识笔迹的本质，并为笔迹检验奠定相应科学的理论基础：

（一）笔迹具有特定性，为借助笔迹认识并区分不同书写人奠定了基础。所谓笔迹的特定性，是指笔迹反映的书写人书写动作习惯具有人各不同的特性。而这一特性的存在，在于书写动力定型的形成或笔迹的形成本身。尽管明确的书写规范（如汉字书写规范）决定了不同人的书写动作习惯存在某些共性特征，但受以下几个主要因素的影响，不同书写人形成的书写动力定型还是有本质上的差异：(1)书写者自身的生理功能差异，如大脑组织、感觉器官、书写器官等方面的差异；(2)书写时的心理因素差异，如注意力、记忆力、意志力等方面的差异；(3)书写动作定型形成时客观环境的差异，如练习书写的时间长短、学仿的条件、社会经历等方面的差异；(4)文字规范对文字只有最为基本的要求，而书写文字的动作又十分精细和复杂，故书写人可根据自己对文字及其笔画的观察和理解来书写，并形成自己的习惯性动作。

（二）笔迹具有相对稳定性，满足了借助笔迹认识并区分不同书写人的同一认定条件。所谓笔迹的相对稳定性，是指笔迹所反映的定型化的书写动作，在通常情况下，能在相当长的时期内保持稳定而不发生重大的变化。而这一特性的存在，是由书写动力定型的相对稳定性决定的。书写动力定型的形成与巩固，是大脑神经系统长期作用的结果，所形成的相应条件反射锁链系统并不会因为局部或单一因素的变化而发生整体性的变故，也就是说，单一、片面地改变书写的某一环节，并不能根本破坏已有的书写动力定型。所以书写动力定型具有稳定性。但这种稳定性只是相对的，它可能由于种种原因而发生某种变化，例如：书写人不断练习并实践，书写水平渐次提高；书写人书写同一文字可用不同的书写动作（即书写多样性）；书写人故意伪装；书写人受疾病的影响握笔的力度和姿势发生变化等。因而书写动力定型并非一成不变。尽管书写动作习惯有可能发生变化，但这种变化往往是缓慢、局部的，满足了在一定时段认识并利用书写人的特定书写习惯认定书写人的同一认定条件。

（三）通过笔迹，人们能够准确、正确地认识书写人的书写动作习惯。这是由笔迹的本质决定的，并且随着人类认识水平的逐渐提高得以明显体现。

第二节　笔迹特征的体系

笔迹特征是笔迹检验中使用的专门术语。它指的是个人笔迹的具体征象，是个人书写技能和书写习惯特性的表现。在笔迹检验中，它是认识个人笔迹特性的客观依据，其总和反映个人书写习惯的特殊性。

一、概貌特征

概貌特征是笔迹整体性的特征，包括书写水平、字形、字体、字的大小、整体布局。

（一）书写水平

书写水平是个人书写技能的表现。人们的书写技能参差不齐，形成了不同书写水平的笔迹。划分书写水平高低的一般标准：(1)运笔是否流利，起收笔、运行是否有法度；(2)字的结构是否适当；(3)全篇字的大小、间隔、布局是否适称。

书写水平是书写技能的标志。书写水平的提高，是长期学习训练的结果。水平低的笔迹不可能在很短的时间内变成高水平的笔迹。因此，当嫌疑笔迹的书写水平明显低于物证笔迹时，可作为否定嫌疑人的重要根据。

（二）字形

字形特征是指个人书写文字的形态特点。汉字的字形属方形，所以人们常习惯称汉字为方块字。但真正把字写得绝对方方正正的人很少。人们在长期的书写实践中，逐渐形成了具有个人特点的习惯字形。从类型上看，主要有方形、长形、扁形、圆形和斜形等。从不同字形出现的比例看，方形或接近方形的居多。

形成不同字形，主要取决于三个因素：一是基本笔画的长短。横竖笔画长短相当，字形呈方；横长竖短，字形呈扁；竖长横短，字形显长。二是基本笔画运笔方向。横画上斜、撇笔过长，或横画下倾、捺笔偏长，或竖笔向左或向右倾斜，就会分别形成各种斜形字。三是基本笔画运笔形态。如果主干笔圆、外围笔画呈弧形，就会形成圆形字。

（三）字体

字体是指同一种文字的各种不同的书体，如真、草、隶、篆等。此外，它还兼指书法中的不同流派，如欧、颜、柳、赵等，某些特殊行业或具有特殊技能的人书写的各种美术体字，也包括在体的范围内。字体特征是指个人书写文字的形体特点。能写出一种或几种合规范的字体，是为数不多的人的特殊技能。

（四）字的大小

字的大小是就字的高度和宽度而言。通篇文字又高又宽者为大字，又短又窄者为小字。以钢笔、圆珠笔字为例，平均高度和宽度在1cm以上为大字,0.5cm以下为小字,0.5cm~1cm为中等字。除初学写字者外,写字大小适中者居多。好写大字还是好写小字,也是书写习惯的表现。但字的大小与笔的种类、执笔位置高低、字数多少和纸张大小以及书写人是否追求醒目等因素有关。只有那些不受字数多少和纸幅大小限制的字的大小特征,才是书写习惯的真实表现。

(五)整体布局

整体布局特征是指全篇笔迹在纸面上的分布特点。它包括以下具体特征:字行的方向与形态;字间与行间间隔;字行与格线的关系;页边的大小与形态。

概貌特征是涉及范围广泛的一大类特征。在字数较多的物证笔迹中,这类特征就会显露出来。在笔迹检验中,它的作用也是不容忽视的。如果发现物证笔迹与嫌疑人样本笔迹概貌特征上的差异,一般可作为排除嫌疑的根据。如果发现与这方面比较特殊的特征相符,也可作为认定结论的根据之一。

二、局部安排特征

所谓局部安排,是指全篇笔迹中某些部分的安排位置和书写格式。每种文体都有书写格式上的要求,但由于不同人所受文化教育的程度和接受文化教育的年代不同,对书写格式或规范的掌握和要求也不一样。于是,就形成了书写格式上的某些个人习惯特征。

(一)分段开头的位置

出于表达的需要,对于篇幅较长、内容较多的文字材料,都要分出层次段落。分段开头的位置,按规范要求应空出两个字位,即所谓缩头。有的人分段不留缩头,有的甚至还“伸头”。即使同是缩头,有的只缩一个字,有的缩三五个字。这样,就形成了不同人的分段开头的位置特征。

(二)程式语安排

程式语,主要是指信件、契据等文书中使用的称呼、问候、祝颂、署名、日期等一些较为固定的词语。它们在文件中都有规范的大致的位置，但也有个人习惯和特点。程式语安排特征，指的就是这些词语的书写格式及其相对的位置关系。

（三）标点符号与页码安排

标点符号虽然不是文字，但却是书面语言中不可缺少的组成部分。它可以帮助文字准确、生动地记录语言，表达思想。不同人使用标点符号，既有写法、用法是否正确，又有位置安排上的差异。按书写规范要求，标点应占一个字位。句号、逗号、顿号、冒号、分号的位置靠近字行底线；问号、感叹号略低于字头但不超出底线；引号居上线；括号、破折号、省略号、书名号居行中。此外，商业符号、科技符号和校对符号等在安排位置上也有一定的要求。相当一部分人，特别是文化水平不高的人普遍不按规范书写标点符号，常常出现写法、用法上的错误，而且位置安排也很不得当。即使能够正确使用标点符号的人，在位置安排上也常有个人的习惯和特点。

在篇幅长、页数多的文字材料中，一般都要编出页码。除纸上有印刷的页码位置外，有些人习惯于在纸页的左上角编页码，有些人习惯于在右下角编页码。少数人还把页码编在纸页下缘靠近中央的位置，个别人也有把页码安排在纸页的其他位置。这样，就形成了不同人的页码位置安排特征。

（四）字间组合

字间组合，是指词和固定词组中的各个字之间的大小比例及配置关系方面的特点。这类特征常常出现在一些较为固定的词语中，如签名、常用词和数字等。由于这些字经常组合在一起使用，尤其是个人签名，一旦形成固定的样式便成为不可分割的整体。由若干字形成的组合，以字与字之间的间隔远近、大小比例和搭配关系反映出个人的习惯特征。

局部安排特征是通过笔迹的某一部分所展现的书写习惯特征，且有较强的个性。即便在故意伪装的笔迹中，它也不容易引起书写人的特别注意而改变，在笔迹检验中要注意发现和利用这类特征。

三、写法特征

所谓写法,主要是指文字的写法,也包括其他符号的写法。字的写法,是指字的基本构成成分和以怎样的方式构成。汉字的结构复杂,形体多样。尽管经过文字改革,大力推行文字标准化,但在人们的笔迹中仍旧是繁、简、俗、异交融。同一个字在不同人的笔迹中有不同的写法;同一个字在同一个人的笔迹中有时也有不同的写法。这样,本来就复杂的汉字写法就越发活跃起来。字的不同写法主要有如下几类:

(一)现行规范写法

现行规范写法,是指国家规定的现行简化字及尚未被简化字代替的那些通用汉字。目前,我国正式出版、印刷,并主要向国内发行的出版物,使用的文字都是现行规范写法。由于正规基础教育的普及和国家的大力推行,按现行规范写法书写的人越来越多,特别是在少年、青年和中壮年人中普遍性更大。在通常情况下,现行规范写法特征的特殊性要差一些。但在某些具体案件中作为差异点使用,它还是具有一定的鉴别意义的。

(二)异体写法

所谓异体写法就是异体字。它是指与现行规范写法同音同义不同形,而又曾经被社会规范所承认的那些字。具体说,包括以下几种:

1. 原繁体字

原繁体字是指在汉字简化前曾作为规范字使用,后来被简化字代替了的那些字。由于这些字结构复杂、笔画繁多,不易书写,所以其中的绝大多数字现在已经很少有人书写,只是在一些老年人或书法爱好者的笔下出现。随着时代的变迁和文字规范化的要求,写繁体字的人将越来越少。这样,作为繁体字特征来说,其特殊性也就越来越强。

2. 旧异体字

旧异体字是指汉字改革前同当时的正体字并存、通用,后来在异体字整理时被停止使用的那些字。这类字总的来说已被淘汰,使用的人越来越少。但不同的异体字出现率相差却比较大,有的异体字书写还相当普遍,也有些异体字现已基本绝迹。由于出现率不同,所以同是异体字,其特征价值也有别。

3. 曾用简化字

曾用简化字是指文字改革委员会 1977 年 12 月 20 日公布的《第二次汉字简化方案》(第一表)中推行的 248 个汉字。它们作为规范字试行一年后被废止,受其影响比较大的主要是当时在校学习的中小学生。但是,曾用简化字中的很多字在《第二次汉字简化方案》公布以前,就已经是某些地区普遍流传的习俗简化字。在评断该特征的价值时,要作具体分析。

(三)习俗简化写法

习俗简化写法,是在一定范围内流传使用的非规范简化字。其特点是字的结构简单、字形简化。它们可分为两类:

1. 地区性习俗简化字

地区性习俗简化字主要在某个或某几个地区流传使用,而且常常与一定地区的方音有关。

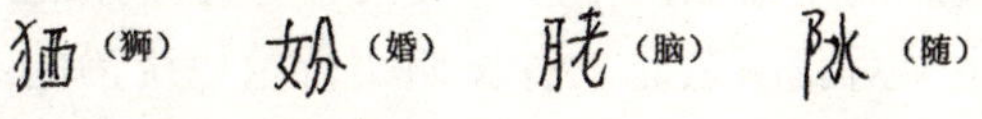

2. 职业性习俗简化字

职业性习俗简化字,是从事某种职业的人,对其使用频率较高的字,为方便书写而自行简化的写法。

（酒） （菜） （锅） （医）

习俗简化写法，因其不规范，一般说来特征价值较高。但在一定范围内约定俗成，使用的人相对较多。所以，评断习俗简化写法特征的价值，必须考虑它在涉嫌范围内出现率的高低。

（四）行草写法

行书和草书是汉字发展演变过程中形成的两种书体。它们各成一体，既有区别又有联系。在笔迹检验中，通常把它们作为一类特征，统称为行草写法。在日常书写中，能按规范的行书和草书规则书写的人不多。多数人书写的是似行草而又不规范的连笔字，笔迹检验把这些字也归到行草写法特征中，尽管严格说来，它们还够不上行草写法，但从特征的角度看，它们反映个人的习惯和特点可能更多。

（五）简缩写法

简缩写法，指的是把一个词或词组拼组成一个“字”的特殊写法。它具有速记的功能，但又不同于速记符号。它只出现在经常使用的某些固定词语中。这类字有的使用范围广，有的仅局限在某个行业内。评断简缩写法特征的价值，要结合涉嫌范围和具体案件情况综合考虑。

（人民币） （无产阶级）

（六）外来写法

外来写法，是指从使用汉字的其他国家传入的不合我国汉字规范的写法。这类字是在历史上先从我国输出，经过变异后又从国外传入的。在我国，这类字主要是出现在东北地区的日文汉字和东南沿海地区的东南亚汉字。日文汉字存在于东北地区是历史上日本军国主义对我国东北三省长期实行殖民统治的结果。东南亚汉字多是从新加坡、菲律宾、马来西亚等国传入我国广东、福建等沿海地区的。

除文字上的不同写法外，其他符号也存在写法上的差别。所

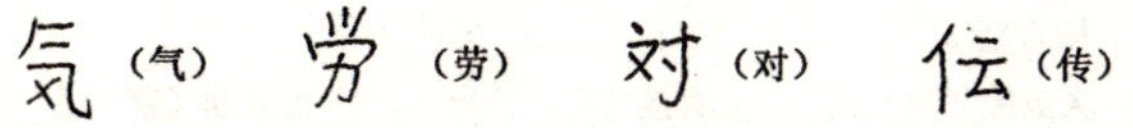

谓其他符号，主要包括标点符号、校对符号、科技符号、商业货币符号，等等。这些符号虽然有的常用，有的不常用，但书写中确实存在有的习惯用，有的不习惯用；有的写得规范，有的写得不规范；有的使用准确，有的使用不准确。这样，就形成了不同人使用其他符号的习惯和特点。其他符号作为一类特征，它的价值也就显露了出来。其他符号的写法特征一旦成为书写人的习惯，即使在伪装书写时也很少注意改变。

四、错别字特征

错别字包括错字和别字两类。由于笔迹检验涉及中低水平的笔迹较多，所以错别字是笔迹检验中经常使用的特征。

（一）错字特征

错字，是指书写人对字的正确写法和结构不了解或掌握不准而写错的字。常见的错字出现在笔画多少和结构错误上。分别为：增减笔画的错字、结构错误的错字。

错字特征在笔迹检验中具有特殊作用。第一，它具有较强的稳定性。由于书写人习惯于把某个字或某些字写错，在他还没有意识到是错字以前是不可能改正的。第二，它具有较强的特殊性。因为错字在人们书写中的出现率本来就比较低，而错在哪些字、哪个部位，更是人各有别。

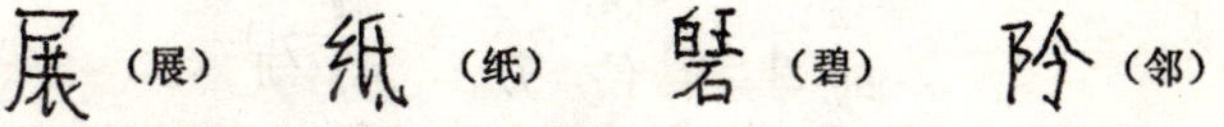

（二）别字特征

别字是结构没错，只是用错了的字，即通常所说的“白”字。从形成别字的原因上划分，别字可分为三类：同音别字、形近别字、义近别字。

别字特征也是出现率较低的特征。但文化水平不高的人都可能出现别字，而且一般都是用会写的字代替不会写的、简单的代替

同音别字

大放绝（厥）词	直接（截）了当	流言非（蜚）语

形近别字

负偶（隅）顽抗	如火如茶（荼）	签暑（署）合同

义近别字

成（层）出不穷	纷至踏（沓）来	广（旷）日持久

繁难的、常用的代替生僻的。这样,不同的人就难免书写相同的别字。所以,相比之下,别字特征不如错字特征的特殊性更强。

笔迹检验中接触的错别字,其实分为三种:一种是偶然笔误形成的错别字;一种是故意伪装书写的错别字;还有一种才是习惯性的错别字。只有习惯性的错别字,才称得上是错别字特征。前两种错别字是假象而不是特征,但无论是写错还是用错的字,其内部的结构、运笔等特征却可充分运用。

五、搭配比例特征

搭配比例,是指笔画或偏旁之间的相对位置和大小关系。不同人写同一个字,往往由于笔画或偏旁之间的相对关系不同,形成了不同的搭配比例特征。它分为两类具体特征:

(一)搭配

搭配特征,是指笔画或偏旁之间的交接部位及相对位置的高低、远近方面的特征。搭配特征可分为:笔画的交接位置、邻位笔画的距离。

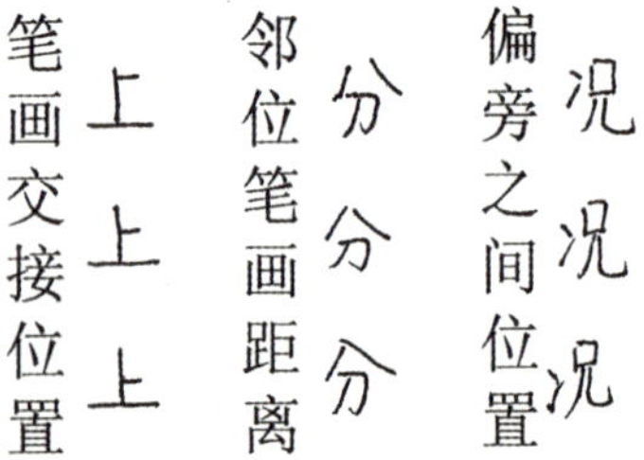

(二)比例

比例特征,是指笔画或偏旁之间的大小、长短、宽窄的比例关系。汉字中只有个别字的笔画长短比例发生变化,才会由一个字变成了另外的字,如“未”与“末”。绝大多数字的笔画或偏旁之间比例关系的变化并无根本影响。正因为如此,才形成了不同人笔画或偏旁比例关系上的各自特点。具体表现在两个方面:笔画的长短比例和偏旁之间的大小、宽窄比例。

笔画的长短比例

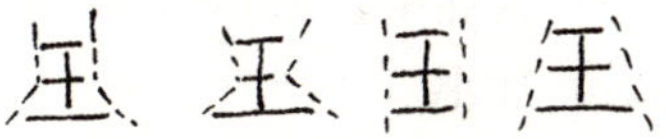

偏旁之间的比例

搭配比例特征是笔迹检验中经常使用的一类特征。只要书写两画以上的字,就存在搭配比例关系。但是,它也是塑性比较高的特征,不仅书写条件的变化和书写人的故意伪装可导致个别字的搭配比例关系发生变化。即使是正常书写,前后写成的同一个字也不可能分毫不差。因此,在选择和使用搭配比例特征时,应根据笔迹变化情况,或注意搭配比例的细节,或把握其大体的搭配比例关系。

六、笔顺特征

笔顺,是指用笔画或偏旁组合成字时的书写顺序,包括笔画的先后书写顺序和字的偏旁或组成部分之间的先后顺序。

汉字有笔顺规则,但由于汉字结构的复杂性,以及书写人对笔顺规则的理解和受其约束的程度不同,于是形成了不同人的笔顺习惯。

(一)笔顺的分类

按笔顺规则和出现率高低划分,笔顺可分为三类:

1. 规范笔顺

规范笔顺,是指按笔顺规则书写的笔顺。汉字的笔顺规则分为基本规则和补充规则。

基本规则：

(1)先横后竖，如十；

(2)先撇后捺，如人；

(3)从上到下，如三；

(4)从左到右，如仁；

(5)先外后里，如问；

(6)先外后里再封口，如国；

(7)先中间后两边，如小。

补充规则：

(1)点在上边或左上先写，如衣、为；

(2)点在右上或字里后写，如我、叉；

(3)两面包围结构的字：

第一，上右或上左包围结构，先外后里，如司、厅；

第二，左下包围结构，先里后外，如远、延。

(4)三面包围结构的字：

第一，缺口朝上的，先里后外，如凶；

第二，缺口朝下的，先外后里，如同；

第三，缺口朝右的，先上后里再左下，如区。

凡按上述规则书写的笔顺是规范笔顺。按规范笔顺书写符合书写运动规律，字的结构和运笔也比较好看，也是多数人写字的共同特点。因此，在笔迹检验中，规范笔顺的价值不高，但规范笔顺与非规范笔顺之间的差异，则具有重要意义。

2. 通用笔顺

由于汉字比较复杂，有些字或偏旁的笔顺难以用笔顺规则一一界定。加之受行草体写法的影响，有些非规范笔顺也不能算错，而且在人们的笔迹中出现率并不很低，我们把这类笔顺称为通用笔顺。通用笔顺特征的价值，要比规范笔顺特征的价值高些。

3. 特殊笔顺

特殊笔顺是出现率比较低的非规范笔顺，也称为错笔顺或倒笔顺。因为这种笔顺不便于书写，写出的字也不好看，多出现于书写水平较低的笔迹中，但从总体上看这类笔顺很少。如果在物证笔迹中发现了习惯性的特殊笔顺，那么这个特征无论作为符合点，还是差异点使用，都具有重要价值。

笔顺特征的稳定性较强，是书写动力定型中惰性较强的部分，也是主观意识最难控制的部分。即使在伪装笔迹时，笔顺也难以改变。但需要注意的是，有些书写水平较高的人，某些字的笔顺可能不止一种习惯。写楷书是一种笔顺，写行草体是另一种笔顺。另外，偶然的笔误也会出现个别的笔顺变化。

（二）笔顺的判断

用好笔顺特征，首先要能正确地识别和判断笔顺。连笔字的笔顺，只要确定了起笔点，沿着笔画走向即可对笔顺作出正确判断。不连笔的笔顺可根据笔画或偏旁之间的相互关系作出正确判断。

1. 观察起收笔动向

所谓起收笔动向，就是前后两笔之间，由于书写运动较快，抬笔、落笔动作形成的指向性的痕迹。它们之间形成一种形断意连、互相呼应的关系。其实它是一种没有连接的连笔动作，只要从前一笔的收笔方向看其指向，从下一笔的起笔动作看其与哪个笔画的收笔相呼应，即可确定哪笔先哪笔后。

根据起收笔动向判断笔顺，观察一定要全面、细致。一个细小照应动作方向上的不同，可能就是不同笔顺的反映。观察时要瞻前顾后，不仅要注意判断笔顺的笔画，还要顾及整个字的其他笔画。只有各笔画均能前后衔接、和谐一致，才说明判断的笔顺是正确的。

起收笔动向 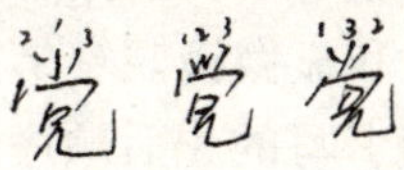

2. 观察运笔趋势

运笔趋势是某个笔画所体现的运行动向。人们写字达到熟练之后，每个字的各个笔画不再是孤立的线条，它们之间存在着书写时序上的承接关系。就是说，从前一笔的运行开始即向后一笔的起笔过渡，从而使笔顺从运笔趋势上表现出来，这也是一种没有连上的连笔动作，只是它表现在整条笔画上，而不仅在起笔、收笔部位上。

3. 观察笔画或偏旁间的搭配关系

（1）看笔画搭配距离的远近。一般说，三个或四个同向笔画之间，搭配距离较近的两笔或三笔是连续书写的，跟它们距离较远的一笔，中间间隔另外方向的笔画。

（2）看笔画的位置高低、收笔远近。有的笔画，特别是点笔，先写和后写时的笔势不同，它们的位置高低也不同，后写的点笔位置往往偏高。某些笔画收笔的远近，也能反映书写的先后次序。先写笔画收笔近，后写笔画收笔远。

（3）看偏旁间的搭配关系。根据偏旁间的搭配关系判断笔顺，常常是针对具有半包围结构的一些字。形成内外包衬关系的字，往往是外部偏旁先写；将内外包衬关系变成类似左右搭配关系的字，往往是内部偏旁先写。有些字还可从书写中形成的上下、左右结构上，确定上部偏旁先写，还是左侧偏旁先写。

笔画距离远近

（横横竖横、横竖横横）

笔画位置高低

偏旁搭配关系

（上先下后、左先右后）

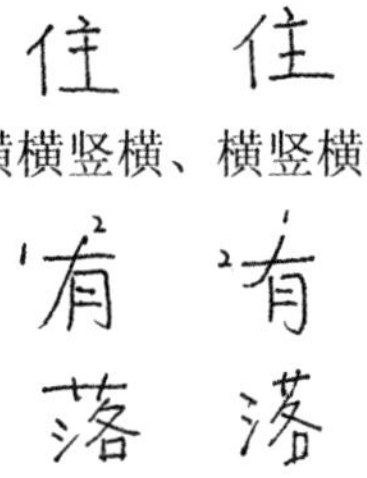

（4）观察笔画交叉部位特点

借助放大镜和显微镜观察笔画交叉部位的结构和形态特点，可确定相交笔画书写的先后顺序。但书写工具不同，具体特点也不一样。

第一，粉笔字。粉笔字笔画是由粉末附着在承受物体上形成的。每条笔画都由很多细微的线状擦痕构成。在交叉部位，擦痕完整的笔画是后写的，擦痕被截断的笔画是先写的。

第二，铅笔字。铅笔字笔画主要由石墨颗粒构成。石墨有一定光泽，它的颗粒还可在笔画上留下细微的线状擦痕，观察其交叉部位，既可看石墨光泽，又可看颗粒擦痕，其中笔画光泽或颗粒擦痕完整的是后写的，光泽或擦痕中断的笔画是先写的。为提高观察效果，要调整好光线照射的角度和亮度，用放大镜或体视显微镜观察。

第三，圆珠笔。圆珠笔字迹是在一定书写压力下形成的，笔画由沾染油墨的碾压痕构成。油墨本身还有一定的光泽。观察笔画交叉部位判断笔顺，主要是看压痕特点和光泽现象。如果使用的圆珠笔下油比较流畅，那么在笔画的两侧就会形成因挤压而堆积的油墨。在通过交叉部位的两笔中，两侧有油墨堆积的笔画是后写的，先写笔画两侧的油墨被后写笔画冲断，并沿后写笔画的方向形成更多的油墨堆积。所以，在通过交叉部位的两笔中，油墨光泽完整的笔画是后写的，油墨光泽在交叉部位中断的笔画是先写的。

第四，钢笔字。钢笔字在笔画交叉部位的形态和特点是多方面的，可视不同条件采取不同方法观察：观察压、划痕或者观察墨水洇散。如果钢笔笔尖不圆滑，压力稍大就会形成压、划痕，在通过交叉部位的两笔中，压痕或划痕完整的一笔是后写的，压痕或划痕被切断的那笔是先写的。在钢笔字的笔画交叉部位，有时会出现其中的一条笔画上有一段墨水颜色加深的现象，如果两条笔画的行笔速度差不多，墨水浓淡一致，那么一般都是后写笔画上的墨水向先写笔画上洇散，带有洇散现象的笔画是先写的。这两种观察方法只有满足以上条件时，对笔顺的判断才能准确。

七、运笔特征

运笔特征，是指书写各种笔画（含连笔）的起笔、运行至收笔过程中的动作特点。运笔特征主要是以毛笔书写动作为基础进行分析研究。

（一）起笔、收笔动作

1. 起笔的笔法与动作

起笔可分为直起笔、侧起笔和回转起笔。钢笔、圆珠笔的起笔，有些动作会使横画始端出现微微上翘，竖画始端出现微微偏出。

2. 收笔的笔法与动作

收笔可分为直收笔、顿压收笔和回转收笔。直收笔无顿压动作，在行笔方向上“一往即收”，笔画末端平齐或有较大的冲力，呈锥尖状。顿压收笔，即收笔时有顿压动作，笔画末端为圆钝形或斜方形。回转收笔，即收笔时笔回转藏于笔画内，使用硬笔书写时，往往收笔带回锋勾。

起收笔动作属细节特征，在书写水平和字形、字体相近笔迹的鉴别中，具有较高的价值。但它在一定程度上受到书写工具的影响。书写速度不同，也会导致起收笔动作的某些变化。

（二）单一笔画的行笔动作

1. 行笔的笔法

毛笔的行笔有中锋与侧锋之分。中锋，笔尖在笔画中间运行；侧锋，笔尖在笔画的一侧运行。钢笔、圆珠笔不同人执笔的倾斜角度（含俯面角和侧面角）不一，作用力的分布和大小也不一样。一般说，直笔书写笔压重，侧笔书写笔压轻，笔画中的墨迹分布状况也有不同。

2. 行笔的方向

笔画本身就有方向性，方向不同就是不同笔画。笔画的方向是通过行笔的方向体现的，虽有规范但并不非常严格，允许书写人在一定范围和程度内自行安排。有些笔画由于行笔方向的改变，从一个笔画变成了另外的笔画，即所谓笔画变异。正是因为不同人某些笔画行笔方向上的差别，才形成了不同的行笔特征。

3. 笔画的形态

笔画写成什么形态，与人的书写运动习惯有关。由于动作习惯不同，同一个笔画就会出现不同的形态。如横笔，有人写得平直，有人就写成向上或向下的弧形，还有人写成波状。不同人书写笔画，压力的分布也有差别。

(三)连笔动作

提高书写速度就会出现连笔动作,但不同人在连笔书写时,连笔的部位、方向和转折、环绕形态上却存在着差别。

1. 连笔的部位

连笔的部位,是指连笔发生在哪两个或哪几个笔画之间。虽然都是连笔,但有人习惯在这些笔画上连写,有人习惯在那些笔画上连写。

2. 连笔的方向

连笔的方向,是指从前一笔过渡到下一笔时连接运行的走向。不同人的连笔,有的环绕,有的转折;有的取捷径连接,有的习惯绕行。

3. 连笔的形态

连笔的形态,是指笔画连接处的形状。书写连笔动作,有的人比较宛转,有的人比较生硬。这样,在连笔部位形成的形状,有的就比较圆滑,有的就棱角突出。同属一种类型,具体形态也有差别。

另外,不同人连笔书写时的压力大小和分布也不同。有的人连笔书写,压力比较均衡、平缓,有的人连笔中时轻时重,节奏感较强;有的重拖,有的轻带;有的压力在前笔的末尾,有的压力在后笔的开始。这些特点虽然表现细微,但却是个人书写习惯的表现。

运笔特征是笔迹检验中使用最多的一类特征。因为写每个笔画都有运笔特征,这是运笔特征的得天独厚之处,是其他特征所无法比拟的。但是,运笔特征也有一定的脆弱性。它容易受故意伪装和书写条件变化的影响,甚至连书写速度的变化都会带来某些运笔特征的改变。只要我们深入研究运笔特征的变化规律和特点,学会在动态下把握和使用运笔特征,就一定会在笔迹检验中充分发挥运笔特征的作用。

八、笔痕特征

笔痕特征,是指个人书写运动作用于笔尖反映在笔画中的细微征象。笔痕是笔迹的微观成分。笔痕的利用是笔迹检验技术的发展。目前所研究的笔痕,主要是钢笔笔痕和圆珠笔笔痕。

(一)笔痕特征的形成

1. 圆珠笔笔痕的形成

圆珠笔的关键部件是安装在笔杆内的笔芯。笔芯的前端是镶嵌在球座体上的球珠,后部是盛油墨的金属管或塑料管。书写时,球珠受压并沿运笔方向滚动,将附着在球珠内侧面上的油墨带出,通过球珠与纸张的接触而沾染到纸面上,形成字迹笔画。

2. 钢笔笔痕的形成

钢笔笔痕形成的原理与圆珠笔笔痕形成的原理是相通的。所不同的是,钢笔由笔尖、笔舌、笔囊、笔杆等部分构成。与笔痕直接相关的是笔尖。笔尖上有机械加工的尖缝、尖孔,笔舌上分布着引水槽、回气槽和气孔。笔尖的使用具有一定的方向性。执笔书写时,尖缝引墨水到笔端,通过与纸面接触、摩擦,墨水即沾于纸面,形成字迹笔画。同时,也留下了笔痕。

由于使用笔的不同以及使笔人的不同,有可能在笔痕上反映出区别。

(二)笔痕特征的分类

圆珠笔书写形成的笔痕,主要有点痕、条痕和油墨流痕;钢笔书写形成的笔痕,主要有起收笔痕、划痕和墨水流痕。它们之间存在某些相通、相近之处。按形态划分,笔痕特征可分为如下几类:

1. 墨点与白点

笔痕的墨点与白点特征,主要存在于圆珠笔书写字迹中,而且表现在笔画的起笔、收笔和折笔处。在某些笔画的书写中,可出现瞬间不着墨,于是在起笔处形成点状的露白;有的在瞬间出现油墨堆积,于是在收笔或折笔处形成了点块状的墨迹聚积。

2. 墨线与白线

在使用圆珠笔书写时,很多人的字迹笔画中都有墨线和白线出现。但使用不同的笔或不同的人书写,墨线与白线的分布位置和粗细的搭配却有一定的差别,形成了不同的墨线与白线特征。

3. 划痕与压痕

划痕与压痕特征是圆珠笔和钢笔书写字迹中都可能出现的。在书写作用力较大时，可因笔尖着力而在笔画上形成一定的划痕或压痕，有的划痕还可能划破纸面，在下页纸上形成着墨或不着墨的划痕。使用不同的笔或不同的人书写，形成的划痕与压痕特征是有差别的。

4. 粗细与浓淡

在钢笔和圆珠笔书写字迹中笔痕的粗细与浓淡，主要取决于笔尖粗细、供墨是否通畅和用笔的压力。使用不同的笔或不同的人书写，笔痕的粗细和浓淡也是有差别的。有的横画与竖画的粗细、浓淡不同，有的起笔与收笔的粗细、浓淡不同。在钢笔书写字迹中，有些起收笔笔痕的形态也有差别。

上述笔痕特征，虽然不同的人书写和使用不同的笔都会表现出差别，但笔痕形成的因素很复杂，它也会出现某些变化。所以，利用笔痕特征排除嫌疑时应特别慎重。不能一看见个别笔痕特征的差异，就认为不是同一人、同一支笔书写。笔痕特征的最可贵之处不在于否定而在于认定。如果发现笔痕特征相同，是人的书写习惯和书写笔共同作用的结果，不存在偶然巧合，那么它就是认定同一人、同一支笔书写的重要根据。

九、书面语言特征

书面语言是用文字记录下来的语言。在字数较多的自述型笔迹中，不仅留下了书写人的笔迹，还可以反映出书写人的言语习惯，从而成为认定书写人的根据之一。通常可利用的书面语言特征主要有如下几类：

（一）语文水平特征

语文水平是指运用语言的能力。可以从以下几方面衡量语文水平高低：

1. 用字是否规范，有无错别字；
2. 用词是否准确，词汇是否丰富；

3. 句子是否通顺、简练，是否合乎语法规则；

4. 全篇文字结构是否严谨，层次是否清晰，表达有无逻辑性；

5. 主题和中心是否明确，是否准确地表达了思想。

一般说，语文水平高的人，使用字、词准确，词汇丰富，句子简练、通顺，结构严谨，层次清晰，逻辑性强，主题和中心明确，表达思想准确、完整。语文水平低的则相反，使用字、词不规范，错别字较多，词汇贫乏，句子不通顺，语病较多，口语化强，结构不严谨，层次不清，思想表达混乱。

（二）程式语的使用

在书信之类的文书中，都涉及带有格式性的程式语。由于这类词语较多，选择余地较大，常常会形成个人的习惯和特点。通常可以利用的程式语特征主要有以下几种：

1. 称呼及附加词；2. 序第词和转承语；3. 问候和祝颂语；4. 结束语和祈使语；5. 署名及附加词；6. 落款日期的表达。

（三）构词和用词

词是语言中代表一定意义，具有固定的语音形式，可以独立运用的最小的结构单位。汉语的构词法虽然很灵活，结构方式多种多样，但也是有一定规则的，而且每个词都有一定意义。实词具有词汇意义，虚词具有语法意义，均不得滥用。但有些人，特别是文化水平不高的人对此知之甚少，于是出现了一些不规范的构词和用词特征。常见的主要表现：第一，颠倒词素；第二，用词不当；第三，生造词。

（四）惯用语的使用

惯用语包括社会习惯语和个人习惯语。作为惯用语特征也兼容了成语、歇后语、谚语、俗语等的使用习惯和特点。

社会习惯语是指各种社会集团和职业集团内部使用的词语。主要包含：第一，专门术语；第二，行业语；第三，隐语。

个人习惯语是指个人惯用的多余词语，即口头禅。这种词语在口语中表现较多，有人在书面语中也有流露，如多次反复用“然而”、“这个来讲”，等等。

(五)句式

句式是指句子的结构形式。正确运用语言表达思想,不仅要正确使用词语,而且还要根据语言环境和对象,选择恰当的句式。由于语文水平和个人习惯等原因,形成了不同人的句式特征。有的人语文水平较高,驾驭语言的能力较强,习惯于使用短小精练的句式;有人惯用冗长的句式;有人习惯用倒装句。无论使用哪种句式,都要求结构必须完整。但有人做不到,常常出现结构残缺、搭配不当、成分易位等错误的句式。

在案情分析和言语识别中也使用书面语言特征,但跟笔迹检验使用的角度不同。案情分析和言语识别是运用书面语言特征分析作案人的隐藏范围、文化水平、大致年龄和职业身份特点。笔迹检验使用书面语言特征是进行检材与样本同类特征的比较,看二者是否一致,为同一认定提供依据。可见,尽管都在用,但使用的角度和方法不完全相同。

第三节　笔迹检验的程序和方法

一、鉴定前的准备工作

送检单位委托鉴定,除必要委托函件(包括委托书、介绍信等)的准备外,主要是做好送检材料的准备。笔迹检验是通过物证笔迹(即检材)与样本笔迹两部分笔迹之间的比较来进行的。它既需要具备检验条件的物证笔迹,也需要达到检验要求的样本笔迹。

(一)物证笔迹的提取与送检

1. 物证笔迹的提取

提取物证笔迹必须通过合法途径,按法定程序进行。没有当事人认可、见证人证实而提取的物证笔迹,不是合法的证据。所以,侦查机关、检察机关、法院办案人员在提取物证笔迹时,应有有关人员在场,并办理必要的手续。对当事人提供的作为书证的笔迹,应由受理部门制成举证笔录,说明其来源,明确举证责任。

在建筑物等物体上书写的字迹，一般不易提取原件。首先应从全貌到局部细节，加比例尺拍成清晰、完整的照片。待冲洗后表明已达到固定证据、提供检验的要求后，再将现场字迹清理掉。在较平物面上用粉笔、石灰、木炭、血液等书写的字迹，或在灰尘物面上划写的字迹，可以在拍照后用透明胶带或新复写纸粘取。粘有字迹的胶带可贴在能鲜明衬托出字迹的纸张上；粘有字迹的复写纸可用透明塑料薄膜或玻璃纸封装固定。必要时，对写有字迹的器物或能拆卸的部件，在征得物主同意后亦可提取，但用后要归还。

2. 笔迹检验对物证笔迹的要求

（1）字迹清晰，具备检验条件。字迹清晰，不仅是能辨认，而且要清晰地表现出具体特征。笔迹检验是通过比较检材与样本笔迹特征的异同，来确定是否是同一人笔迹。如果物证笔迹不清晰，就选不出或选不准笔迹特征，与样本的比较也就无从进行。当然，因物证笔迹的形成条件不同，也不能苛求所有的物证笔迹每个字都必须完全清晰。只要能反映出检验所需的特征，就应视为具备检验条件的物证笔迹。

（2）原则上应提交原件检验。除在现场直接书写的字迹，可依据现场拍照的照片进行检验外，其余的原则上均应提供物证笔迹的原件。有些情况下，鉴定人员也可根据需要，到存档或案件现场对原件进行检验。我国《民事诉讼法》第 68 条规定：物证应提交原物。提交原件或者原物确有困难的，可以提交复制品。针对复制件可以造假的情况，最高人民法院在《关于运用〈中华人民共和国民事诉讼法〉若干问题的意见》中作出相应规定：证据材料为复制件，提供人拒不提供原件或原件线索，没有其他材料可以印证，对方当事人又不予承认的，在诉讼中不得作为认定事实的根据。包括笔迹鉴定在内的各种物证检验和鉴定，是为诉讼活动提供证据的重要环节，从保证鉴定质量的角度考虑，也应要求提供原件。除了造假的可能性之外，复制件也可能出现字迹模糊、变形等变化，从而遗失或歪曲某些特征，增加笔迹检验的难度。所以，多数鉴定部门不会仅仅根据复制件出具鉴定结论。

（二）收集笔迹样本的方法和要求

1. 笔迹样本的种类

供比较检验使用的嫌疑人笔迹样本，按其价值和作用划分，主要有两种：平时样本、实验样本。

（1）平时样本。这是指嫌疑人在平时工作和日常交往中书写的文字材料，如个人书写的信件、日记、文章、填报的材料等。

按案发的时间划分，平时样本又分为案前样本和案后样本。

案前样本是案件发生以前嫌疑人书写的文字材料。由于这些材料是在案件发生以前形成的，所以一般没有伪装，能直接正常地反映嫌疑人的书写习惯。这是一种比较好的样本，也是笔迹检验中使用的主要样本。其中，距发案时间越近的案前样本越好。因为经过较长时间，书写习惯的某些特征可能发生演变，而在短期内变化不大。使用这样的案前样本与物证笔迹进行比较，容易确定笔迹是否同一。如果物证笔迹有伪装，还需要发案前嫌疑人各个时期书写的历时性样本。因为作案人伪装的笔迹，有时是某些旧习惯的再现。

案后样本是案件发生后嫌疑人书写的文字材料。具体可分为两种情况：一种是案发后嫌疑人日常工作、学习和生活中书写的文字材料；另一种是因一时找不到嫌疑人现成的笔迹样本或已收集的样本不足，在不暴露意图的情况下，采取某种策略让嫌疑人书写的文字材料，但不是实验样本。使用案后样本应持谨慎态度，特别是使用后一种案后样本更要格外慎重。因为如果嫌疑人真是作案人，在案后收集样本可能引起其警觉，要防止误将伪装变化的样本当做正常样本使用。最好与案前样本进行比较核对，看其是否有变化，然后再确定如何使用。

（2）实验样本。这是指让嫌疑人使用作案时的手段和方法，或模拟作案时的书写条件（如相同的书写工具、承受物体、书写姿势和伪装方法等）书写的笔迹样本。这种样本一般是在嫌疑人承认了作案事实后，为了认识物证笔迹的变化、解释鉴定中的差异和验证嫌疑人口供而专门收集的。必要时,尽管犯罪嫌疑人或民事纠纷当事人矢口否认,也可令其书写实验样本。

如果送检材料中有实验样本,鉴定人应注意了解收集时的具体做法,特别是要问明有无引导、暗示、指点、照抄等情况。还要了解嫌疑人书写时的情绪与态度。实验样本在笔迹检验中一般只起参考、辅助作用,不要求每个案件的鉴定都必须提供实验样本。

2. 收集样本笔迹的方法

(1)请单位或组织提供。避开嫌疑人,由单位或组织从归档和保管的材料中提供当事人或嫌疑人的平时笔迹样本。收集时,要通过仔细核对确认,勿将他人代填的笔迹当做本人笔迹。

(2)个人提供。案件当事人为澄清事实或摆脱干系而提供的笔迹样本。有的是个人主动提供,有的是办案机关令其提供。

(3)临时收集。在没有嫌疑人现成的笔迹样本或样本不足时,因鉴定急需,由办案人当面让嫌疑人书写的。收集到的是否是嫌疑人正常笔迹样本,取决于当事人或嫌疑人是否配合。为了提高此种样本的价值,收集这种样本最好分几次进行,数量多些,而且要适当变换书写速度,使书写人没有思考和应对时间。

3. 笔迹检验对样本的要求

样本笔迹除应具备字迹清晰的基本条件外,还应达到以下要求:

(1)真实性。包括两方面含义:第一,确属本人笔迹,不能张冠李戴;第二,笔迹正常,样本笔迹不能有伪装,要能反映出嫌疑人的书写习惯。

(2)充分性。笔迹样本必须具有一定的数量。好的样本,应该包括历史上各个时期的笔迹,这样才能满足与物证笔迹不同角度、不同层面上比较的需要。

(3)可比性。它也包括两层含义。第一,要求样本中必须出现足够数量的与物证笔迹相同的字、偏旁和笔画。因为物证笔迹与样本笔迹的比较,是在相同字及相同的偏旁、笔画之间进行的。第二,要求样本笔迹与物证笔迹书写条件尽量一致:书写速度和字体、书写工具尽可能一致。这样,才与物证笔迹具有较好的可比性。

二、笔迹的鉴定工作

(一)受理鉴定

受理鉴定是笔迹鉴定人员根据送检单位的委托和本部门领导的指派,依法承接笔迹鉴定工作。

1. 了解案情

了解案情的目的,首先是通过了解案件内容和情节,明确其性质,再根据有关的法律、法规,决定是否受理鉴定。其次是通过了解案情,尽可能详细占有材料,便于结合案件的实际,对检验过程中遇到的问题作出客观、科学的分析和判断。

2. 查验物证笔迹

查验送检的物证笔迹要解决的主要问题:第一,明确是否具备检验条件;第二,了解物证笔迹的形成条件;第三,查清字迹本身的情况。

3. 查验笔迹样本

查验笔迹样本的目的,是看送检单位提供的样本是否符合鉴定要求。查验的具体内容:第一,核对笔迹样本是否是嫌疑人亲笔所写;第二,分清笔迹样本种类,了解收集方法;第三,查验笔迹样本的数量和质量。

如果发现样本不符合鉴定的基本要求,可要求送检单位补充符合鉴定要求的笔迹样本,如果实在无法补充则无法承接鉴定。

(二)选择检材特征

选择检材特征是进入检验程序的第一步。其任务是分析检材是否正常,并在此基础上选择供比对的笔迹特征。

1. 分析检材

分析检材是确定检材书写是否正常,有无变化。检材分析是否切合实际,对后续检验工作影响极大,甚至可决定鉴定结论正确与否。因为笔迹检验是以检材笔迹特征为基准,到样本中去找相应特征进行比较。如果检材特征选不准,就会造成比较的基础不可靠。特征选不准,常常与检材笔迹的变化有关。如果不认真分析,就很难正确区分哪些是笔迹的变化,哪些是书写习惯的本质特征,甚至还可能误将笔迹的变化当成特征。同一起案件的笔迹鉴定,有时得出截然相反的鉴定结论,往往与对检材的认识分析有关,可见分析检材在笔迹检验中的重要性。

分析检材第一步要对检材有概括了解,包括检材的书写内容、书写工具、书写速度和形体、书写水平和语文水平,以及是否存在反常现象等;第二步要对检材进行具体分析,主要了解笔迹是否正常,是否有伪装、摹仿等。

2. 选择笔迹特征

选择笔迹特征的基本要求,是把检材中出现的主要特征充分选取出来,为比较检验做好准备。发现和选择特征的一般方法:在重复出现的字、偏旁、笔画中选特征;从结构正常、运笔自然的字中选特征;在书写速度较快、笔画较多的字中选特征;在细微之处选特征;有时可选择文字以外的特征;在特殊情况下,可选择有疑问的特征。

在选择特征笔迹的基础上,应当制作特征比对表。特征比对表是记录和整理笔迹特征的有效方法。它可以把个人笔迹的主要特征集中展现出来,有助于认识个人书写习惯的特性,便于检材与样本笔迹之间的比较检验。特征比对表一般分为左、右两部分,左半部分记录检材笔迹特征,右半部分留作记录样本笔迹的相应特征。随着计算机的广泛应用,很多特征比对表不再使用手工仿描或复印剪贴的方法,而是采用计算机编制方法。

(三)比较检验笔迹特征

将检材笔迹特征与样本笔迹特征进行对照比较,全面、客观地展示二者之间的相同点和不同点,为综合评断奠定基础。

经过分析已选出的检材特征后,下一步要对检材笔迹与样本笔迹的概貌特征进行比较,包括书写水平、字形、字体、字位、文字布局等特征的比较,初步认识它们的异同。在概貌特征比较得出近似结论之后,即可对单字特征进行下一步比对,它是以在检材中选择的特征为线索,到样本笔迹中寻找相应的特征字并比较其异同,然后客观地逐个将它们排列在比对表的右侧与检材单字对应的位置上。

在比较检验的过程中,要本着客观、全面、认真的原则,尽可能深入比对,防止机械性比对。

(四)综合评断作出鉴定结论

综合评断作出鉴定结论是笔迹检验过程的终结。它的任务是确定检材与样本之间的符合点的价值及差异点的性质,作出经过充分论证的鉴定结论。

首先,要对符合点进行价值评断。一般说,符合点价值的高低与该特征在人们笔迹中的出现率成反比,即出现率大的特征价值低,出现率小的特征价值高。

其次,要对差异点进行性质评断。评断差异点的性质,可根据案件的不同情况和差异的不同表现,分析差异点产生的原因究竟是什么,具体可分别采取原因排除法、实验验证法、补充调查法进行评断。

再次,要对符合点和差异点进行对比分析。这种分析是在既有符合又有差异时,判定符合与差异的矛盾双方中,哪一方是主要的、本质的、起主导作用的方面,从而为鉴定结论提供经过辩证分析和充分论证的根据。它包括数量和质量两个方面的对比。在正常笔迹的检验中,符合点与差异点数量和质量对比的结果,一般都是一致的。即符合点的数量多,其质量也高;差异点的数量少,其质量也低;反之亦然。

最后,经过综合评断,作出鉴定结论。鉴定结论多数情况下有两种:一种是认定同一,另一种是否定同一。如果检材与样本笔迹的符合特征总和具有特殊性差异点可以解释,是非本质差异,此时可以作出认定同一的结论;如果检材与样本笔迹的差异点是本质差异,符合点是不同人习惯共同性的表现,此时可作出否定同一的结论。除认定和否定的鉴定结论外,由于检材或样本条件所限,尚不足以作出肯定或否定的鉴定结论，也可提出倾向性的鉴定意见，即倾向认定或倾向否定。

三、笔迹鉴定书的编写

一份符合要求的鉴定书，应不仅提供鉴定结论，而且还应反映鉴定的根据，体现鉴定结论的可靠性。

鉴定书的基本格式包括：标题、发文字号、委托单位、委托日期、委托事项、送检材料、鉴定日期、鉴定地点、案情摘要、检验过程、分析说明、鉴定结论。除此之外，鉴定书还要附上检材、样本、特征比对表以及鉴定人资格证明等。鉴定书的书写要求判断得当、记述清晰、语言精准。

以下是一份笔迹检验鉴定书的书写示例：

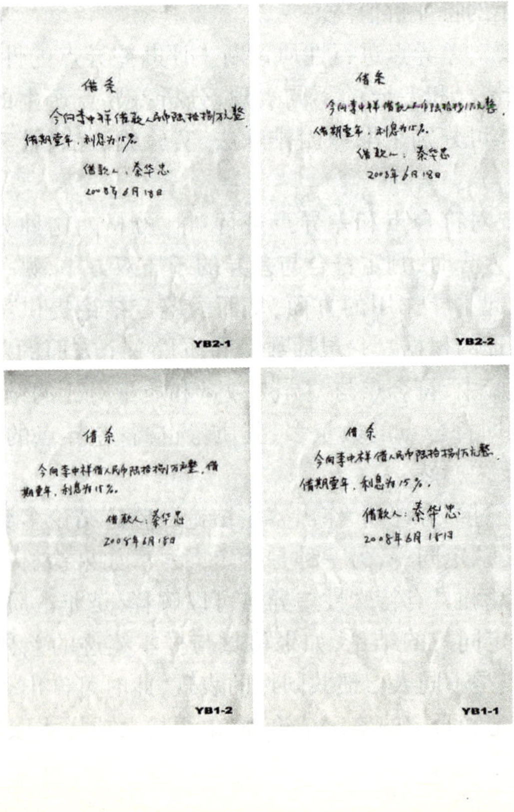

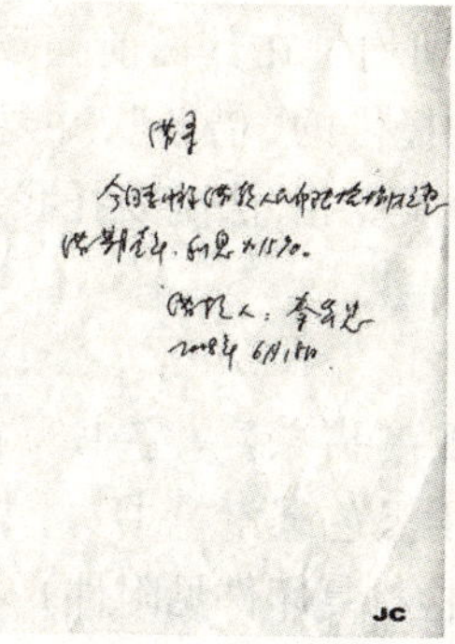
JC

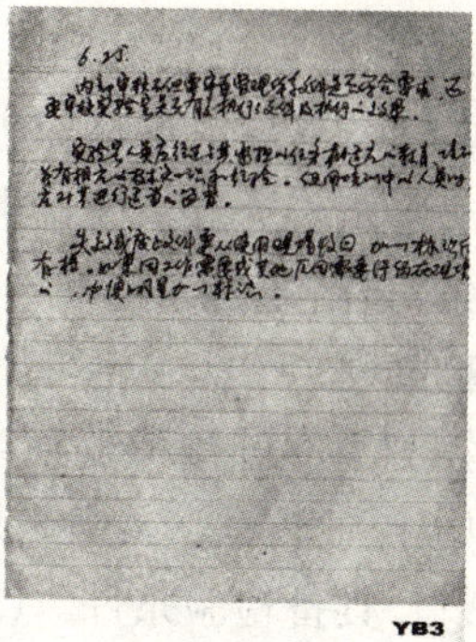
YB3

××司法鉴定中心司法鉴定书

××司鉴中心〔2009〕文鉴字第××号

委托单位：司法部司法鉴定科学技术研究所

委托日期：　2009 年 8 月 10 日

委托事项：要求鉴定落款日期为“2008 年 6 月 18 日”的“借条”上全部字迹是否是秦华忠所写。

送检材料：1. 落款日期为“2008 年 6 月 18 日”的“借条”原件的图片 1 张（标有 JC 的图像文件）。

2. 要求秦华忠慢写的字迹样本原件图片 2 张（标有 YB1－1、YB1－2 的图像文件）；要求秦华忠快写的字迹样本原件图片 2 张（标有 YB2－1、YB2－2 的图像文件）；秦华忠平时书写的自然样本原件的图片 1 张（标有 YB3 的图像文件）。

鉴定日期：2009 年 8 月 10 日～8 月 18 日

鉴定地点：××司法鉴定中心

一、案情摘要

某法院在审理一起借款纠纷案件中，原告李中祥与被告秦华忠之间对是否存在借款的事实有争议。原告李中祥向法院提供了落款日期为“2008 年 6 月 18 日”的“借条”1 张，并称该“借条”的内容及落款处被告秦华忠签名和日期均是在其面前当场亲笔书写。被告秦华忠辩称,其从未见过原告提供的“借条”,并要求对该“借条”进行司法鉴定。为弄清案件事实真相,法院委托我司法鉴定机构对该“借条”进行笔迹鉴定。

二、检验过程

1. 对检材(JC)进行检验发现:《借条》文字书写在1张白纸上,文字居中上部书写。文字采用黑色碳素笔书写,书写流利,为连笔常态书写,具备检验条件。(检材复印件见附件)

2. 对样本进行检验发现:样本YB1-1、样本YB1-2、样本YB2-1和样本YB2-2文字均采用黑色碳素笔书写,样本YB 3采用蓝色钢笔书写。样本YB1-1、样本YB1-2书写速度慢,样本YB2-1和样本YB2-2书写速度较快,样本YB 3为自然样本书写速度与检材书写速度相当。样本均书写清晰具备检验条件。(样本复印件见附件)

三、分析说明

对检材和样本上文字进行比对发现:

检材与样本笔迹在文字书写水平上相近,文字字形相似,在文字布局特征、字间距特征、标点符号使用习惯和形态特征等特征上均具有较好的符合性。

从细节特征上看,文字“借、整、年、息、华”的写法特征,“民、币、捌”的搭配比例特征,“向、借、陆”的运笔特征,都存在较为明显的符合,反映同一人的书写习惯。

“祥、万、8”字的书写特征以及个别文字的写法出现不一致,如:阿拉伯数字“8”字在样本(YB1-1、YB1-2、YB2-1、YB2-2)中出现了不同的笔顺特征,是由于书写人掌握不同种的书写技能造成的,是非本质的特征。所以检材与样本的差异为非本质差异。

综上,检材与样本的差异是非本质的特征,检材与样本的符合性特征是本质性特征。

四、鉴定结论

检材与样本是同一人书写,即检材(JC)落款日期为“2008年6月18日”的“借条”上全部字迹是秦华忠所写。

（以下无正文）

鉴定人：XX（签字）（讲师）

XX（签字）（讲师）

复核人：XX（签字）（教授）

XX 司法鉴定中心

2009 年 8 月 18 日

鉴定书底稿及专科鉴定记录上专家已签字

打字：XX　　校对：XX

笔迹特征比对表

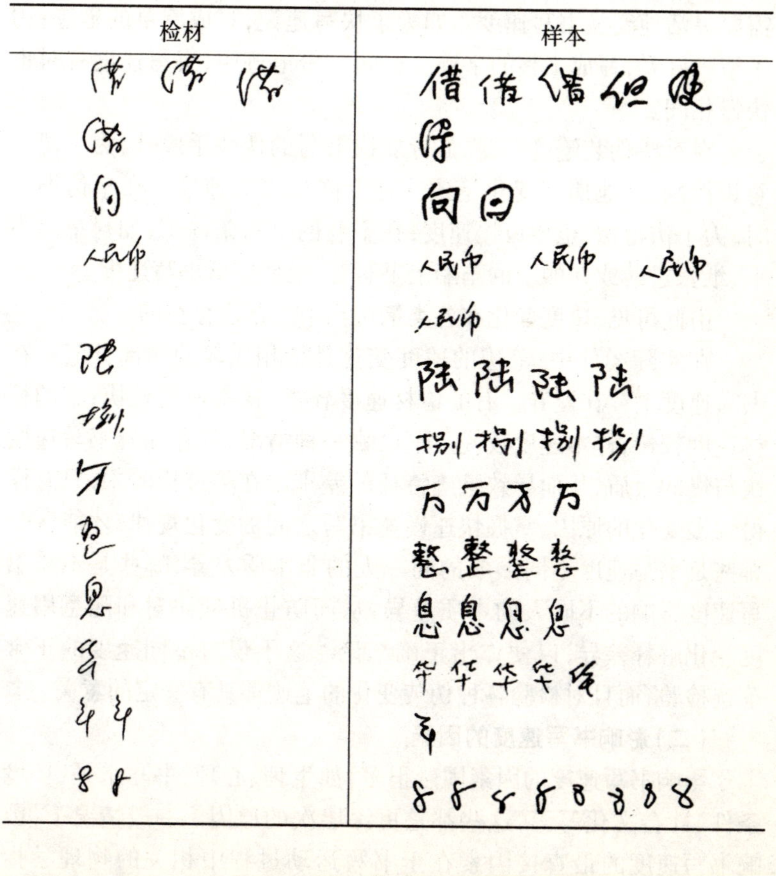

第四节　非正常笔迹检验

一、速度变化笔迹的检验

(一)认识速度变化的意义

正常人书写技能的训练是一个由慢到快的过程。初学写字，只能一笔一画地慢速书写正楷字，随着书写技能的形成，熟练程度的提高，便可以快速书写连笔字了。这时，人们可以根据主客观的需要灵活地变换书写速度。如为了快写速记，写成潦草的笔迹；为了清晰好看，写成工整的字迹。在同一份笔迹中，书写速度有时也快慢相间。

在有些伪装笔迹中，除强行加快书写的伪装手段外，为了便于意识控制，其他伪装变化笔迹往往要降低书写速度。在摹仿书写时，为了仿得像，也要放慢速度；在不利的书写条件下，如衬垫物不平、纸张过薄或在颠簸的车船上书写等，也要降低书写速度。

由此可见，速度变化在各类笔迹当中是普遍存在的。

在实际案件中，笔迹的速度变化是指相比较的两部分笔迹在书写速度上存在差异。有的检材速度较慢，样本速度较快；有的检材速度较快，样本速度较慢。不论哪一种情况，都存在着书写速度快与慢的矛盾，从而导致笔迹特征的差别。在笔迹检验中，只有懂得快慢变化的原因，掌握快速慢速书写之间的变化规律，才能区分哪些是书写速度不同形成的同一人的非本质差异，哪些是不受书写速度影响的不同人的本质差异，从而防止机械比对和随意用速度变化解释差异，以便作出正确结论。这不仅对不同速度的正常笔迹检验，而且对检验各种伪装变化的笔迹都具有一定的意义。

(二)影响书写速度的因素

影响书写速度的因素固然很多，如生理、心理、书写水平、环境条件、社会文化等等，这些都是更深层次的原因。一般情况下，影响书写速度的最直接因素在于书写运动过程中相关的物理学指

标。就单个字而言,与书写速度相关的物理因素有以下几个方面:

1. 单字笔画的总体长度。如果书写大小相等的同一个字,由于汉字结构形式的多样化,不同结构形式单字笔画的总体长度不等。笔画总长相对短些的字所用的时间短,速度就快;反之,笔画总长相对长些的字,所用的时间长,速度就慢。

2. 单位长度运行的时间。在单字笔画总长不变的前提下,完成单位长度所需的时间决定了速度。时间长,则速度慢;时间短,则速度快。这是比较纯粹的速度。

3. 先笔收笔与后笔起笔之间的距离。如果单字笔画总长和单位长度运行时间都已确定,那么先笔收笔与后笔起笔之间的距离就是影响速度的主要因素。距离长,则速度慢;距离短,则速度快。

4. 上下笔画过渡时笔尖在空中运行的高度。如果上述三方面因素都已确定,那么最终影响书写速度的就是上下笔画过渡时笔尖在空中运行的高度。笔尖在空中运行得越高,所需时间越长,速度越慢;运行得越低,所需时间越短,速度越快。若笔尖未离纸面,所需时间最短,速度也最快。

(三)速度加快的一般规律

同一个人书写速度由慢到快笔迹主要变化表现在以下几个方面:

1. 连笔增多

慢速书写一般是一笔一画地进行。每一笔都很慎重,提笔较高,笔画间虽然也不同程度地有所照应,但基本上各自独立。快速书写时,为节省时间,就要增加连笔动作。这样做,一是缩短先笔收笔与后笔起笔之间的距离,二是降低上下笔画过渡时笔尖在空中运行的时间。由于连笔书写,上下笔过渡的时间降到最低限度。

2. 顿压消失

慢速书写时,在笔画起收笔处以及转折拐弯处常有明显或不明显的顿压动作,因而字形方正,棱角分明,运笔规矩,笔画到位。快速书写时,为了免去顿压动作所花费的时间,降低单位长度笔画运行的时间,必然变顿压起收为直起直收,笔画转折拐弯处也变为弧形运笔。

3. 笔画省略

慢速书写一般是按楷书的规则要求进行,笔画不可任意取舍。快速书写时,由于主要笔画的相互连接,很容易省略某些小笔画。这种省略可以为人们所接受,不能认为是错字,因为书写规则本身具有宽泛性,也是社会约定俗成的结果。

快速书写容易省略的笔画有以下几种:

(1)框架内部笔画。框架内部笔画一般均为短小笔画,它们在单字中处于次要或从属地位。省略这些笔画,往往不致影响字的整体形态。

(2)末尾笔画。末尾笔画处于一个字的最后部分,书写速度较快时,收尾仓促,易被省略。

(3)不便连接笔画。快速书写时,需要把一些主要笔画连接起来,其间的一些小笔画便被省略。

(4)点笔。点笔是汉字笔画的最小形态,快速书写时,易被省略。

4. 字形简化

由于年龄、接受基础文化教育的年代以及个人兴趣爱好等原因,一些人掌握了汉字的多种不同的写法。如有些老年人接受的是旧式汉字教育,学习的是繁异体字;有些年轻人接受的是更新的汉字教育,学习的是简化汉字。

总体来说,快速书写多使用简化字,慢速书写多使用繁体字。这是由于简化字结构简单,单字笔画的总长相对缩短,便于快速书写的缘故。即使掌握了汉字不同繁简写法的人,一般慢速书写易使用繁体字,快速书写易使用简化字。但也有相反的情况出现,多见于书法爱好者,出于特殊的审美情趣,慢写使用简化字,快写使用繁体字。

5. 运笔变异

慢速书写,各个笔画之间相对分立,邻位笔画之间虽有照应关系,但不十分明显。快速书写,有些笔画是实连,有些笔画是意连,从而使部分笔画的起收笔动向表现出明显的照应关系。由于照应关系的加强，使一些笔画的运笔方向、途径发生变化，形成运笔变异。这样，同时缩短了先笔收笔与后笔起笔之间的距离和单字笔画的总长。

6. 真草之别

书写水平较高的人，可能同时具备楷、行、草等字体的书写能力。其快慢书写之间不仅会有繁简变化，而且会有真草之别。慢写易楷，快写易草。因草书具有省简结构、纠连笔画，书写时流利迅速等特点，是汉字书写最便捷的途径。草书体的单字笔画总长在各种字体当中也是最短的。

书写速度由慢到快笔迹的变化规律，不同人因书写水平的差别，在速度变化的规律上会有不同的表现。高水平的书写者速度由慢到快的笔迹会在上述六个方面都有比较充分的体现；低水平的书写者则主要表现在连笔增多、顿压消失和运笔变异上，在字形简化、笔画省略和真草之别方面难以充分体现。当然，书写水平是相对而言的，不同人的变化应视具体情况加以分析。

（四）速度变化笔迹的特征变化规律

书写速度变化，会使笔迹特征发生一定的改变。有些特征易变，这是同一人快慢速笔迹自身差异的主要表现；有些特征不易变，那是个人书写习惯特殊性的主要标志。深入研究速度变化笔迹变与不变的规律，是检验这类笔迹的实质性问题。

1. 易变特征

（1）运笔特征

为了加快书写，必然强化前后笔画间的照应、连接，这样，快慢速笔迹就会出现明显的运笔差别。速度变化越大，这种差别越显著。快慢速笔迹在运笔中的差别，突出地表现在运笔方向、形态、笔力和起收笔动作上，这几乎涉及了运笔特征的各个方面。可见，速度变化给运笔特征带来的影响是最大的。

（2）写法特征

书写速度由慢到快，笔迹会出现字形简化和真草之别，这些都表现在写法特征上,笔画省略往往最终也体现在写法上,所以,写法特征易受速度干扰而发生变化。变化的情况包括繁体字与简化字的差别,楷书字与行草字的差别,以及规范简化字与习俗简化字和个人生造简化字的差别。

(3)搭配特征

快速书写必须强化笔画间的联系,使本应分立的笔画连接书写,起收笔位置随即发生变化,从而造成搭配特征的改变。可见,速度变化对搭配特征的影响也较大。

(4)笔顺特征

书写速度变化对少数笔顺特征也产生一定影响。多见于高水平的书写人或书法爱好者,本身具有多种笔顺习惯,慢速书写易使用楷书规范笔顺,快速书写易使用草书笔顺或另外的一种通用笔顺。低水平的书写者笔顺习惯比较单一,变化不大。可见,受速度变化的影响,笔顺变化的大小与人的书写水平的高低成正比。

2. 不易变特征

在速度变化的情况下,书面语言、整体布局、局部安排、标点符号等方面的特征,一般不受影响,只要有较好的特征均应选用;若不是因快写而出现的笔误,错别字特征不易变化;部分写法特征,比如慢速书写中出现的简化字、习俗字、草书楷化字与快速书写中出现的繁体字、异体字也比较可靠;笔顺特征可以利用,但要充分考虑高水平的书写者笔顺多样性的情况;基本的搭配比例关系特征也可选用,特别是快写字中另起笔的笔画搭配位置、偏旁间的比例关系,慢写字中那些脱离字体要求又较有规律的笔画搭配比例特征。此外,运笔的基本趋势,不连笔笔画的运笔特征,有时也比较可靠,要根据具体情况作细致分析。

(五)速度变化笔迹的检验

1. 对检材、样本的分析

在速度变化笔迹检验中,首先应对检材、样本进行全面、深入的分析,这对于指导具体检验工作具有重要意义。分析的内容包括:检材、样本各自书写速度的快慢,是否存在差别以及差别大小;

检材、样本各自书写水平的高低，适应速度变化的能力大小；检材速度变化的性质，是正常的，还是伪装的、变化的。正常的速度变化笔迹，在字形结构、笔画搭配比例和运笔特征上带有一定的规律性，特征反映稳定；故意伪装的速度变化笔迹，单字结构紊乱，运笔不协调，有不自然的勉强连接或不正常的停笔现象。若判断检材为后者，应按具体伪装的检验方法来进行，同时考虑速度变化的因素。

2. 笔迹特征的选择

速度变化笔迹检验中选择特征的原则：灵活机动，注意回避速度因素的干扰。具体可从这几方面进行：注意选用不易受速度变化影响的特征；要快中找慢、慢中找快；根据具体情况选择特征。

每个人都有其正常的、效率最好的书写速度，称为常速。脱离常速进行书写，无论是过快或过慢都难以持久，一旦放松，仍恢复常速。一般情况下，笔迹开头部分受意识的控制较好，可能过快或过慢；随着注意力的减弱，慢慢又趋于常速，写到一定位置，又加强注意力（意识到应快写或慢写），从而写出过快或过慢的字来。

在选用特征时，既要注意到检材与样本的速度差别，又要在这种差别之下，尽量选择速度相同或相近的单字、偏旁或笔画上的特征。简化字、习俗字或草书楷化字作为汉字的快写形式，在慢速笔迹中出现可以选用，繁体字、异体字在快速书写字中出现也可以选用。运笔特征也可利用，选择那些快速书写中的慢速动作，如运笔方向、形态；或者选择慢速书写中的快速动作，如连笔方式、转折弧度、角度等。但是，选择特征不能一概而论，要根据具体情况区别对待。例如，低水平书写笔迹中出现的写法、笔顺特征可大胆使用，高水平的则要慎重使用；检材与样本速度差别小的，可以在运笔、搭配比例方面多选些特征，如果差别较大，这些方面应慎重选用。

3. 差异点评断

对于检材与样本之间差异点的性质，要看差异点是否符合书写速度变化的一般规律。如果这种差异顺应了速度变化规律，可以由于速度不同而产生,那么它们可能属非本质的差异;如果这种差异违反速度变化规律,即速度不同也难于形成这种差异,那么这种差异可能是本质的差异。另外,也要结合案件的具体情况,考虑到嫌疑人的书写水平因素,分析这种差异是否为书写习惯的多样性所造成。如果当事人或嫌疑人书写水平较高,出现的差异可能是多样性的反映,那么它们可能属于非本质差异;反之,则差异点可能属于本质差异。

4. 补充样本

仅仅靠书写速度不同的样本进行检验,作出正确的鉴定结论是不容易的。尽管可以运用速度变化的一般规律,结合具体情况进行分析,有时可能仍然没有充分把握。遇此情况,不要轻易下结论。特别是在检材与样本速度差别较大,比较中发现一定的符合,但又存在许多差异的情况下,不要轻易否定。要设法补充书写速度相近的样本材料,必要时可收集实验样本,作进一步的检验。这对于速度变化的少量字检验尤为重要。

二、左手伪装笔迹检验

左手伪装笔迹是指书写人故意改用左手执笔书写的字迹。正常情况下,人们大都习惯于右手执笔书写,一旦改用左手写字时,便会感到十分不便,笔迹变化很大,与其正常书写的右手字会有明显差别。这也是书写人采用左手伪装手段的主要意图。有的人从小就用左手写字;也有的人因右手残疾或其他原因,后来改用左手写字;还有的人经过长期练习,左右手都能熟练地书写。这些已习惯用左手写字的不属于伪装,而是正常的左手字。这种情况比较罕见,检验也相对容易。左手伪装笔迹可以检验,主要是由于它能够反映该人右手书写所形成的某些书写习惯。我们可以依据物证笔迹上所反映的这些习惯特征来加以鉴别。

(一)左手书写的生理机制

绝大多数人平时都用右手写字,一旦改用左手,也能写出字来。一个人的左手字能反映他右手字的某些书写习惯,同时又有很大差别。

1.“利手”现象

在日常生活中,特别是在从事一些有较高技巧性的活动(如书写、绘画及使用工具等)时,人们习惯以一只手为主进行操作。这种现象,生理学上称为“利手”。惯用左手的叫做左利手(俗称“左撇子”);惯用右手的称为右利手;还有一种情况,介于两者之间,左右手的使用比较均衡,称为两利手。相关研究统计表明,世界上90%以上的人为右利手。这一现象与两个因素有关:遗传和后天发展。据相关学者的调查统计,手性具有一定的遗传性,但是受社会规范、习惯和环境制约,有一些儿童时期反映出典型左利手特征的人逐渐发展为右利手。

2. 语言优势的左半脑

对于大多数人而言,左侧大脑为其言语功能的优势半球;右侧大脑仍保留程度不等的言语功能。这是神经生理学有关实验研究得出的结论。两侧大脑的神经结构似乎是相互对称的,但是,比较高级的皮层活动在两侧大脑相应区域并不对称,而呈一定的功能专化。左脑主司说话、书写、阅读、计算、抽象的分类等;右脑主司想象、色觉、音乐、韵律、空间知觉等。左脑擅长语言和计算、逻辑分析和抽象思维;右脑擅长非语言的形象思维和直觉思维。既然绝大多数人的言语优势半球为左脑,中枢神经系统对人体感觉和运动又呈交叉支配,那么大多数人就用右手写字。

3. 左手笔迹的形成

右手书写,是经过书写技能的学习和训练,并在反复的书写实践中逐步形成书写习惯的结果。而未经训练的左手为什么也能写字呢?

这得益于胼胝体的作用。虽然左右两半球各有分工,呈现不对称性,但并非各自独立,没有联系。两半球之间主要是通过胼胝体相连,正是有了这种胼胝体,一侧大脑半球任何皮质区进行的活动都能非常迅速而有效地传到对侧大脑,使两个半脑的功能既各有所长,又互为补充、代偿,使大脑形成一个有机整体。

右利者的语言中枢定位在左脑,直接支配右手执行书写活动。

其神经过程为：书写运动中枢（左脑）发出神经冲动，通过交叉神经通路传至右侧的臂、腕、手，引起肌肉收缩，产生书写运动。同时，大脑通过交叉神经传导通路接收视觉或动觉、触压觉等外周感觉神经的反馈冲动，来监督、调节书写活动。

当书写人使用左手写字时，左脑的书写运动中枢发出神经冲动，通过胼胝体传至右侧大脑的相关运动中枢，再由其支配左手进行书写活动。同时，视觉的反馈信息经由右半球传回左半球的有关中枢，再靠视觉调整书写活动，从而形成左手字。

从左手字形成的具体神经传导过程可以看出，左手的书写技能源于右手。促使左手书写的神经冲动来自于左脑，并且以左脑储存的文字符号信息为基础。因此，一个人的左手字必然能反映其右手字的某些特征。这也使得左手伪装笔迹的检验成为可能。

4. 左手、右手笔迹存在差别的原因

首先，左手书写时，左脑形成的动作模式须传给右脑的运动中枢，但由于该中枢的功能未达到高度分化，兴奋泛化造成多余的肌肉紧张，使左手的动作不可能优于右手。其次，左手书写的神经传导通路加长，这导致反应时间缓慢，使左手字劣于右手。再次，我国汉字以及大多数民族文字的书写规则是基于右手的活动特点制定的，左手的运动功能同文字的书写规则不相适应。比如行线方向、横笔运笔、左右关系的笔顺，都是自左而右，既与右手的运动相适应，也便于视觉监督。最后，左手书写缺乏训练，从神经中枢到各有关器官之间很难做到默契配合、协调运作，所以会出现初学者笔迹的某些特点，如速度缓慢、落笔不准、运笔生涩，收笔拖拉等。

（二）左手伪装笔迹的特点

右利者改用左手书写，受生理因素、实践因素及书写规则因素的制约和影响，必然出现一些固有的特点。对这些特点的研究，有利于在检验中成功地确认左手伪装笔迹，更好地掌握左手伪装笔迹的变化规律。

1. 左手伪装笔迹的特点

（1）机械性特点

第一,字行易向右下倾斜或呈波浪状、锯齿状。

第二,单字中,较长的横画或左右偏旁出现左高右低现象。

第三,较长的竖画易向左下倾斜。

机械性特点,主要是由于左右手书写支点与力点间的方位不同,二者是对称的。右手书写的支点位于书写重力点的右下方,由左至右的书写,相对于支点而言,是由远及近的牵拉运动,非常方便、适宜。左手书写的支点位于书写重力点的左下方,按照书写规则,由左至右的运行,相对于支点来说是由近及远的推送运动,显得吃力与不适。同时,在支点(腕或肘)固定不动的情况下,伸展幅度有限的活动半径必然牵制自左而右的运动向右下偏斜,从而出现左高右低、字行下斜的现象。支点每向右移动一步,就形成了又一个运动半径,于是出现又一段的左高右低区间。整个字行便会出现总体向右下倾斜而又参差不齐的波浪状或锯齿状。

(2)镜像式特点

第一,易出现反像字或左右偏旁颠倒现象。

第二,个别横画反起笔,自右向左运行;弯钩、竖钩呈现反向弯、反钩。

第三,个别连笔、环绕笔画方向相反。

镜像式特点,主要是由于左右手生理功能和解剖结构的对称性,以及注意的局限性和视觉反馈缓慢造成的。

人体的解剖结构基本是左右对称的,左右侧肢体自由活动的方向和范围也是对称的。如果写一个横画,以同样的神经冲动引起同名肌腱的伸缩,右手是自左而右,左手则自右而左。当右利者改用左手执笔书写时,必须有意控制左手按规则书写,同时注意纠正动作的失误。一旦注意力分散,左手便朝相反的方向运行,从而出现镜像式(反)的特点。

(3)协调性特点

第一,落笔不准,运笔抖动,笔力轻飘,转折生硬,起收笔易出现拖带或反射钩。

第二,单字结构松散,搭配位置不准,出现多笔少画或笔画重叠现象。

第三,行间不均,字间不匀,字形普遍增大且大小不均。

协调性特点,主要是由于右利者缺乏左手书写的训练,右脑没有独立支配书写运动的功能,书写运动不协调,动作粗糙等功能性原因造成的。

左手伪装笔迹中,不同人出现上述特点的概率是不同的,有的多些,有的少些。有的在机械性特点方面表现突出,有的则在协调性特点上比较明显,有的可能不出现镜像性特点。

2. 影响左手伪装笔迹特点典型性的因素

左手伪装笔迹可以受到以下几方面因素的影响:

(1)平时有无训练及时间长短;

(2)书写条件;

(3)书写技能的高低;

(4)利手的倾向;

(5)书写字数的多少。

(三)左手伪装笔迹的变化规律

书写人采用左手伪装是把改变笔迹的目的全部寄托在换用左手执笔上,同时附加其他方面的伪装比较少见。特别是对于从未用左手写过字或缺乏训练的人而言,能够比较清楚地写出字来已经是相当吃力,几乎无暇顾及其他,这样就使伪装变化比较单一。

1. 易变特征

(1)书写水平特征。如果对同一人的左右手笔迹进行比较,就会发现左手字的水平明显低于右手字的水平。检验中,如果当事人或嫌疑人笔迹(右手笔迹)的水平高于物证笔迹(左手笔迹)的水平,可不作为根本差异。

(2)行草写法特征。人们在日常工作和交往当中多使用方便、快捷的行草体字。左手书写时,因难以适应过多的连笔和弧形笔画,往往使用楷体写法。检验时,应注意用同体字进行比较。

(3)错字特征。由于左手书写的不适性,书写速度稍快或心情紧张,都可能造成偶然的多笔少画的错字。

(4)某些笔画的起收笔动作、运笔方向和转折的弧度、角度及其形态特征。左手伪装书写中,运笔的变化最为突出,特别是书写水平较低者,几乎每个字的运笔都多少受些影响。

(5)搭配比例的细节特征。左手落笔不稳,容易造成搭配不准,因而结构松散,有时也影响到一些比例关系。

2. 不易变特征

左手伪装笔迹容易在一些惰性较强的特征上稳定地反映个人书写习惯。

(1)基本写法特征。除能写多种字体的人用左手书写时,行草写法易变为楷书写法外,其他的写法,如习惯性的繁异体写法、习俗写法、简化写法和旧字形等特征不变。

(2)错字特征。左手书写可能出现多笔少画的错字,但不能将习惯性错字写对。

(3)笔顺特征。与其他特征类型比较起来,笔顺可以说是动力定型当中惰性最强的一类特征,即使左手书写时,也难以改变。需要注意的是,由于写法不同所造成的笔顺差别不应看做本质差异。

(4)部分笔画的特殊运笔特征。运笔特征在左手笔迹中的变化是最为明显的,但也不排除某些特殊的运笔习惯会保留下来,如笔画变异,特殊的连笔环绕习惯等。

(5)大体的搭配比例特征。左手书写只能改变某些搭配比例的细节,大体的搭配比例关系仍会流露出来。

(6)标点符号特征。以标点符号的写法、用法为重,细节形态和位置不够准确。

(7)款式布局、习惯用语特征。与具体的书写动作无关的特征不受左手伪装的影响。

左手伪装笔迹中,哪些特征一定变化,哪些特征肯定不变,是不确定的。案件鉴定中,应本着具体问题具体分析的原则,结合书写人书写水平的高低灵活地选取特征。

三、局部再现性伪装笔迹检验

(一)局部再现性伪装笔迹概述

局部再现性伪装笔迹,是指作案人在实施伪装笔迹过程中,既尽量保持笔迹的“正常状态”,又有针对性地改变某些字的笔迹特征,并使这些被改变的特征在全篇中前后一致重复再现。我们把这种伪装笔迹称为局部再现性伪装笔迹。

由于这种伪装笔迹具有一定虚假性和迷惑性,是一种比较特殊的潜在性伪装,曾一度把这种伪装笔迹的手段叫制造“假规律”或“假习惯”。

采用这种手段伪装笔迹,一般都是或多或少地懂得一些笔迹检验知识的人所为,而且文化水平也相对比较高。在伪装时,或是事先经过一番“设计”,或是在书写时故意改变某些字的写法、运笔、笔顺、搭配比例等特征,并在每次写到同一个字、同一部位或笔画时,按前面的形式进行改变,在表面上看没有其他伪装笔迹的那种过于反常的现象。这就很容易给鉴定人一种物证笔迹基本正常的错觉。如果不熟悉这种伪装手段的特点,而是按正常笔迹或一般性伪装笔迹对待,很容易导致鉴定结论的失误。

这类伪装笔迹的检验,虽然有一定的难度,但是当事人或嫌疑人在伪装笔迹时,客观上同样受文字社会规范的制约,不能随意乱造;主观上又受书写人注意力与控制力的局限性的制约,能够伪装改变的笔迹特征只能是个别的、局部的,而不可能处处都加以改变。在伪装过程中,当事人或嫌疑人比较充分地发挥了他的书写技能,在伪装笔迹中再现的写法、笔顺等有一些是他熟悉的、会写的常用字写法,或者是在他的书写习惯的“新陈代谢”过程中被淘汰了的那种写法、笔顺。同时也应当看到,由于书写活动的自动化和书写习惯的定式作用,要想在书写过程中将其不习惯的写法、笔顺自然地重复再现也是不可能的。这就必然在被改变的特征上,往往伴随着出现一些事后“修正”等反常迹象,从而为我们识破伪装手段提供了依据,使正确地检验鉴定成为可能。在检验中不能不加分析地把重复再现的现象均视为反映作案人书写习惯的笔迹特征，而是要从具体案件的实际情况出发，注意发现此类伪装笔迹的基本特点，进行全面、深入的分析，才能不被假象所迷惑，作出正确的鉴定结论。

（二）局部再现性伪装笔迹的基本特点

局部再现性伪装笔迹从外形看，书写文字基本没有明显的笔画或长或短、字体东倒西歪、结构奇形怪状等现象，给人一种基本正常的感觉。但若反复细致观察，不仅可以发现书写速度缓慢，运笔生涩，并伴有不正常的停笔和添、改、描、涂的现象，进一步分析还会发现这些添、改、描、涂的目的正是作案人为了将其局部笔画改变成为前后一致所采取的手段：

1. 低书写速度，运笔生涩；
2. 错别字与语文程度相矛盾；
3. 有添、改、描、涂、停的现象；
4. 差异点明显，符合点突出。

采取此种伪装手段的作案人多数是书写水平比较高，对笔迹检验知识或多或少有所了解的人。当然，同是使用这种伪装手段作案，其笔迹特征的变化程度也不一样，有的伪装得范围大，从某些字的写法、搭配、运笔和笔顺等多方面进行伪装；有的伪装面较窄，改变某些字的一两个方面的特征。

局部再现性伪装笔迹的有些特点，在其他伪装手段的笔迹中也可能会出现。特别是摹仿笔迹，也有书写速度缓慢，运笔生涩、抖动和添、改、描、停等反常迹象。这就要求鉴定人通过认真的分析检验，进行综合鉴别。

（三）局部再现性伪装笔迹变化的一般规律

1. 易变特征

（1）改变某些字的基本写法

（2）改变某些常用字的笔顺

（3）改变某些字的字形和搭配比例

（4）改变某些字的运笔方向

2. 易保留特征

(1)习惯性的错字特征

(2)特殊写法特征

(3)部分字的笔顺特征

(4)单字结构、运笔中的细节特征

(5)标点和涂改添插符号特征

(6)用语习惯特征

局部再现性伪装笔迹变化程度的大小和作案人的文化程度、书写水平、社会经验,以及物证笔迹字数的多寡都有一定关系,一定要因案而异,作具体分析。

四、摹仿笔迹的检验

摹仿笔迹,是指当事人或嫌疑人出于某种不良的动机,仿照他人笔迹写成的字迹。摹仿笔迹可以改变自己固有的笔迹形象,从而达到隐蔽自己或嫁祸于人的目的。

(一)检验摹仿笔迹的依据

摹仿笔迹尽管与被摹仿笔迹相像,但在实施摹仿的过程中,由于受到某些主客观因素的制约,摹仿笔迹又不可能与被摹仿笔迹完全相同,必然会暴露出摹仿人自身的一些书写习惯特征。这就是通过笔迹检验,确认摹仿事实,乃至认定摹仿人的基本依据。摹仿笔迹不能完全以假乱真,必然会暴露摹仿人自己的笔迹特征,这是由如下因素决定的:

1. 心理过程的制约

从心理学角度看,摹仿人在进行摹仿时,必须经过对被摹仿字迹的观察、感知、想象、注意、记忆等心理过程。首先是摹仿人对被摹仿人笔迹的形体结构、连笔方式等进行全面的观察。经过感知和注意获得被摹仿字迹整体和局部的印象,通过大脑皮层高级神经中枢建立起的神经联系记忆,并维持记忆的重复再现。临摹、套摹、忆摹大体上都经历这样一个心理活动的过程。但是这个过程与摹仿活动又存在着不可克服的矛盾。

(1)感知具有局限性。并不是每个人对笔迹的理解都那么全面。由于感知的片面性,必然导致摹仿笔迹的谬误和疏漏。比如只能感知笔画有粗有细,但意识不到其运笔的节奏和笔力的分布特点。

(2)注意具有局限性。注意在摹仿过程中起着十分重要的作用。但在摹仿人实施摹仿过程中,注意不可能自始至终高度集中。注意的分散,就会导致摹仿过程中的一些笔迹特征"走形"或复原。同时注意是有偏重的,注意于此而忽视于彼。比如,有些人只注意摹仿了字的轮廓,却忽视了细小笔画的起收笔细节特征。

(3)记忆具有局限性。摹仿笔迹的相似程度,与摹仿人对被摹仿笔迹特征记忆是否明晰、深刻直接相关。一般的临摹、套摹、描摹笔迹还是靠短时记忆或瞬时记忆,这种记忆比较粗糙、模糊。即使忆摹经过练习摹仿实践,记忆也不能始终保持,摹仿笔迹就会流露摹仿人自身固有的笔迹特征。

2. 书写技能的制约

被摹仿笔迹是被摹仿人书写技能的产物,反映其书写水平的高低。摹仿人在实施摹仿时也只能依赖其当时的书写技能和摹仿能力发挥。由于在书写技能上被摹仿人与摹仿人不可能完全相同或相似,一个书写技能较低的人,去摹仿一个书写技能较高的人的笔迹,是力不从心的;书写技能较高的人,去摹仿书写技能较低的人的笔迹,虽然相对容易些,但事实上存在水平上的差距,也将在摹仿笔迹与被摹仿笔迹的比较中表现出来。

3. 固有书写习惯的制约

笔迹是书写人书写技能习惯的表现。每个人的书写达到"动力定型"形成习惯后,书写活动便成为自动化的过程。成为习惯的书写活动方式,既是得心应手又是难以改变的活动方式。摹仿他人笔迹,就要强行改变自身的不相适应的那部分书写习惯方式。这种改变是靠注意控制来实现的,一旦注意分散,或未加注意控制,摹仿人自身的书写习惯便会自然流露。

4. 被摹仿笔迹的制约

在某些案件当中,由于受客观条件的限制,摹仿人不太可能得到较充分的被摹仿人的笔迹样本。特别是那些篇幅大、字数多的摹仿笔迹检材,当找不到所需要的字迹时,作案人就会随意书写来填补空缺的字。这些字无疑会反映出摹仿人的笔迹特征,成为认定摹仿人的根据。

(二)摹仿笔迹的特点

1. 临摹笔迹

(1)形快实慢;

(2)笔力平缓;

(3)中途停顿;

(4)修饰重描;

(5)抖动弯曲。

2. 套摹笔迹

除了具有临摹笔迹的一些基本特点之外,还有其他套摹特点:形体不一、布局失调、文理不通、原样重复、丢笔少画、连笔紊乱。

3. 描摹笔迹

描摹笔迹是通过抑压、复写等方式将他人字迹先勾描打样在文件上,然后再根据打样痕迹用钢笔、圆珠笔或毛笔描成的摹仿笔迹。

描摹笔迹不仅有套摹笔迹的一些基本特点,而且通过显微镜观察,可以看到描摹的相应印痕。

4. 忆摹笔迹

忆摹笔迹是凭记忆进行的摹仿,也称背临。用这种方式摹仿的笔迹一般运笔比较流利自然,形快实慢、抖动弯曲、停笔另起等典型的摹仿笔迹的特点并不明显,但这种摹仿笔迹与被摹仿的字迹,只能在某些特殊的写法、运笔形态和搭配比例上大体相似,而在细节特征上会有明显的不同。

(三)摹仿笔迹变化的一般规律

1. 容易引起摹仿人注意的易被摹仿的特征

(1)字的基本写法和明显的错字、别字特征;

(2)某些连写的笔顺特征;

(3)明显的笔画长短比例特征;

(4)明显的连笔形式和运笔形态特征;

(5)字间和偏旁间的基本结构形态;

(6)文书格式及特殊用语等。

2. 不易引起摹仿人注意的不易被摹仿特征

(1)起收笔的细节动作特征;

(2)运笔的弧度、转折的角度和笔画的倾斜度特征;

(3)上下笔连接方式、形态和转折的细节动作特征;

(4)运笔中笔力大小和笔力分布特征;

(5)不连笔的笔顺和连笔紊乱的笔顺特征;

(6)标点符号等特征;

(7)字间间隔、布局和倾斜度特征;

(8)词汇、语法特征等。

五、几种特殊书写条件笔迹的特点

所谓书写条件,是指书写活动赖以存在和变化的各种客观因素。书写条件由内部条件与外部条件两部分组成。外部条件是指与书写活动相关的各种外界条件,包括书写工具、书写承受物、书写姿势和书写环境等。内部条件可以理解为人体自身与书写活动相关的生理条件。以下就对老年人笔迹、喝酒后笔迹、精神病人笔迹的特点进行分析。

(一)老年人笔迹特点

老年人笔迹的普遍特点:字形较大、结构松散;运笔迟缓,笔画间缺乏照应;起笔不稳,收笔拖拉,笔力平缓并伴有抖动现象;有时出现偶然性的错字、别字以及个别字上有断笔并加以修描的现象。

形成上述特点的主要原因:神经系统功能衰退;手臂运动的功能下降、视力下降、记忆力减退。

与摹仿笔迹相比,老年人笔迹的抖动弯曲比较均匀自然,严重的时候,甚至每个笔画都有抖动,且抖动幅度较大;而摹仿笔迹只是在局部，尤其是转折连接部位易出现不自然的抖动现象。

（二）喝酒后笔迹特点

喝酒之后书写的笔迹往往不同于正常笔迹，变化的大小取决于乙醇所致其神经系统功能障碍的程度。酒后笔迹最为突出的特点或可能出现的变化可以概括为“快、大、误”三字，即速度较快，连笔增多；字形较大，结构松散；偶然笔误，出现错别字。形成这些特点的原因主要是酒精致人兴奋，血液循环加快，自制力降低，肢体动作不协调，手臂颤抖，视觉模糊。

酒后笔迹与摹仿笔迹的主要区别：书写速度不同；字的大小一般不同；运笔方式不同；笔误、紊乱现象不同。

判断笔迹是酒后书写，还是摹仿形成，除根据上述特点进行细致分析外，还应结合案情，如签写的时间、地点、场合，是否饮酒，饮量大小，状态如何，等等。

（三）精神病人笔迹特点

精神病人笔迹普遍特点：布局杂乱，不按格线；字迹潦草，结构松散；运笔抖动，任意修描；错别字多，古怪离奇；乱用标点，寓意晦涩。

以下为一笔迹鉴定案例，供练习、检验使用：案例检材与样本各一份，要求检验鉴定两者是否同一。

检材

房主你好：

我们是一帮外地打工仔，因不甘心受苦，很渴望过上一种好的生活，所以给你写大字报向你暂借人民币2万元，等我们有了钱之后一定会想法给你还上。

你如果不拿，与别怪我们不客气，对你女儿下手，到时别怪我们手黑，心狠。

钱放在门口右边的草上，用纸包好，用砖压上，给你三天的准备时间，3月10号晚10点放好，我们会在一旁倒看你，多说没用。

不准报警，要不后果自付。

就算抓住我二个，还会有我同伙向你进行报复，大不了做二年，再出来，你也好过不着。

打工仔写

第　页
一共十八

样本

我是打工仔，3月10号晚10点，报警，后果自负。心狠，手黑，发空呼好，抓住再出来，草地然后，准备渴望中店

我从良心发现，我错了，我决定以后改过自新，希望给我一次从新生活和做人的机会，希望各位领导能原谅一个无知的少年。其实，我当时并没多想，头脑一发热，一发泄，做，以为开个玩笑，谁知落下这么严重的后果。千不该，万不该，我不该财迷心，做出犯法律的事，现在想起来，很后悔，也很害怕，看在我年少无知的份上，看在我还是一个孩子，再次请各位领导多多原谅。以后，我在也不会做以上这种傻事，以及每犯法律的大小事情，好好做人，做一个奉公守法的公民，在这今后，完成一个新的自我。

我没有更多的话语，希望领导们能原谅我的过错，但我从良心发誓，我以后一定从新做人，要不也对不起自己的父母，更对不起各位领导和社会，我一定做一个有用之人，为社会和人民献上我的一点爱心，再次请求，原谅一个犯错的少年吧！

第三章 印刷文件检验

第一节 印刷文件检验

一、印刷文件检验概述

将文字、图画等制成印版，涂上油墨再转印到纸张等承印物上，叫做印刷。

印刷术，是一种以直接或间接的方式，对原稿的图文进行复制的技术。印刷术出现以前，复制文件全靠手抄、临摹。在古老的刻印、拓石技术基础上发明的刻版印刷、活字印刷及现代印刷术，对于科学、文化的发展产生了巨大的推动作用。科学技术的飞速进步，又使印刷术发生了深刻的变革。在现代社会生活中，不仅保留着雕刻印章盖印这种古老的印刷手段，各种传统的印刷技术仍在应用，而且出现了各种小型、简便，广泛使用的办公印刷设备。在发展需要制作专门印版的传统印刷术的同时，又出现了无须特定印版的电子印刷等新技术。

印刷文件，是指采用各种印刷方法制作的文件。印刷文件的种类繁多，其中全部纸币、票券、书刊，绝大部分公文、证件，以及信稿纸、表格、账册等都是印刷制品；合同、契据乃至个人的文章、信函等，也常采用打字、油印、复印、盖印等简易印刷方式。印刷文件的重要作用，使它成为现实社会生活中不可缺少的、到处可见的物品。

印刷文件检验，是运用印刷技术知识，结合利用印刷文件变化规律和特点，鉴别可疑文件的真伪，判定文件的印刷方法与印刷机具，查明印刷物证来源的一项专门技术。

二、文件印刷方法的鉴别

文件的制版印刷方法很多，但概括起来主要是印刷业使用的凸版印刷、平版印刷、凹版印刷、孔版印刷，以及直接打印、静电复印等。以下对各种印刷方法的印刷原理和基本特征进行分析：

（一）凸版印刷原理

印版的图文部分凸起于印版的同一平面，空白部分凹下。印刷时，凸起部分着墨，借助一定压力将图文线条转印于纸面。文件上的钢印印文就是用印版直接压印而成的。

凸版印刷制品的基本特征：印刷的图文有正面凹下、背面凸起的压痕，这是由于印版表面凸起部分对纸张产生一定压力所造成的；图文有挤墨现象，这是由于油墨层处于印版的印面部分与纸张之间，受到挤压力的作用，而把油墨挤到两边，图文印迹出现中淡边浓的现象；笔画线条边缘及笔画间的微小空隙处易粘杂质而出现油墨疵点或印迹模糊，这是由于在印刷过程中纸张掉毛、空气中杂质的影响，在印版凸起的部分，尤其笔画较多的字的间隙容易形成一定的印面，而使纸张上出现多余的印迹。

（二）平版印刷原理

印版上的图文部分与空白部分几乎处于同一平面，但由于在制版过程中，印版表面涂有脂肪酸或脂肪酸盐，经照相、晒版等处理过程，图文表面形成亲油抗水膜层，空白部分经亲水化溶液处理，由亲水性胶质（阿拉伯树胶等）形成亲水膜层。有的印版是利用多层金属板材本身的亲油性与亲水性的差别，经过腐蚀构成印版的图文部分与空白部分。印刷是借助油水相拒原理，先往版面涂水，空白部分沾水而图文部分不沾水；再向版面涂墨，因空白部分沾水而不沾墨，唯图文部分沾墨，因此可将图文转印到纸上。

平版印刷，有的是直接印刷（如石印、珂罗版印刷），即印版与纸张直接接触转印；有的是间接印刷，即印版将图文先印到胶皮辊筒上，再由胶辊转印于纸面，因此又称胶版印刷。胶印是当前平版印刷的基本方式。

胶版印刷制品的基本特征：印迹平淡，边缘整齐但发虚；无印版压痕；在空白处可见稀落的大小不等的墨点，在较宽大的图文上有的可见不着墨的点状空白。

（三）凹版印刷原理

版面的空白部分凸起于印版的同一平面，图文部分是凹下的。印刷时，首先将印版普遍着墨，再用刮墨刀或擦墨辊将空白部分油墨去掉，留下版凹中的油墨，再借助较大的压力将油墨转印到纸上。

凹版印刷制品的基本特征：图文线条墨层厚，凸起于纸面，有光泽和立体感；线条边缘不齐，有毛刺状墨迹；粗大线条的纸张背面有凹入压痕。照相凹版，上述特征不很明显，但墨迹亦较厚，呈“盘根”状分布，不如胶印墨迹那样均匀平淡。

（四）孔版印刷原理

孔版印刷原理：在薄型板材上，制成由孔洞构成的图文，印刷时，油墨透过孔洞漏印到纸面。其中适宜印制文件的孔版，有用打字机打印蜡纸制作的打字孔版，用誊写钢版、铁笔刻画成的誊写蜡纸孔版和用光电誊影机扫描制成的孔版，以及通过照相晒蚀成的丝网版。

孔版印刷制品的基本特征：图文线条由不规则的点、片状墨迹构成；边缘不齐，墨层较厚，纸面多有油墨染污痕迹。

第二节　几种印刷文件的检验

一、静电复印文书的检验

静电复印是用静电复印机将原稿的图文通过光学系统投影于感光鼓上，形成静电潜影，利用异性电荷相互吸引的原理，借助显影剂使其显影，再转印到纸上。它适宜少量、快速、按原稿图形仿真复制文件。

静电复印文书检验通常有几个方向:确定文书是否为复印件;确定复印机种类;对复印文书的复印机同一认定。

(一)静电复印文书与印刷文书的区别

以静电复印机复印文书虽被称为无版印刷,但复印文书却与印刷文书有区别,体现在:

1. 纸张不同。静电复印纸有两种,即涂层纸和50克以上的普通纸,这两种纸与印刷用纸在纸张挺度、厚度、平滑度、吸湿度等方面有明显差别。

2. 用墨不同。静电复印用的显影剂多为炭黑和热塑性树脂或挥发性脂烃类物质等组成的墨粉,它与印刷所用的油墨不同。

3. 墨迹不同。静电复印文书上容易出现面积不等的弥散性墨点(底灰),不同于印刷出现的黑色脏点。

4. 复印文书上的其他痕迹。使用较旧或有缺陷的复印机,容易在复印文书上形成特有的痕迹。如鼓损伤、分离机构污染、磨损或其他部件缺陷,或原稿纸没有压紧、原件纸薄等,都会在复印文书的不同部位形成宽窄或形状不同的黑色条纹或斑点,而印刷文书则不会形成上述特点。

(二)确定复印机种类

不同种类的复印机,有不同的特点,这些特点均会在其复印的文书中有所表现,所以有必要了解静电复印机的种类特点:

1. 感光鼓的材质。感光鼓的材质可以是硒、硫化镉、氧化锌或有机物。感光鼓的材质不同,对光谱的敏感性会有差异,故对照原文书的图文颜色,有可能鉴别出复印文书是由哪种材质的感光鼓复印机复印的:硒鼓复印机,使被复印的蓝色图文色调减淡,黄、橙、红色图文色调加深;硫化镉鼓复印机,使被复印的蓝、紫色图文色调加深,绿、黄、红色图文色调减淡;有机鼓及经色素增感处理的氧化锌鼓,其性能与硫化镉鼓类似。

2. 感光鼓直径。同样材质的感光鼓,其直径可能不同。如果感光鼓表面有划痕或破损,则在复印文书上会留下相应的痕迹。当该痕迹在一张复印文书上重复出现时,那么相邻两痕迹之间的距离即等于光导体的周长。如果在一张复印文书上有左右两个不同的痕迹，而另一张复印文书上这两个痕迹的位置左右颠倒，那么这两张复印文书上的两个印迹的水平距离之和就是感光鼓的周长。借助圆周的周长公式即可以求出感光鼓的直径。

3. 复印机的显影方式。

复印机的显影方式有干法显影和湿法显影。

(1)干法显影采用的是固态墨粉

干法显影方式有瀑布式和磁刷式等方法。

墨粉加珠状载体为瀑布式显影剂，其复印的图文密度高，黑白对比分明，在宽大图文处易出现边缘色深、中间发白的"边缘效应"，镜下观察可见，墨粉颗粒粗，细密线条不太清晰。墨粉加铁粉或小钢珠载体为磁刷式显影剂，其复印的图文反差强，无边缘效应，墨粉细腻，分辨率较高。

(2)湿法显影剂，由炭黑、偶氮染料与石油等液状载体混合而成，其复印图文的最大密度(色调)低，有一定的深浅层次，空白处易沾染显影剂而形成底灰，镜下观察可见，图文线条由不规则的块状、片状墨渍构成。

4. 墨粉颜色和成分。静电复印机均可用黑色墨粉复印文书。而三色、四色复印机还可用蓝色、棕色或红色、绿色墨粉套色复印文书，而且多为二色套色复印。不同复印机的墨粉成分大致相同，但配比有差异。

5. 分纸方式。纸张紧贴光导体转印图文之后，须用一定方法将纸与光导体分开，导入定影装置。具体可以有分离带分纸、分离片分纸和电荷分纸等方法。

(1)分离带分纸。在输纸系统上装有2~10毫米宽的塑料带，处于光导体的里端、纸张前进方向的右边。分离带夹在光导体与纸边之间，在将纸与光导体分开时，光导体一侧边缘易被磨损或污染，故复印文书与走纸方向相平行的一端有一条白边，邻近白边的图文易发虚。

(2)分离片分纸。当纸随光导体转到分离位置时，有金属片将纸与光导体分开;有的分离片附带有压丝,其作用是防止纸与光导体提前分离造成印迹不实。分离片与压丝经常沾染墨粉,易在进纸端一角形成连贯、间断的片状或单一片状痕迹。

(3)电荷分离。在分离位置的纸背装有交流电极,以中和纸与光导体的吸附力,使其自动分开。它适应于光导体直径小,平直输纸转印的复印机。其复印文书的特点是没有分离痕迹或在进纸端易形成白边。

6. 定影方式。定影能使转印在纸面的图像固化。定影的方式主要有:冷辊压力定影、热辊压定影、热辐射定影。

(1)冷辊压力定影。复印文书通过两个辊筒的挤压作用,使常温下具有柔性的墨粉黏结剂将墨粉粘于纸面。其复印文书的墨迹有光泽,聚集紧凑,易被搓掉。

(2)热辊压定影。用红外加热辊对复印文书直接加热、加压,借以定影。其复印文书无光泽,墨粉颗粒堆集紧凑,线条因挤压而比原文略粗。

(3)热辐射定影。用远红外线加热器或电热板烘烤复印文书,使墨粉中的树脂熔化,借以固定图文。其复印文书的墨迹呈堆集状,有立体感,表面呈熔融状,有光泽。

7. 稿台方式。静电复印机有固定式稿台和移动式稿台两种。固定式稿台多见于中、高速复印机,可复印不同重量和体积的书稿。移动稿台多见于小型或超小型复印机,只适于复印单页或页数少、重量轻、体积小的书稿。如果复印重量超过运载标准的书稿,复印文书上会出现图文扭曲、变形和漏光现象。

8. 缩放功能。复印机均可按原稿 1∶1 复印。较高级的复印机还可以按若干档次将原稿放大或缩小复印。复印机缩放倍率的设计与倍率档次的级数受各种机型的额定工艺所限,有一定的差别。缩放功能的测定,可将复印文书和原稿的尺寸进行比较,或参比有关标准,计算其缩放倍率,以推断复印机的缩放功能。

9. 复印纸张的尺寸。复印机入纸口宽度有限,又受输纸途径、循环周长限制,不同机型均有最大和最小的用纸尺寸,超过限度不能使用。

(三)静电复印机的细节特征

虽然静电复印机多是批量生产,但一旦投入使用,复印机就会形成独特的细节特征,这些特征是确定复印文书的具体复印机时必须依赖并在复印文书中得以体现的特征,包括:

1. 污斑特征。感光鼓表面损伤或稿台玻璃、光学系统等被污染而在复印文书上出现黑色条纹或斑点。这些条纹的方向,条纹和斑点的数量、形态、位置及相互组合的特点,在同一认定中具有重要意义。

2. 漏印特征。感光鼓表面膜层被剥离、污染或生产缺陷有可能在复印文书上形成漏印特征。

3. 白斑特征。感光鼓在潮湿季节时易被电辉光放电击穿,从而在复印文书上会形成白斑。其数量、位置、形态等均有其独特特点。

4. 分离机构特征。不同复印机的分离机构由于污染、磨损情况不同,留在复印文书上的特征的宽窄、形态也不相同,特别是正、反面都留有污染特征的,更具有鉴定价值。

5. 复印机局部故障产生的特征。复印机出现的各种故障,均会在复印文书上形成各种特征,如复印颜色深浅不匀、局部形象模糊、顶端错位、全黑部分出现白斑或残留余像和斑痕等。

二、人民币检验

(一)人民币的发展

1948 年 12 月 1 日,中国人民银行在石家庄成立,同时开始发行新中国的第一套人民币。其中有些是胶版印刷,有些是石版印刷,印刷质量比较粗糙。1955 年 2 月,中国人民银行公布发行第二套人民币,其中 3 元、5 元、10 元三个币别是委托前苏联代印的。在印刷技术上,分币为胶印,角币正面凹印、背面胶凹套印,1 元至 5 元币为双面凹印。这套人民币的印刷质量和防伪功能是第一套人民币无法比拟的。由于种种原因,1959 年我国已着手设计、研制第三套人民币，并于1964年正式发行。这套人民币是完全靠我们自己的技术、设备和印刷材料印制的。在印刷技术上，研制和采用了平凸版四色接线机、轮转四色凹印接线机和具有国际领先地位的平凸版双面多色接线一次印刷胶印机。人民币印刷质量虽有显著提高，但仍缺少明显有效易于识别的防伪标志。1968年开始设计第四套人民币，时处动乱期间，几易其稿，直到1987才陆续发行。这套人民币在设计上有所创新和突破，1990年版的50元、100元币又增加了“安全线”和荧光文字等防伪标志，但在印刷质量和防伪功能上仍不尽人意。为此1999年又开始设计第五套人民币并发行了新版100元币。该币设计新颖，图文明快，采用深凹版印刷和十余种防伪措施，其印刷质量和防伪功能达到了国际先进水平。目前市场流通的第五套人民币有1999年版和2005年版两种。

(二)第五版百元人民币的主要防伪特征

1. 雕刻凹版印刷

正面毛泽东半身像、“中国人民银行”行名、国徽图案、盲文标记、面值数字及中下方的团花图案；背面的人民大会堂、“中国人民银行”的汉语拼音和少数民族文字、“行长之章”，以及面额数字均为雕刻凹版印刷，手摸有明显的凹凸感。手工雕刻的毛泽东像神态安详，目光传神。

2. 固定水印

从正面透光观察，左侧空白部位有毛泽东头像的暗水印；头像水印的右上方有“100”字样的透明水印。水印在票面上的大体位置是固定的，两水印间的相对位置不变，但水印与票面图文的具体位置关系会有差别。

3. 磁性缩微文字安全线

票面中偏左有纵行贯通约1.2mm宽的浅绿色安全线，透光观察为黑色，内有连续的“RMB100”字样，用磁性检测仪测试有磁性信号。

4. 纸张有纤维丝

在钞票纸张中有稀疏分布的红色和蓝色纤维丝，有的深入纸内，用针可以将纤维丝挑起，还有一些在紫光灯下才可看见的荧光纤维丝。

5. 缩微文字

除安全线上的缩微文字以外，正面上方椭圆形底纹图案中有连续的"RMB"，右上方凹印的椭圆形图案边缘有连续的"RMB100"；背面下方的三条细线由连续的"RMB100"组成，其下的粗线由连续的"人民币"组成，左下方面额数字的粗笔画中小的"100"字样。

6. 隐形文字

票面上的隐形文字，一种是在正面右上方凹版印刷的椭圆形图案中，侧光观察有"100"字样；另一种是在正面中部和背面上下边胶印的底纹中，由乱纹隐约衬托的"RMB100"字样。

7. 变色面额数字

正面左下角的"100"是用折光油墨凹版印刷。正面看为绿色，侧视则变成蓝色或灰色。

8. 荧光图案

在紫光灯下，纸张不发荧光，但在正面中部"100"的上方有一个方形的金黄色荧光图案，其中有"100"字样；背面人民大会堂上方的穹顶和下方图案中的玫红色胶印花纹，也有明亮的荧光。

9. 互补对印图案

正面左下角红圈内的左半个古钱图案，与背面右下角红圈内的半个蓝色古钱图案，在透光下观察红圈重合，两半古钱接合为完整的古钱图案。

10. 接线印刷和花纹对接

正面中部的"100"和下方的团花图案、背面下方的"100"和绕柱的角状图案均为凹版接线印刷。正面上、下方的椭圆形底纹为红、黄接线印刷。正面底纹有由紫到红的渐变，背面底纹中发黄渐变为两侧的橙红色，即所谓彩虹印刷。正面和背面的底纹图案花纹均可上下、左右对接。

（三）伪造货币的方法及特征辨别

1. 高仿真制版印刷

伪造者通过摄影手段复制图像，再按真币的制版方法分别制成凹版、平版、凸版，采用高精度的印刷机械和类似的印刷材料伪造货币，这是最高级、最逼真的伪造手段。为区分其真伪，必须与真币票样进行全面的比较、鉴别。其区别主要表现在图像复制过程形成的特征、特种印刷工艺和纸张、油墨的某些特征上。

2. 电子分色制版胶印

这是用电子分色制版机，将真币通过光电扫描自动分成三色或四色图像原版，再晒制成四色平版，用胶印机叠印而成。这种伪造手段速度快、批量大、成本较低，是目前最多见的伪造手段。除印刷材料以外，这种印刷图像的主要特点是图文线条平淡，手感平滑，具有平版印刷品的特征，另外图文线条是由按不同角度排列的或大或小的三色或四色墨点组成，而真币上的花纹线条都是实线。

3. 分色照相制胶版套印

这是用不加网分色照相，将真币的不同颜色的图文分解为三色或四色原版，再晒制成平版上机套印。这种假币除印刷材料之外，主要是不具有真币的凹版印刷特征；由于是三色或四色版套印，真币上的接线印刷图案的线条，在假币上发生错位、间断或重叠。

4. 彩色静电复印机复印

彩色静电复印机有模拟式和数字式两种。模拟式彩色复印机是用红、绿、蓝三种滤色镜，将纸币反射的三种色光分别在感光鼓上成像，再用青、黄、品红三种颜色的墨粉显影并复印。数字式彩色复印机，是先用电感耦合器件对纸币进行扫描，使图像转化为数字信号，经图像处理转换为激光扫描的光信号，在感光鼓上成像，再用四种颜色墨粉分别显影后，一次复印而成。这种假币的特点是，图文为不同颜色的墨粉颗粒混合而成，空白处有分布的墨粉颗粒，且容易被刮掉。模拟式与数字式复印品不同：前者图文为三色墨粉颗粒构成，而后者的图文是由青、黄、品红、黑四种墨粉颗粒构成。

5. 多色复印机套印

此种伪造方法要将真币的图文分成几色版面，通过剪辑、遮挡、定位，分三次或四次套印而成。这种假币具有静电复印件的基本特征，与彩色复印件不同的是，它的不同颜色图文之间颜色反差明显，易有遮挡痕迹形成的印迹。

6. 彩色打印机打印

伪造效果较好的是用图像扫描仪或数码相机，将图像输入计算机，调好尺寸和色相，再用彩色激光打印机或彩色喷墨打印机打印而成。这种假币的图文是网格状排列的三色或四色墨点构成的，墨点的大小表现图文的深浅、明暗层次。激光打印机使用的是墨粉，喷墨打印机使用的是墨水。在显微镜下观察，前者的色点是由墨粉颗粒组成，有光泽和凸起感；后者色点呈墨滴状，平淡、边缘有洇散现象。

7. 转印伪造

转印法伪造货币，是用苯酚、二甲苯或三氯甲烷等把真币上的油墨软化微熔，然后用事先准备好的半透明纸张夹住，均匀加压，通过转移真币的部分油墨而将真币的图文复制下来。最后在中间夹入水印纸和安全线，再裱糊裁切。这种假币图文式样逼真，但颜色浅淡；细密花纹不清晰，线条残缺、模糊；图文油墨分布在纸张里面，表面刮不下来油墨。此外，纸张特征也明显与真币不同。

8. 变造假币

(1)将小面额纸币经涂改变为大面额纸币，可见于美元的变造。

(2)将废币或不值钱的某种外币加以改造，冒充流通货币或具有收藏价值的珍贵货币。

(3)利用银行可以退换残币的规定，将若干张真币分别在不同部位各剪取一条，然后通过拼裱，多拼出了一张纸币。

三、印章印文检验

印文是印章盖印在纸张上留下的有色平面或无色立体痕迹，是文书真实、有效的凭证。印章可分为公章、专用章和私章三种。公章是指机关、社会团体、企事业等单位及其所属机构使用的代表本单位或本部门的印章。专用章是指专用于某种业务或某种文件的印章，如“财会专用章”、“税务专用章”等。私章是指个人使用的名章。

（一）印文特征

印文特征，是印章的结构特点在印文中的综合反映。鉴别印文的真伪，以印文特征为依据，因此，有必要掌握印文特征的具体内容。

1. 印文特征的组成

印文特征包括印文规格特征和印文细节特征两大部分。

印文规格特征是印章规格特征的反映，包括印章刻制的大小、形状、边框、字体、内容、安排格式等方面呈现出的种属性特征。

印文细节特征是印章细节特征的反映，包括印章刻制的文字、图案、线条等的具体位置及相互间的位置关系；文字、笔画、线条等的交接、搭配等比例关系，以及文字、笔画等的弧度、转折角度等外形特征；附加图案的具体结构特点及可能有的防伪特征；印文笔画、线条等在刻制、使用中形成的一些断损、磕损、修补特点等。

2. 影响印文特征变化的因素

相较于笔迹特征而言，印文特征更为稳定，即使如此，印文特征也受一定因素的影响而发生相应变化，唯有了解并掌握影响印文特征变化因素，才能在印文的鉴定中正确评断可疑印文与样本印文之间的一些特征差异点，进而给出正确的鉴定结论。一般而言，影响印文特征变化的主要因素：

（1）用不同印章盖印。尽管印文的内容、形状、大小等特征均类似，但如果以不同印章盖印，则印文特征，特别是印文细节特征会有很大差异。

(2)空气湿度会影响木质印章膨胀率,空气湿度大或印章经常使用,则印面的笔画、线条等会相应膨胀而变得粗大;反之则变得纤细。

(3)盖印时的压力大小、落印角度、衬垫物软硬、印泥(油)多少等,有可能影响印文的外观、文字、线条等,使其或粗、或细、或变形、或重影。

(4)印章的长期使用或印章的清洗,有可能影响印文的文字、线条,使其或变得粗钝、模糊,或变得清晰、细小。

(5)印章受到磕碰或损坏,有可能使边框、文字、线条等出现缺损、断裂,相应的印文也会出现漏白、残缺等。

(6)印章长期使用却不清洗,有可能使其附着过多的印泥(油)或者粘上异物,木质或橡胶印章的刀痕及一些细节特征就无法反映在印文中。

(二)伪造印章印文的常用手法

1. 伪造印章后再印制或盖印形成假印文

(1)照相制版伪造印章印文。这种伪造法又分两种情况:一是通过印刷形成印文。主要特点:印文的结构、大小、文字甚至细节特征等可能与真印文相同;但有平版或凸版印刷的特点,相应的印文由印刷油墨构成,而不是由印泥或印油构成。二是制成不同材质印章,再盖印形成印纹。主要特点:印文的结构、大小、文字甚至细节特征等可能与真印文几乎相同;但经照相得底片时的显影、定影,以及以底片再行光腐蚀或化学腐蚀的制版处理,会使得制成的假印章丢失或增加某些特征,相应的假印文也就与真印文存在一些差异。

(2)手工雕刻法伪造印章印文。以此方法伪造的印文,会明显体现出伪造印章与真印章在雕刻水平、印章材质、雕刻工具等方面的差异,如字的大小、间距、位置等方面的不同;字的笔画、线条等粗细不匀、转折生硬,甚至不正常间断或衔接;不具有真印章所具有的一些防伪特征等。

(3)遮盖真印章的局部再盖印形成假印文。即设法将真印章的局部文字内容等遮盖住，再盖印出假印文的一种伪造法。以此法伪造的印文，主要特点，有文字部分与无文字部分不匀称，或在印文空白处留有未被遮住而残余的文字笔画。

(4)电脑制版激光雕刻伪造印章印文。计算机技术及激光技术的发展，使得印章制作行业发生了深刻的变化，传统的手工雕刻制章或照相制版制章工艺几乎完全被电脑制版激光雕刻制章工艺取代。有一种伪造印文被称之为“同版印文”，即激光雕刻系统曾经存储过被伪造印章的图文文件，然后用激光刻字机再次制出印章，进而盖印出假印文。在与新的印章印文相互比对中，这种伪造几乎不能检出。当然一般情况下，使用这种方法进行伪造时，是需要重新测量、编辑印章图文，或者需要扫描后再进行修改、编辑印章图文，所以一定会出现误差，这种误差或大或小，需要在比对过程中认真观察，从而发现印文的细小差别。

2. 直接伪造印文

(1)手工描摹复写法伪造印文。以此法描摹出的假印文有明显的摹仿笔迹特征。

(2)变造印文。此种变造印文有典型的变造文书特征。

(3)拓印印文。即以拓印的方式将真印文拓印到白纸上，再将其转印到其他白纸上的一种伪造法。其主要特点是，印文相似，但颜色浅淡，且印文成分可能含有其他有助于拓印的化学组成。

(4)激光扫描打印印文。此种变造有彩色喷墨打印、激光打印等典型特点。

(三)印文的鉴定

1. 印文真伪的鉴定

印文真伪的鉴定与笔迹鉴定一样，也属于同一认定，因此，印文的真伪鉴定也要遵循同一认定的基本步骤，即准备工作、分别检验、比较检验、综合评断得出结论、制作鉴定书，也要使用同一认定的基本方法，即比较法。但针对印文的特点，有必要注意以下问题：

(1)要注意全面收集不同时期的印文样本；

(2)检材印文及样本印文均要是原件而非复印件;

(3)为更直观了解印章及其相应印文的特点,可将印文样本对应的印章同时提供;

(4)比较检材印文与样本印文时,要综合使用测量法、画线法、拼接法、重叠法、特征标注法等比较方法;

(5)应熟悉当代先进制章工艺的原理、步骤;

(6)经计算机自动识别后,仍需要人工复核;

(7)必要时还可从印文的成分入手;

(8)即使是同一印章盖印的印文,印文间也会有特征差异。

2. 朱墨时序的鉴定

朱墨时序,即印文与交叠或交叉在一起的文书文字谁先形成。虽然文书朱墨的正常时序没有严格的规定,但通常而言,按照文书制作的程序,完整有效的文书应该是先形成文字内容部分,再盖上相应的印文,即文书的文字、签名等在交叉处的印文之下。准确判断朱墨时序,能为案件的公正处理提供一定线索或证据。

鉴于纸张的差异、印泥或印油的成分差异、文书文字等内容的构成材料的差异以及文字的形成时间与盖印时间之间的间隔等,朱墨时序的鉴定并非易事。通常可观察朱墨交叉处的光学、形态学、化学特征等,借助以下方法来进行判断:(三维)立体显微镜、荧光显微镜、生物显微镜、扫描电子显微镜等显微镜检验法;文检仪检验法;拉曼光谱分析法;傅立叶红外显微光谱法;交叉截面镜检法;粉末吸附法;脱色法;熔压转移法;彩色显微照相法等。

四、文件形成时间检验

这里的文件既包括印章印文等印刷文件,也包括圆珠笔、钢笔等手写笔迹。

(一)文件形成时间检验的可能性

1. 文件中的书面语、内容及格式具有时代特征。

2. 文件上印痕、邮戳、数字水印等可以判断时间。

3. 文件的制作方式、制作工具的启用及变化具有时间性。

4. 不同书写人笔迹特征随年代变化会有差别。

5. 纸张的特征及相应变化具有时间性。

6. 墨水、圆珠笔油的时间变化可以通过化学成分变化进行鉴定。

7. 印文印油或印泥的变化也可以通过化学成分变化进行鉴定。

(二)文书制作时间检验的方法

纸张、墨水、圆珠笔油、印油印泥等文书制作材料随时间发生的变化,也就是笔画的墨水或圆珠笔成分、印文的印油或印泥成分随时间变化发生氧化、交联、聚合、分解等变化。对成分变化进行化学检验,进而确定文书制作时间,这种方法是最为科学、最为准确的,所以目前国内外有关文件形成时间的课题研究均是针对这些文件物质材料随时间变化展开的。到目前为止,文件物质材料随时间变化受多种复杂因素的影响,还没有一个能够广泛使用的方法。虽然理论上可以解决文件形成时间的检验问题,并且在实验室研究阶段能够得到比较好的检验准确性,但是对鉴定中样本条件要求相当高,在实际案件中有很多案件并不满足,这导致目前仍然有很多涉及时间的具体案件无法鉴定。

如果实践中满足相应条件,可以使用的方法包括:显微分光光度计法;压印法;溶剂提取法;硫酸根扩散程度测试法;薄层色谱和薄层扫描法;气相色谱法;X 光电子能谱法;傅立叶变换红外光谱法;热分析法;二次测定法。

严格说来,这些方法均有局限性,且均受诸多因素的干扰。因此,具体使用应该严格根据案件的具体条件,慎重选择,并尽量选用多种方法相互印证,这些方法的具体操作、具体测试步骤等也要规范进行。此外,有些案件中,还会出现人工老化或作旧的文书,对判明是经日晒、风吹、雨淋、水泡、烘烤、烟熏、沾污、搓擦等人工老化的文书,一般不能作书写时间的检验。

第四篇

化学、生物物证技术

第一章　化学物证技术

第一节　化学物证技术基础

一、化学物证

化学物证通常是指案件中提取的量少体微、能以其自身的化学属性证明其与案件之间的联系，进而证明案件真实情况的各种有机物质和无机物质。

案件中常见的化学物证包括：

1. 爆炸、射击残留物。在爆炸案件中往往需要检验现场爆炸残留物中的微量炸药，在涉枪案中往往能发现射击残留物。

2. 毒物。在毒杀案件中，毒物是必然会存在的物证。通常在现场发现，也可能从被害人的体液或尸体内检出。

3. 毒品。在涉及毒品的犯罪案件中，毒品是重要的物证。

4. 纤维。衣物、绳索等的主要成分均为纤维，衣物、绳索是案件中经常涉及的物证。

5. 涂料。作案人进入室内往往要撬门压锁，因而在作案工具撬棍上常常留下微量的涂料。在某些交通肇事案件中也经常遇到涂料检验问题。

6. 泥土。作为物证的泥土，既可能是作案人鞋底带到犯罪现场的，也可能是附着于作案人鞋底或衣物上从现场带走的。

7. 玻璃。入室盗窃或抢劫等类型的案件，均有可能出现破碎玻璃物证，这种物证可能分布在现场，也可能被作案人带离现场。

二、化学物证的显微器材

16 世纪末，荷兰人发明了光学显微镜，显微镜的发明突破了人类的天然生理局限，使人类可以观察客体的微观结构，大大提高了人类认识微量化学物证的能力。

物证检验中常用到的显微器材：

1. 光学显微镜。物证检验中常用的光学显微镜包括：实体显微镜、生物显微镜、荧光显微镜、偏光显微镜、金相显微镜、比对显微镜、微分干涉显微镜。

2. 透射电子显微镜。随着近代电子技术的发展，1932 年德国人制造了第一台透射电子显微镜（透射电镜），进一步增大了显微镜的放大倍率。

3. 扫描电子显微镜。1965 年，人类开始使用扫描电镜以获取更高分辨率、更强立体感、更大放大率；后来人类又发明了扫描探针显微镜，能够观察到微米结构的三维景象；而环境扫描电子显微镜甚至可以对检材进行活体无损检验。

三、化学物证的仪器分析技术

随着仪器分析技术的不断成熟，化学物证的检验水平迅速提高，化学物证的分析离不开仪器分析。

物证检验中常用到的仪器分析技术：

1. 色谱法。包括薄层色谱和薄层扫描法、气相色谱法、高效液相色谱法。

2. 原子光谱法。包括原子发射光谱法、原子吸收光谱法、原子荧光光谱法。

3. 分子光谱法。包括紫外—可见分光光度法、红外光谱法、激光拉曼光谱法、分子荧光分析法。

4. 射线分析法。包括 X 射线荧光分析法、X 射线衍射分析法。

5. 核磁共振波谱法。可以用连续波核磁共谱仪或者脉冲傅立叶变换核磁共振仪检验。

6. 质谱法。

7. 联用分析法。包括气相色谱—质谱联用分析法、气相色谱—傅立叶变换红外光谱联用分析法、气相色谱—红外光谱—质谱联用分析法、高效液相色谱—质谱联用分析法、质谱—质谱联用分析法。

第二节　爆炸、纵火物证技术

一、爆炸、燃烧概述

(一)爆炸、燃烧的概念

爆炸是在极短时间内,释放出大量能量,产生高温,并放出大量气体,在周围介质中造成高压的化学反应或状态变化。经常与犯罪案件有关联的是化学爆炸中的炸药爆炸。炸药爆炸存在三个特征:反应的放热性、反应的快速性、反应中生成气体产物。

燃烧是伴随光和热物理运动形式释放能量的化学反应。在燃烧过程中,原有参加反应的物质生成了具有新的结构的物质。如氢在氧的支持下,燃烧生成了水。燃烧的发生需要具备三个要素:可燃物、助燃物、温度。

(二)爆炸的分类

爆炸现象一般分为三类:物理爆炸、化学爆炸、核爆炸。

1. 物理爆炸实际是气体急剧膨胀的结果,只发生物质形态的变化,而无化学性质的变化,不改变物质的成分。物理爆炸多数情况下没有燃烧,也没有火光、烟痕,只是在高压放电爆炸时有闪光和高温作用痕迹。比如锅炉爆炸、轮胎爆炸等。此种爆炸是气体的压力、体积等形态的变化,而无化学成分的改变,比较容易识别,多数情况下可判明为爆炸事故。

2. 化学爆炸是物质发生迅速的化学变化,同时释放巨大能量的化学反应过程。各种炸药爆炸、燃料与空气混合物的爆炸都属于化学爆炸。化学爆炸与物理爆炸通常存有明显区别:第一,化学爆炸一般比物理爆炸更猛烈,周围的介质物体破坏严重,常有明显炸点和破坏范围。第二,化学爆炸爆热大,爆温高,爆容大(产生气体多),爆炸有闪光和高温作用痕迹,尤其现场反映出冲击波作用痕迹。第三,化学爆炸反应中有新物质生成,有不同于原物质的气味。

3. 核爆炸的能源是核裂变或核聚变反应所释放的核能,核爆炸反应所释放出的能量比炸药爆炸释放的化学能要大得多,核爆炸时可形成数百万到数千万度高温,在爆炸中心区造成数百万大气压的高压,同时它还有很强的光和热的辐射以及各种粒子的贯穿辐射。因此比炸药具有大得多的破坏力。核爆炸的能量相当于数万吨到数千万吨 TNT 炸药爆炸的能量。

(三)燃烧与爆炸的关系

燃烧与爆炸既有联系,也有本质区别。在许多爆炸现场,爆炸与燃烧同时存在,有时两者可以互相转化,燃烧可以导致某些物质爆炸,爆炸也可以引起某些物质燃烧。

在分析、判断案件性质的时候,物证技术人员需要区分燃烧与爆炸的本质差异。其主要区别有以下几点:

第一,反应类型不同。爆炸可以有物理反应、化学反应和核反应三种,而燃烧只有化学反应这一种形式。

第二,反应速度相差悬殊。仅就同属化学反应的燃烧和化学爆炸而言,成吨的炸药可以在毫秒级的时间内完成,而成吨的燃料可持续燃烧几天甚至更长的时间。

第三,供氧体系不同。燃烧现象发生时,一般必须借助可燃物周围的氧或氧化剂支持,燃烧反应才能进行。由于炸药一般均由碳、氢、氧、氮四种元素构成,爆炸过程中自身有供氧体系,炸药在完全与空气隔绝的情况下仍可完成爆炸反应。

(四)炸药的分类

1. 按用途分类,炸药可分为起爆药(雷汞、叠氮化铅、二硝基重氮酚等)、猛性炸药(梯恩梯、黑索金、特屈儿、奥克托金、太安等)、发射药(黑火药或硝化棉等)、烟火剂(由氧化剂和可燃物组成)。

2. 按组分分类，炸药可分为单体炸药、混合炸药。

3. 按氧平衡分类，炸药可分为正氧平衡炸药、零氧平衡炸药、负氧平衡炸药。

二、爆炸、纵火物证的收集

爆炸或纵火物证在收集时主要是针对作案人准备阶段用过的物品、物质和实施爆炸或纵火后形成的残留物、遗留物及作案痕迹。

（一）爆炸物证与纵火物证的区别

1. 温度区别。爆炸中心一般有5 000℃以上的高温，处于中心部位的物体都有明显的热效应后果，比如金属有熔化痕迹，可燃物有烧焦痕迹，爆炸中心的泥土、水泥等温度明显升高。然而纵火时温度要低得多，一般只有几百度，除少数低熔点金属可能发生熔化外，其他常见金属都不易熔化，只有低燃点物质能被燃烧。

2. 压力区别。爆炸中心可以形成几万至几十万个大气压的高压状态，除大部物体会被压碎变形外，许多硬度不大的物体会嵌入硬度较大的物体中去，比如纺织品可能在高压作用下被打入木板之中。纵火现场则不会发生这种现象。

3. 时间区别。尽管爆炸中心的温度和压力都很高，但它们维持的时间都很短，都是毫秒级作用，一般情况下燃烧现象不会很严重，如人体常出现毛发烧焦，皮肤烧伤，衣服瞬间烧损痕迹，高压瞬时作用体现在中心物体上多为粉碎和压缩现象。燃烧现场由于高温作用时间长，燃烧破坏后果比较严重，但燃烧是在常压状态下进行，没有高压作用痕迹。

4. 空间区别。爆炸中心的温度和压力虽然很高，但只是局限在爆炸中心那个不大的空间。随着距离向外推移，压力和温度迅速减小，从爆炸中心向外围距离每增加一倍，压力迅速减少500倍，最终降低为普通大气压，因此爆炸的破坏作用最严重的只是在中心部分有限的空间。而燃烧中心会随着时间的推移和可燃物的分布状况而不断变化，并沿着一条线蔓延，也可以由中心向四周辐射燃烧,其直接破坏的高温效应区,比爆炸现场要大得多。

(二)爆炸物证的发现、提取与送检

在爆炸案件现场,需要仔细寻找,提取到爆炸装置的各组成部分残片。在开展勘查工作之前,首先建立直角坐标系或极坐标系,目的是能将提取到的各种物证所在位置准确记录下来。

因为爆炸物的装药量可以通过现场残留物测算,所以对爆炸残留物的提取非常重要。爆炸残留物的提取一般分为炸点取样、外围取样、空白试样等部分。

炸点取样是在炸坑底(若为悬空爆炸则在爆炸中心正对着的下方地面)、炸坑壁进行的取样工作,取样过程需要详细测量和拍照,取样应多次多点进行。

外围取样是从炸点以外地带地表等处取到的尘土样品,按一定面积和不等距离提取的一套样品,每个样品的间距越小越精确。

空白试样是在距爆炸现场较远、未受爆炸污染的地带提取的对照样品。

爆炸现场提取的物证必须装入洁净的干燥容器中,并在容器上标明名称、部位及编号,提取到的物证相互之间不允许有任何的交叉接触;否则,会严重影响物证价值。

(三)纵火物证的发现、提取与送检

纵火物证包括残留物、遗留物和纵火痕迹等形态,它们互有渗透,有时甚至互为载体。

纵火物证的搜集应注意火场的几个部位:第一,纵火现场中心部位。中心部位热作用时间长,温度高,引火物容易被燃烧,但作案人总是在纵火中心留下纵火物的蛛丝马迹,如火柴杆、火柴盒、打火机、汽油桶等,有时在中心附近的泥土里还存有液体引火物的残留物。第二,纵火现场的出入口或附近。与其他类型的犯罪勘查一样,此处常可发现足迹和犯罪嫌疑人随身携带的作案工具。第三,未受救火器材污染的部位。如玻璃窗和其他未被污染部位的炭黑,它经常像活性炭那样吸附了现场可燃的蒸气。

纵火现场物证在提取时,现场气体样本一般可直接用大的容

器(如玻璃瓶、塑料袋等)装取,也可以用干净的活性炭吸附。其余要求与爆炸现场物证的提取、送检要求基本一致。

三、爆炸、起火情况分析及检验中应注意的问题

(一)爆炸情况的分析

除了自然原因引起的爆炸以及能源设备操作不当或年久失修引起的爆炸,爆炸装置的爆炸要求技术人员对现场采集到的遗留物、残留物及爆炸痕迹进行分析、判断。

对爆炸装置的分析,包括使用炸药品种的判断、装置所用材料的判断、引爆方式的判断。

判断爆炸现场的炸点是勘查现场、提取物证的前提,正确区分炸点的类型才能准确判断炸点的部位。炸点一般可以分为:锥形炸点、球缺炸点、穿孔炸点、截断炸点、塌陷炸点。

犯罪嫌疑人使用的炸药是最重要的物证之一,估算爆炸装置中的装药量对案件侦破有重要意义。估算方法主要有利用炸坑测量数据估算、利用尸体创伤面积估算、利用残留物分布规律估算、利用空气冲击波超压估算等。

利用引火物纵火属人为破坏,在火灾案件中所占比例很小。

对起火情况的分析主要包括引火装置的分析和起火点部位的分析。

(二)检验中应注意的问题

1. 要利用空白值对检验结论进行对照研究。在定量或半定量测定任何物质中存在的微量炸药时,都必须测定同种未受污染物质中炸药的“空白值”,然后通过比较两者含有的炸药或其他无机离子的浓度,再作出判断。一般差别在十倍至100倍时,才能得出肯定的结论。由于纵火案中可利用的引燃物和助燃剂来源比炸药更为广泛,在纵火物证的分析中,空白值的参考价值显得更为重要。

2. 要利用多种分析手段去认识爆炸或纵火现场遗留物的本质,同时还必须借助于爆炸、燃烧模拟实验。

3. 在采用多种方法对同一检材进行检验时，应当先无损后有损。

第三节 毒物物证检验

一、毒物分析的发展

毒物识别研究的早期，一些狡猾的作案人常使用毒药作案，他们认为这种方法非常隐蔽，几乎永远不会被发现。专家、学者们最初对这门学科的研究目的就是为了揭露越来越多的下毒案件。

早在公元700年，阿拉伯人雅伯在炼丹时发现了砒霜的制造方法。砒霜是一种白色、无味的剧毒粉末，中毒后人体表面不会留下任何痕迹。由于砒霜的症状与当时最常见的霍乱症状相同——剧烈的腹部疼痛和呕吐。因此，砒霜成为了中世纪最受欢迎的杀人方法。

1755年，瑞典人卡尔·威廉·谢勒发明了一种识别方法，如果尸体中含有大量砒霜，就可以被检测出来。

1806年，德国化学家瓦朗坦·罗斯推进了识别砒霜的方法，他发现了在被害人死后迅速通过胃壁识别毒物的方法。

1814年，法国化学家约瑟夫·奥菲拉发表了第一篇关于识别毒物以及毒物对动物的影响的论文。奥菲拉在毒物分析方面作出突出贡献，被后人称之为“现代毒物学之父”。

识别砒霜的突破性进展是在1836年，由英国化学家詹姆斯·马什发明。马什曾利用罗斯的证明方法在一起凶杀案件中作证，但是他的证明方法被陪审员拒绝，为此，他决心研究出令人信服的证明方法，最终获得成功。

19世纪早期，人们仅能从纯样品中识别植物性毒物，而不能从人体组织中识别出植物性毒物。随着一些毒物的识别研究被公众认可，一些作案人也开始选择更隐秘的植物性毒物作案。

1851年，布鲁塞尔的杰恩·塞维斯·斯坦斯教授在一起毒杀案件中，使用水和酒精交替、反复地冲洗、过滤检材组织，从人体中分离植物性毒物，之后使用刚发现的乙醚，成功地分离识别出被害人体内的毒物尼古丁，开创了毒物识别的又一个新篇章。

进入20世纪，随着化学研究水平的提高和仪器分析技术的完善，人们发现了越来越多的化学物质，各种能够致人于死地的毒物也无处遁形。

二、毒物分析概述

（一）毒物的概念

毒物是在一定条件下，较小剂量经生物体吸收后即可引起生物体功能性或器质性损害的化学物质。毒物的概念是相对的，毒物与非毒物之间的界限取决于剂量大小。比如酒的主要成分是乙醇，少量饮用人体并无反应，而超剂量饮用乙醇则可引起中毒反应甚至死亡。

（二）毒物分类

毒物的种类繁多，各学科所使用的分类方法不同。

1. 根据毒理学的分类法，毒物一般可分为：腐蚀性毒物、毁坏性毒物、障碍功能性毒物。毒理学的分类法是根据毒物对机体的不同作用而分类的，这种分类法有助于根据中毒症状推测毒物，提供毒物范围。

2. 根据毒物化学分类法，毒物一般可分为：挥发性毒物、非挥发性有机毒物、金属毒物、水溶性毒物、气体毒物。毒物化学分类法是根据毒物的化学性质分类的，该分类法有助于毒物分析实验室对检材进行毒物的分离和提取。

3. 根据毒物的用途的不同，毒物一般可分为：杀虫剂、杀鼠剂、有毒动物、有毒植物。

（三）影响毒物作用的条件

1. 毒物的剂量

毒物的剂量是决定机体是否中毒和中毒程度的重要因素，一般以中毒量、致死量和毒物血浓度表示。引起机体中毒的最小剂量称中毒量；引起机体中毒死亡的最小剂量称致死量；中毒血浓度指中毒时血中毒物的浓度；致死血浓度是引起死亡时血中毒物的浓度。一般情况下，剂量越大，中毒发生越快，程度越重。

2. 机体的个体特征

个体的年龄、性别、体重、身体健康状态等不同，机体对毒物的反应也不同。例如，小儿对毒物较成人敏感，老年人对毒物的耐受性逐渐降低。体重一般与中毒量成正比。机体在营养不良、患有慢性疾病、疲劳、饥饿、抵抗力下降时对毒物较为敏感。

3. 毒物进入机体的途径

毒物进入机体的途径不同，吸收的速度和对机体的作用也不同。其规律是心脏或静脉注射最快，呼吸道吸入次之，其他依次为腹腔注射、肌肉注射、皮下注射、口服、直肠灌注等。某些毒物可因进入机体的途径不同而出现不同的结果。如蛇毒，蝎毒注射后立即中毒，口服则无毒；相反，苦杏仁甙静脉注射无毒，口服常发生中毒。

4. 毒物在体内的过程

毒物通过各种途径进入体内，经过吸收、分布、代谢后排出。不同毒物在不同阶段集中的部位不同，准确掌握可以帮助技术人员更好的提取检材。

毒物的吸收是毒物经胃肠黏膜或肺泡壁进入血液循环，毒物只有被机体吸收后才能发挥毒性作用。毒物的理化性质不同，进入机体的途径不同，毒物吸收的速度也不同，弱酸性毒物在胃内被吸收，水溶性毒物和弱碱性毒物主要在小肠吸收，气体毒物经肺泡壁吸收。

毒物的分布是毒物被机体吸收后，经血液循环到达全身各组织的过程。由于毒物与组织的亲和力不同，使毒物在各脏器的分布是不均匀的。如氰化物主要分布在肝脏，金属汞主要分布在肾脏。

毒物的排泄是毒物及其分解、代谢产物经由排泄器官排出体外的过程。不同的毒物排泄的途径不同。例如，催眠镇静药和金属毒物主要经肾脏排出，气体毒物和挥发性毒物主要经肺脏排出。

三、毒物物证的提取、包装及分析步骤

（一）毒物物证检材的提取与包装

正确地采取检材，妥善地保存检材，是分析结果正确可靠的保证。

1. 检材的提取

对于口服中毒者，要收集其全部呕吐物，24 小时内全部尿液，十毫升血液，洗胃抢救者还须收集胃吸出液。

对于口服中毒死亡者，须提取全部胃内容，部分尿液、血液、肝、肾、肺，必要时还要提取脑和心血。

对于中毒或中毒死亡的现场，要注意收集中毒者吃剩的食物、药片、药渣，如有可疑注射器、药棉球、针剂药瓶等也应一并收集。

对于某些性质稳定的毒物，虽经埋葬或高度腐败仍可检出，在开棺时主要提取胃、肝区的腐败残渣。

2. 检材的包装

检材的包装过程需要注意：如果提取的是内脏组织或其他半固体检材，可用干净的玻璃瓶盛装，对固体检材可用塑料袋或纸袋包装。如果是一氧化碳中毒或死亡者，其血液要装到玻璃瓶的 4/5 体积。所有生物检材都不得加入福尔马林、乙醇等防腐剂。检材包装好后，要妥善密封并加贴标签，注明中毒者或死者姓名，检材名称、数量，提取日期，封口要加盖印章。提取后的检材要及时送达实验室，如不能及时检验，检材应放置在 -10℃ ~ -20℃ 冷藏箱中保存。

（二）毒物物证分析的一般步骤

毒物物证分析是利用分析化学方法对可疑毒物进行分离、鉴定的专门工作，其一般检验步骤应当包括：

1. 了解案情

毒物物证分析的对象是未知物，侦查或抢救都需要在短时间内作出检验结论，所以在分析之前，技术人员需要详细了解案情，

包括中毒经过、中毒症状、抢救治疗情况、中毒者的尸体现象及解剖所见,要尽可能多地获得毒物来源的信息,以便迅速确定检验重点,缩小检验范围,准确、快速作出检验结论。

2. 初步检验

毒物分析的初步检验不仅包括毒物的外观检验,了解毒物的形态、颜色、气味等,还包括使用灵敏度高、范围广的一些化学反应或免疫生化反应对毒物进行筛选,确定毒物范围。

3. 毒物分离、提纯

毒物的分离、提纯是为接下来的定性检验作准备,因检材所含毒物浓度有时仅仅接近,甚至低于分析方法的检出下限,所以需要对其进行分离、提纯。

4. 毒物的定性、定量

毒物的分析顺序是先定性再定量。目前定性分析方法常采用薄层分析法、气相色谱法,也有的使用紫外光谱、液相色谱及气相色谱—质谱联用分析方法,对无机毒物也可使用发射光谱、原子吸收光谱等分析方法。毒物的定量分析结果可以评价体内存在的某毒物达到了何种程度。特别是常用药物,是否达到中毒量、致死量或仅处于治疗量水平。

5. 毒物检验的综合评断

如果毒物检验结果检测到含有某种毒物,则需要全面考虑各种因素,排除误检的可能性。如果毒物检验结果未检测出某种毒物,也需要对各个方面综合评价,排除所有漏检的可能。

四、几种毒物中毒的症状及检验

(一)砷化合物中毒的检验

1. 砷化合物中毒症状。砷化合物属金属毒物一类,在金属毒物中占主要地位,主要有三氧化二砷、亚砷酸钠等,是用于农业杀虫的剧毒物质。三氧化二砷俗称“砒霜”或信石,纯品为白色结晶性粉末,无臭无味,在自杀、谋杀及中毒事故中常有使用。砒霜急性中毒症状为剧烈呕吐、腹泻,排出物呈米汤状,带血便。由于剧烈呕吐、腹泻，体温血压下降，虚脱、昏迷，最后因循环衰竭而死亡。

2. 砷化合物的检验。对于急性中毒者，可收集剩余食物、呕吐物。中毒死亡者，可取胃及内容物、肝、肾、血、尿。慢性中毒死亡者应以肝、肾、血为主。可开棺检验并收集腹腔部位腐败组织及泥土。主要的检验方法有砷的雷因希氏预实验、升华法、古蔡氏砷斑定量实验法。

（二）生物碱类药物中毒的检验

1. 生物碱类药物中毒症状。生物碱是一类含氮的碱性天然有机化合物，广泛存在于植物中。乌头类、钩吻类生物碱类药物对人的毒性主要表现在神经系统，服后出现主要症状是嘴唇、口腔等有麻刺或灼烧感，手指发麻，流涎，语言困难，心慌，昏迷，最后心脏与呼吸中枢麻痹，导致窒息死亡。

2. 生物碱类药物的检验。中毒者的血、尿、剩余药物、药渣和死者胃、胃内容及肝脏均须收集。还要收集当地植物作为比对样本进行检验。主要检验方法有气相色谱法、紫外光谱法、薄层色谱法、高效液相色谱法。

（三）有机磷杀虫剂中毒的检验

1. 有机磷杀虫剂中毒症状。在各种农药中，以有机磷类杀虫剂毒性最为强烈。常见磷酸酯农药有敌敌畏、敌百虫、久效磷、磷胺等。有机磷杀虫剂毒性作用主要是抑制体内胆碱酯酶，使体内正常产生的乙酰胆碱得不到及时破坏而蓄积过多，引起神经性中毒。轻度中毒表现为头晕、恶心、全身无力；中度中毒表现为多汗、流涎、肌肉震颤、胸闷、瞳孔缩小、视力模糊；重度中毒表现为全身发绀、口吐白沫、昏迷、抽搐、大小便失禁、呼吸麻痹死亡。中毒一般在服后十几分钟至半小时发生，如得不到及时抢救，可在数小时内死亡。

2. 有机磷杀虫剂的检验。对于口服中毒者，以胃内容、胃、十二指肠及其内容物含毒量最多，其次为肺、血液、肝脏。注射或吸入者应提取血液、肺、肝脏为检材，皮肤吸收者还要提取接触部位组织。主要的检验方法有薄层色谱分析法、气相色谱分析法。

（四）氰化物中毒的检验

1. 氰化物中毒症状。氰化物为剧毒工业原料，常用的有氰化钠和氰化钾，为白色易潮解固体。氰化物中毒症状是先兴奋后抑制，最终导致呼吸麻痹而死亡。在摄入大量氰化物的 10 ~ 60 秒内，突然发生昏倒、呼吸困难及强直性、阵发性痉挛，2 ~ 3 分钟后呼吸停止，继而心跳停止而死亡。

2. 氰化物的检验。口服氰化物死亡者，胃内容、呕吐物含毒物量最多，血、肝脏也是较好的检材。由于氰化物在体内不稳定，易挥发、分解，应及时进行检验。氰化物的定性分析通常使用普鲁士蓝反应法。

（五）乙醇中毒的检验

1. 乙醇中毒症状。乙醇俗名酒精，为无色挥散性芳香液体。通常饮酒 100 毫升，血液中含乙醇 0.01% ~0.05% 时呈兴奋状态，无抑制及判断力；血醇达 0.05% ~0.1% 时已轻度中毒，此时兴奋、脸红、体热、语无伦次、喜怒无常；血醇达 0.15% ~0.3% 时出现疲倦、欲睡、呕吐、眩晕，呈麻醉状态；血醇达 0.35% ~0.4% 时已发生严重中毒，昏睡、不省人事、知觉丧失；血醇达 0.4% ~0.5% 时，呼吸与脉搏变慢，瞳孔散大、反应消失、皮肤青紫色、体温下降，最后窒息死亡。

2. 乙醇的检验。检验乙醇最好的检材是血液，其次是尿液、胃内容，死者脑、肝也可作为检材。乙醇的定性检验通常使用气相色谱法。

（六）一氧化碳中毒的检验

1. 一氧化碳中毒症状。一氧化碳是一种无色无臭的气体，比空气轻。冬季烧煤炉通风不良和驻车长时间发动机运转有可能引起中毒。一氧化碳中毒症状为恶心、乏力、心跳加快、血压上升、呼吸加快，进而肌肉衰弱、运动失调、进入瘫痪与昏迷状态，呼吸衰竭、血压下降、大小便失禁，最后心跳渐弱直至死亡。

2. 一氧化碳的检验。血液是检验一氧化碳中毒的最可靠检材。一氧化碳的定性检验可以使用加热实验法或钯镜实验法。

(七)毒鼠强中毒的检验

1. 毒鼠强中毒症状。毒鼠强是国家禁药,又名"三步倒",主要成分是四亚甲基二砜四氨,是一种无味、无臭、有剧毒的粉状有机化合物。轻度中毒表现为头痛、头晕、乏力、恶心、呕吐、口唇麻木、酒醉感。重度中毒表现为突然晕倒,癫痫样大发作,发作时全身抽搐、口吐白沫、小便失禁、意识丧失。对人的致死剂量为6~12毫克,剂量大者可于数分钟内因呼吸麻痹而死亡。

2. 毒鼠强的检验。毒鼠强的检验可以使用化学法、比色法、气相色谱法、薄层层析法、气相色谱—质谱联用法等。

第四节 毒品物证检验

一、毒品概述

毒品是指由国家法律、法规管制的能使人形成瘾癖的物质。毒品物质既包括医疗中的药物,也包括无医疗用途的化合物、天然植物及有机溶剂等。

毒品的特点

1. 依赖性

毒品的特性表现为依赖性和耐受性。依赖性又称药物依赖性,包括心理依赖性和生理依赖性。世界卫生组织对药物依赖性的定义:"药物依赖性是指由于药物与机体相互作用所造成的一种精神状态,有时也包括身体状态,表现为一种强迫性的或定期使用该药的行为或其他反应,为的是体验它的精神效应,有时也是为了避免由于断药所引起的不舒适感,可以发生或不发生耐受性。同一个人可以对一种以上药物产生依赖性。"简而言之,毒品的依赖性是指由于长期反复服用毒品,毒品与机体相互作用引起的心理和生理状态。

2. 耐受性

当反复使用某种毒品时,机体对该毒品的反应性减弱,药效降低，为了达到与原来相等的反应和药效，就要逐步增加剂量，这种现象就是毒品的耐受性。不同种类的毒品产生耐受性的快慢不同，阿片类毒品产生耐受性快，镇静催眠药类毒品产生耐受性相对要慢。

某些毒品还产生交叉耐受性，即机体对某种毒品产生耐受性后，对另一种毒品的敏感性降低。

毒品的耐受性是可逆的，停止使用毒品后耐受性逐步消失，机体对毒品的反应又恢复到原来的水平。所以，一些鸦片类毒品成瘾戒毒后的复吸者，即使服用低于平时所用的剂量，也会过量而中毒，甚至导致死亡。

二、常见毒品及其毒性

(一)鸦片

鸦片中含有 40 多种生物碱，主要成分有吗啡、可待因、蒂巴因、罂粟碱、那可汀五种。鸦片的药理作用主要由吗啡、可待因所致，具有镇痛镇静作用，连续使用能成瘾，使人变得瘦弱、面无血色、目光发直、瞳孔缩小、失眠，丧失先天免疫力，容易患多种疾病。

(二)吗啡

吗啡分粗制吗啡、吗啡碱、吗啡片，吗啡的药理作用与鸦片相似，但毒性较大且耐药性明显，长期使用成瘾，剂量不断增加，最终导致死亡。吗啡产生身体、心理双重依赖性，其戒断症状为流汗、颤抖、发热、血压高、肌肉疼痛和痉挛。

(三)海洛因

海洛因是由吗啡与醋酐经化学作用而生成的二乙酰吗啡。吸毒成瘾者说话含混不清，瞳孔缩小、畏光，身体消瘦发痒。戒断症状剧烈，有出汗、剧烈疼痛、肌肉痉挛、幻觉、忧虑等。

(四)大麻

大麻主要毒性成分为四氢大麻酚、大麻酚和大麻二酚。长期服用成瘾，成瘾者免疫系统抵抗力低，易感染传染病。成瘾者一旦中断服用，出现戒断症状如失眠、食欲减退、性情急躁、易怒、颤抖等。

(五)可卡因

可卡因又称古柯碱,是从南美洲生长的古柯属小灌木的叶子中提取出来的。可卡因可使心率加快,血管收缩,动脉压力增大,一定剂量的可卡因能致幻,产生短期精神欣快感或精力增强。若大剂量使用,可表现过度兴奋激动,周身颤抖、痉挛,肌肉扭曲、变形,严重者可出现癫狂性的幻觉病。

(六)冰毒

冰毒又名甲基安非他命、甲基苯丙胺,是一种常见的兴奋剂。经常服用成瘾,易发生精神障碍,出现错觉、幻觉、妄想及性格异常,容易发生犯罪。

(七)抑制剂

抑制剂即为常用安眠镇静药物,长期以来作为药物被人们广泛使用。

(八)致幻剂

服小剂量致幻剂时有醉酒状,剂量增大,产生物体变形,定向障碍,思想解体,物体形象失真,视觉、听觉、触觉、味觉严重失调现象。

三、毒品检验的一般方法

(一)现场快速检验

现场快速检验毒品的方法一般多使用快速、简便的化学显色反应,使毒品与某一种或两种以上化学试剂起化学作用,在几秒钟内出现颜色反应,以便检验者立即作出是否可能存在某类毒品或排除某类毒品存在的判断。现场快速检验毒品一般使用的化学筛选法包括:马改氏试剂可与鸦片类、甲基安非他命起反应;快蓝B试剂可与大麻类起反应;硫氰酸钴试剂可与可卡因、安眠酮起反应;硝酸钴、异丙胺试剂可与巴比妥药物起反应;亚硝基铁氰化钠、碳酸钠试剂可与甲基安非他命起反应。

(二)毒品的定性检验

在化学筛选法确定存在毒品的可能性之后,实验室毒品检验可采用薄层色谱分析法、气相色谱分析法、红外光谱分析法、高效液相色谱分析法、气相色谱—质谱联用分析法等具体方法。

第五节　纤维等几种常见微量物证的检验

一、纤维物证的判例

1968 年,英国发生了一起普通的谋杀案,但因为在诉讼中使用了纤维物证,使得该案显得并不那么普通。

2 月 7 日,刚刚结婚的约瑟夫回到家中,让他震惊的是妻子卡莱已经被害于家中,身上还穿着他刚为她买的桃红色的羊毛衫。

尸检是由詹姆斯·卡麦隆教授负责。尸检证明:死者先被勒至昏迷,然后被有锯齿的尖刀刺死,右手上有搏斗伤痕,没有受到性侵犯。房间里没有找到凶器,但死者家中有一把带锯齿的八英寸长的切面包刀不见了。

案件侦查由约翰·卡明斯警探负责,通过社会关系调查,一个曾因袭击妇女被判过刑的银行职员罗杰进入警方视线。警方接触罗杰时,发现他手上有多处抓伤,他解释说是前几天和妻子争吵时造成的。警方让他提供2 月 7 日的活动情况,他说他那天早上身穿刚熨好的衣服,去伦敦参加工作招聘会。当问及他头上的擦伤时,他解释说当天回家的路上,车抛了锚,在修发动机时,发动机的盖子滑了下来划伤的。

卡明斯检查了罗杰的衣服和帽子,上面有血迹,血型是 A 型,罗杰的血型也是 A 型,而卡莱的血型是 AB 型。通过检验现场咖啡杯边提取的唾液样本,得出遗留唾液者血型为 A 型。但这种结论只能排除嫌疑人,并不能认定嫌疑人。本案中最有力的证据是纤维物证,卡莱的桃红色毛衣是由毛茸茸的羊毛织成,这种羊毛很容易脱落,在紫外光下会产生荧光。尽管案发后第二天罗杰就将衣服送到洗衣店清洗，但是衣服的线缝和缝边没有完全清洗到，检验人员从他的衣服上找到了61根桃红色的纤维。

检验的成功使技术人员想到死者身上是否有罗杰衣服的纤维这一问题，然而毛衣上的检验结果令人失望，但是死者拇指指甲里发现的一根纤维与罗杰的围巾纤维相同。

随后，卡明斯检查了罗杰的汽车，在汽车内找到一些纤维，其中一部分与死者衣服纤维一致，一部分与死者家地毯纤维一致。

1968年5月24日，罗杰被判终身监禁。

二、纤维等物证的检验

（一）纤维物证的检验

纤维是指天然的或人工合成的细丝状物质，可分为天然纤维和化学纤维。每种纤维在机械性质、熔融、分解、燃烧、溶胀、溶解、吸附等特性上各有不同。

天然纤维在显微镜下观察，棉纤维呈扁平带状，有天然的扭曲；麻纤维则有不同程度的纵向裂纹和横向节痕，不同种麻其竖纹和横节多少不等，横截面形态更是各不相同；丝的表面光滑，呈扁平状，有明亮光泽和透明感，按纤丝轴向移动观察，有时可观察到凸起处；毛的表面大多可以观察到鳞片状结构，透射光有髓质形态。

化学纤维在显微镜下的形态较为固定，不过因为不同的纤维，基体材料不同，加工工艺不同，各有不同的双折射率，所以可以通过纤维的彩色偏光干涉图像进行对比检验加以区分。

纤维作为一种物证在刑事案件现场较为常见，而侦查中技术人员需要解决的问题包括：纤维物证的种类判断、纤维物证的种属认定、纤维来源的确定。

针对这些常见问题的检验方法包括显微镜检验法、小角度散射检验法、仪器分析法等。

（二）玻璃物证的检验

针对案件中出现的玻璃物证，需要解决的问题包括：玻璃损坏的原因、现场发现玻璃的种属认定和分离体同一认定。

玻璃的损坏原因,需要根据玻璃种类的不同,综合玻璃本身的结构特点进行分析。

玻璃的种属认定,需要分别测定玻璃的各种物理常数进行综合评判,其中包括:第一,利用水浸法或浮游对比法测量玻璃的比重;第二,利用系列浸渍液或 GRIM 法测量玻璃的折射率;第三,利用分光光度计测量玻璃的透射率;第四,利用发射光谱法分析玻璃所含元素成分。

玻璃的分离体同一认定,需要参考玻璃损坏原因,进行破碎玻璃的计测复原以及玻璃阴影和干涉条纹拼接,由此判断玻璃碎片是否同一。

(三)泥土物证的检验

案件中经常遇到关于泥土物证的问题,包括泥土的来源地、两处的泥土是否相同、泥土是否有污染等。

针对这些问题,技术人员通常使用的检验手段有物理手段和化学手段两方面。

物理检验方法包括:外观检验、颗粒组成检验、重液分离检验、偏光显微镜检验。

化学检验方法包括泥土的 pH 值检验、阴离子定性检验、仪器分析等。

(四)涂料物证的检验

在涂料物证碎片检验中经常遇到的问题包括:涂料的定性、涂料之间是否相同。

针对这些问题的检验方法包括利用显微镜、扫描电镜等进行外观检验,利用红外光谱分析法、裂解气相色谱分析法进行的有机成分分析,利用发射光谱分析法、原子吸收光谱分析法进行的无机成分分析。

第二章　生物物证技术

生物物证是指来自于生物体的对案件事实具有证明作用的物质。在刑事案件中，传统的法医学物证是指涉及诉讼的人体分泌物、排泄物及代谢产物或人体构成的一部分。法医学物证并非孤立存在，案件中收集到的人体分泌物、排泄物及人体组织中难免混杂其他生物体，需要进行鉴别和确认，在一些案件中，物证有可能就是植物或动物组织等生物体。生物体与非生物之间的本质区别在于其所具有的生物特征，也因此而决定了生物物证特殊的生物学性质和检验方法。

第一节　可疑血痕检验

一、人血识别首次应用案例

1901 年 7 月 1 日，在德国南海岸的一个村庄，八岁的赫曼和六岁的皮特出去玩耍后就一直没有回来。人们很快怀疑到邻村的一名木匠，名叫路德维格。通过对他家进行搜查，发现一双靴子和一件衣服上有污迹，并有清洗过的痕迹。路德维格说衣服是他的工作服，污迹是树汁染料留下的。第二天早晨，大批的搜索人员终于找到了孩子的尸体，尸体已被肢解。

负责调查该案的约翰穆法官回想起三年前，在离该案发生地西部几百里外的地方也发生过类似的一起案件，两名女孩在 1898 年 9 月 9 日，被杀死在离家不远的林区里。当时拘留了一名嫌疑人，原因是人们发现他身上有大量的污迹，但他告诉警方他身上的污迹是工作时染上的树汁染料，于是他被排除了作案嫌疑。他的名字就是路德维格。

约翰穆法官和当地检察官恩斯特继续调查发现，在赫曼兄弟被杀的前几天，也就是6月11日，一个农民看到一名男子从庄稼地里逃走，当时他很迷惑不解，当他回去时，发现他的羊群中有七八只被砍死，肢体散落在田地中。当检察官恩斯特安排该农民辨认嫌疑人时，他毫不犹豫地指认路德维格。

但路德维格坚持自己无罪，始终解释说衣服上的污迹是树汁染料。因为没有其他的证据，案件变得有些棘手，除了这些斑迹，没有任何线索能把路德维格和这起案件联系起来。正当检察官对该案举棋不定时，他听说德国一名年轻的生物学家保罗·尤伦胡斯教授最近发明了一项新技术，这种技术不但可以区分血和其他斑迹，而且可以鉴别人血和动物血。

保罗·尤伦胡斯教授发现，把蛋白质从鸡蛋里注射到兔子身上，然后再用蛋白混合兔子的血浆，鸡蛋的蛋白从透明液中形成了云状物质和沉淀，这一过程的扩展，导致了以兔子为根据的血浆产物，这种产物是一种云状沉淀。这一过程可以鉴别任何动物血液的蛋白质。

从那以后，这种方法被更加简化，把怀疑是人血的液体样本置于载玻片上，这种载玻片被用类似于相同生物反应物凝胶进行清理过，当电流通过电极流过玻璃，蛋白质分子在两层样品中滤过，向外通过凝胶流向对方。如果有一条沉淀线形成，这条沉淀线是因为抗原和抗体相遇，这就意味着是人血。

保罗·尤伦胡斯教授检验了从路德维格家中搜出的工作服，于1901年8月8日写出了检验报告。保罗·尤伦胡斯教授在这件工作服上发现了17处人血。

这在法庭科学史上是一件重大的事情。这项沉淀实验非常灵敏，并且只需要微量的血迹。如果结果呈阳性，即为人血。即使长达15年的干血痕也可以鉴定,甚至对几千年的木乃伊也适用。①

二、可疑血痕常用检测方法

1. 初检——四甲基联苯胺法

四甲基联苯胺法经常使用在可疑血痕的初检中,主要为了解决可疑血痕是不是血而进行的初步实验。其结果如系阴性反应,可以肯定不是血,如系阳性反应,说明可能是血,但还要进一步检验予以确认。所以,初检只是指向实验。初检的方法很多,有四甲基联苯胺法、酚酞法、孔雀绿法、紫外线浓硫酸法、鲁米诺法等,其中最常用的是四甲基联苯胺法。

该方法很灵敏,可检出十万分之一至五十万分之一的血液,一万分之一至五万分之一的血痕。但该方法缺乏特异性,一些氧化剂如高锰酸钾、硫酸铜,含有氧化酶的菜汁,如胡萝卜、大蒜、马铃薯等也会使四甲基联苯胺变蓝,故在操作时一定要严格遵守操作程序。由于该方法灵敏度极高,是目前预试验中常用的方法。

2. 可疑血迹的确证实验

确证实验就是要检验呈阳性反应的可疑血痕,是否具有血液所特有的成分:血红蛋白及其衍生物。其中包括:血色原结晶实验、氯化血红素结晶实验、光谱(显微分光镜)法。

三、人血与动物血的鉴别

血痕检验的顺序中,应当最先鉴别可疑血迹是人血还是动物血。鉴别人血与动物血的常用方法是血清学的方法。这种方法是以抗原与抗体免疫反应的原理为基础的。

将人体血清蛋白或某种动物的血清蛋白分别注射于家兔体内,经过免疫过程,就能获得抗人血清蛋白血清或抗某种动物血清蛋白血清;将人体的或某种动物的血红蛋白注射于家兔体内,经过免疫过

---

① 罗亚平:《物证技术及物证鉴定制度》,中国人民公安大学出版社2003年,第61页。

程，就能产生抗人血红蛋白血清或抗某种动物血红蛋白血清。注射到家兔体内的血清蛋白或血红蛋白称抗原，被注射的家兔血清中产生的物质称抗体。由于抗体只能与相应的抗原起反应，所以，利用已知的免疫抗血清，可以鉴别血痕是人血，还是某种动物的血。

使用环状沉淀反应法时，应取一离心管，放入约一平方厘米检材，用生理盐水浸泡搅拌（以浸没检材为度），最好在4℃冰箱过夜，离心。取一试管，缓慢加入抗人血清，避免产生气泡。用细尖头吸管吸取千分之一检材离心上清液沿试管壁缓缓加在抗人血清上面，注意观察两液界面，如果在60分钟内出现白色沉淀环，即可确定为人血（如果要鉴别是否是某种动物血，可以用某种动物的免疫抗血清进行实验）。如果未出现白色沉淀环，就说明检材不是人血。在实际检验中，检材往往是微量的，只要血液浸出液呈稻草黄色，或猛摇试管出现气泡维持数分钟，就说明检材浓度已接近千分之一。

环状沉淀反应法是比较老的鉴别人血的方法。这种方法不需要专门的仪器设备，操作简便，结果可靠，迄今仍被广泛运用。但采用此法时应当同时做阳性、阴性空白对照实验，以检查抗体是否可靠。除了这种方法之外，还有免疫双扩散法、对流免疫电泳法、酶联免疫斑点法。

四、ABO血型系统检验

当现场血痕被确定为人血后，即应对血痕进行血型检验。血型是人类血液由遗传控制的个体特征之一。狭义的血型，是指最早研究的红细胞膜上的抗原类型，即红细胞型。通常所说的“查血型”，往往就是指红细胞型。随着科学的发展，新的验血技术不断出现，又检验出血液其他成分及分泌液的血型。这样一来，血型的概念扩大了，血型检验的范围也扩大了，类型也多了。

1900年，奥地利学者兰德斯泰纳发现了第一个红细胞血型。他的研究证明，ABO血型系统有四种血型即A、B、AB、O，它有A、B、H三种血型物质，或者说三种抗原，在细胞膜上以脂蛋白形式存在。在血清、精液、唾液等体液中以糖蛋白形式存在，分布在几乎所有人体组织细胞体液、排泄液和分泌液中。ABH 抗原具有强烈的抗原性和免疫反应的特异性。在人体内存在天然的抗 A、抗 B、抗 H 抗体。免疫动物也可制得高效价的特异性血清。

ABO 血型的检验主要是血清学的方法。根据抗原、抗体间相互作用的原理，被检细胞与某种抗体结合，说明该细胞有相应的抗原；反之，就没有这种抗原。检验血痕 ABO 血型的方法很多，当血痕新鲜时，可用盐水浸泡，其浸液按新鲜血凝集原（抗原）、凝集素（抗体）检验方法进行检验。但当血痕很干、比较陈旧时，由于血清中的抗体已被破坏，就只能用测凝集原的方法进行检验。凝集原是一种多糖体，耐热，可达 170℃，稳定性可达几十年，陈旧血痕仍保持与凝集素相结合的能力。通常使用的检验血型方法有蛋清粘片热解离法、酶联免疫斑点法等。

检验 ABO 血型对审查嫌疑人的作用在于排除嫌疑而不是认定嫌疑，即使 ABO 血型认定一致，也有很多种可能性的存在，并不能轻易得出认定两者同一的结论。

检验 ABO 血型对亲子鉴定的意义也在于排除，当孩子的血型不符合生父生母 ABO 血型的遗传规律，就可以认定，这个孩子不是受审查父亲的亲子，如果符合遗传规律，应当继续进行 DNA 检验。根据父母血型可以推断子女可能有何种血型和不可能有何种血型。（见下表）

婚配式	子女可能有的血型	子女不可能有的血型
A×A	A、O	B、AB
A×B	A、B、O、AB	无
A×AB	A、B、AB	O
A×O	A、O	B、AB
B×B	B、O	A、AB
B×AB	A、B、AB	O
B×O	B、O	A、AB
AB×AB	A、B、AB	O
AB×O	A、B	AB、O
O×O	O	A、B、AB

第二节　DNA 检验技术

一、DNA 首次作为证据的案例

1983 年 11 月 22 日早晨，英国靠近莱斯特的一条乡间小路上，一名工人发现了一具少女的尸体，尸体躺在草地上，腰部以下赤裸。警方通过调查证实 15 岁的死者名叫丽达，是在去朋友家的路上被扼死并被强奸。精斑检验表明凶手是 A 型分泌泌者，且其 PGM1 呈强阳性。

尽管警方确信凶手是当地人，也进行了大范围的调查，但是没有任何结果。随着公众对该案兴趣的降低以及缺少线索，丽达谋杀案的调查逐渐停止。

1986 年 7 月 31 日，艾德彼学校的一名叫阿沃丝的 15 岁女学生失踪。两天后，人们发现了她的尸体，尸体已被肢解。精斑检验得出的结果与丽达案相同。调查中，侦查人员发现卡尔顿医院的一名 17 岁的弱智青年有嫌疑，经过讯问，该青年承认这起案件是他所为，他的供述使人感觉很真实。但是他并不承认丽达案。警方认为从作案手段、精斑检验看两起案件是一人所为，尽管该名青年的血检显示 PGM1 呈阴性，也不是 A 型分泌泌者，但警方仍未排除他的嫌疑。

这名青年的父亲认为这两起案件都不可能是他的孩子所为，他想到了杂志上曾报道莱斯特大学的一位 36 岁的专家成功建立了人体基因指纹图的报道，便试图通过这一技术澄清事实。

当 DNA 指纹技术的发明者，英国莱斯特大学杰夫瑞斯博士对两起强奸杀人案件的精斑以及这名青年的血样进行分析、检验后，得出的结论让负责案件调查的警官们十分震惊：两起强奸杀人案件中遗留的精斑为同一人所留，但都与嫌疑对象的 DNA 不同。1986 年 11 月 21 日，这位 17 岁的青年被证实无罪，成为世界上用 DNA 证据被排除犯罪嫌疑的第一人。

DNA 证据的准确性使警方想到了对当地适龄男性大范围调查的方法。1987 年初，警方开始对当地 14 ~ 34 岁男性普遍进行抽血，作 DNA 检测，尽管这种做法费时、耗财，但警方坚持做下去。

1987 年 8 月 1 日，四名工人在莱斯特酒店喝酒，谈到这两起案件，其中名叫凯力的人所说的内容让大家大吃一惊，他说克林 · 皮特弗克曾恐吓他，让他替其作血检，克林在当地臭名远扬，凯力因为害怕，便用假护照，以克林的名字作了血检。

坐在旁边的一位女士听到了这些谈论，经过六个星期的思想斗争，她终于告诉警方这一线索。

克林的血样立即被采取并作检验，检测表明：他的基因图谱与两起案件现场遗留精斑者的图谱完全相同。此时，克林是此案第 4 583位被检测者。当然，也是最后一位。

1988 年 1 月 22 日，克林被判终身监禁。而凯力也被判 18 个月的缓刑。

DNA 证据在这起案件中的使用震惊了全世界。此后，DNA 技术受到普遍关注，技术水平迅速提高。

二、DNA 概述

DNA 即脱氧核糖核酸（deoxyribonucleic acid），是一切生物体中最基本的遗传物质，是人体遗传信息的携带者，主要存在于细胞核内的染色质中。

DNA 是由四种核苷酸组成的多聚体。四种核苷酸的不同之处在于与脱氧核糖共价结合的含氮碱基类型。碱基分为四种：腺嘌呤（A）、鸟嘌呤（G）、胞嘧啶（C）和胸腺嘧啶（T）。DNA 分子是由两条逆平行的多核苷酸长链围绕着同一中心轴盘旋而呈螺旋状结构。

DNA 的结构分不同层次，即一级结构、二级结构和三级结构。一级结构是由大量的脱氧核苷酸通过磷酸二酯链共价键连接起来的线性分子，也称为核苷酸序列或碱基序列，它决定 DNA 的特异性。构成 DNA 分子二级结构的是两条反方向平行盘绕的脱氧核苷酸链，也叫 DNA 双螺旋。两条链间的碱基以氢键相连成对，构成碱基对，两条链之间 A 与 T、G 与 C 是严格匹配的，称碱基配对或互补原则。DNA 二级结构进一步扭曲、折叠，便形成更加紧密的三级结构。

不同生物的 DNA 数目、大小以及碱基序列均不相同。同种生物虽具有相同数目和大小的 DNA 分子，但个体间 DNA 的碱基序列有很大差异。然而，同一个体的不同组织和器官的碱基组成是完全相同的，除个别发生突变外，基本终生不变，并能遗传给下一代。由于同一个体碱基组成完全相同，而不同个体间 DNA 的碱基序列有很大变化，这就构成了个体 DNA 的特定性与稳定性。

人有 46 条染色体，约有 40 亿碱基对。因此，碱基对在 DNA 分子上的排列组合是一个天文数字。DNA 的碱基是按一定顺序排列的，不同个体的 DNA 分子在相同染色体的相同位置（即等位基因）上碱基排列顺序的个体差异就是 DNA 多态性。DNA 多态性主要存在于非编码区，分为序列多态性与长度多态性。序列多态性是指不同个体 DNA 在同一碱基位置上的碱基种类不同；长度多态性是指不同个体的等位基因上串联重复单位的重复次数不同，而导致 DNA 等位片段长度不同。由于它是由许多碱基排列顺序相同的串联重复单位组成的，又称为可变数目串联重复序列。这种符合孟德尔遗传规律的具有个体特异性的 DNA 多态性便是进行 DNA 多态性分析作为个体识别和亲权鉴定的理论基础。

三、PCR 技术介绍

PCR 是聚合酶链式反应（polymerase clain reaction）的英文缩写，是一种模拟天然 DNA 复制过程而建立的体外核酸扩增方法。利用 PCR 技术，可在短时间内将微量生物检材中的模板 DNA 片段扩增数百万倍，获得数百万个特定 DNA 序列的拷贝，使 DNA 分析的灵敏度有较大提高。PCR 技术方法是由美国科学家 Kary Mullis 于 1985 年首先建立的，它的建立克服了 DNA 指纹技术的局限性，被广泛运用于医学、生物学、农业等诸多领域，Mullis 因而获得 1993

年诺贝尔化学奖。PCR 技术在物证技术领域的应用,使法医物证检验进入了一个全新的时代。

1. PCR 的工作原理

PCR 的基本工作原理类似天然的 DNA 复制,即在生物体外条件下,利用 DNA 聚合酶依赖于 DNA 模板的特性,模仿体内的复制过程,在附加的一对引物之间诱发聚合酶反应,经过 DNA 的变性、退火和引物延伸三个程序来完成。反复循环使 DNA 模板片段的拷贝数几乎呈几何级数增长,以达到检出的目的。所谓引物是由 DNA 合成仪人工合成的与待扩增的 DNA 片段两翼互补的寡核苷酸片段,由几个或几十个碱基组成。DNA 的合成只能在两引物之间沿着待扩增的 DNA 模板进行,因而得到两条与模板 DNA 序列完全互补的 DNA 新链。

DNA 模板的变性:在 94℃ ~95℃高温下使模板 DNA 发生热变性,打开 DNA 双链,形成单链游离于反应溶液中。

附加引物退火:通过降低温度(50℃ ~55℃)使引物可结合在模板的相对应互补的 DNA 链上,由于添加到反应体系中的引物浓度大大高于模板 DNA 的浓度,因此退火过程中引物与模板 DNA 形成复合物的几率远高于模板 DNA 自身两条单链的重新结合。

引物延伸:将温度调整至 DNA 聚合酶作用的最适宜温度(70℃),在有四种 NTP 底物存在的条件下,通过 DNA 聚合酶的作用,将相应的单核苷酸连接到引物的 3′端,使引物的 3′端沿模板 DNA 延伸,合成新的 DNA 链。每完成一个循环,模板 DNA 产物就可增加一倍。理论上讲,随着循环次数的增加,模板 DNA 呈指数增加,如经过 n 次循环,模板 DNA 片段可增至 2n 倍。

在 PCR 反应过程中,DNA 聚合酶起着十分重要的作用。早期采用的是大肠杆菌 DNA 聚合酶 I 的 klenow 片段。由于 klenow 片段对热极不稳定,变性后酶即失活,所以每一轮合成反应中都需重新加一份酶,操作烦琐,易发生非特异性扩增。耐热 Taq DNA 聚合酶的应用避免了这些缺点,简化了 PCR 的操作步骤,提高了 PCR 结果的特异性和灵敏度,使 PCR 操作能自动化,PCR 技术趋于完善。目前,国内外实验室都是采用全自动DNA扩增仪来完成PCR的反应过程。

2. PCR技术的物证技术应用

(1)性别鉴定

PCR技术应用到物证技术领域进行性别鉴定,不仅具有操作简便、快速、准确等特点,而且结果直观,易于判读。用PCR技术进行性别鉴定,是选择适当的引物,对男性Y染色体DNA特异的序列进行特异的体外扩增,如选择Y染色体短臂上的1A1区的性别决定基因SRY,根据有无特异扩增产物来判断性别。用PCR技术进行性别鉴定,可用生物检材的范围较广,血液、毛发、组织碎块、牙齿、骨骼、唾液斑等均可使用。

(2)种属鉴定

生物检材的种属鉴定具有重要的物证技术学意义。用PCR技术对人类基因组DNA中具有种属特异性的DNA序列进行特异的扩增,如人类DNA特有的Alu序列,根据有无特异性扩增产物进行种属鉴定。

(3)个体识别

通过比较两个样本的一系列表型,从而判断两个样本是否来自同一个体,称为个体识别。用PCR技术扩增人类DNA分子中的高度多态性片段,对扩增产物进行DNA分型,可以进行个体识别。常用的方法:利用扩增的DNA序列多态性分型;利用扩增DNA片段长度多态性分型;用PCR技术扩增DNA短小串联重复序列,检测限制性片段长度多态性。

(4)亲子鉴定

应用医学及生物学的理论和技术,通过对遗传特征的检验来判断假设父母与子女间的亲缘关系,称为亲子鉴定。亲子鉴定一般指父权鉴定。用PCR技术选择性地扩增人类DNA分子中那些按孟德尔定律遗传的多态性片段,对其扩增产物进行DNA分型,通过比较母亲、子女及被控父亲之间的DNA分型的结果,即可进行亲权关系的判断。

四、DNA 技术在各类案件中的应用

目前，随着 DNA 技术研究工作的不断进展，发现的 DNA 多态位点越来越多，分析技术也越来越简捷准确，使用成本也越来越低，世界上已有 120 多个国家和地区在诉讼中应用 DNA 检验技术，解决了大量的刑事、民事案件。

（1）在刑事案件的犯罪现场勘查中，侦查员可能提取到较有价值的物证，如被害人或罪犯留下的血迹及其他体液痕迹，可以运用 DNA 技术进行检验，即使是混合血迹或体液也能进行区分，这样就可为案件的现场重建和认定犯罪嫌疑人提供科学的依据。

（2）在强奸及强奸杀人案件中，运用 DNA 检验技术可以将女性阴道分泌物和男性精子分开，只提取纯精子 DNA，从而为确定犯罪嫌疑人及划定侦查范围提供科学的依据。

（3）在碎尸案、高腐尸体案、无名尸骨案及大型灾难事件中，可运用 DNA 检验技术对不同碎尸块进行同一认定，判定是否是同一尸体。

（4）DNA 数据库的建立和运用把 DNA 检验、数据库、互联网三项技术相结合，是摸底排队、串并案件等传统侦查方法的必要延伸。数据库主要包含前科库及未破案件库等。

DNA 检验技术在各类案件中的应用时间不长，但却发挥了极其重要的作用。随着 DNA 检验技术研究和应用的不断深入，新的方法必然还将不断涌现。

第三节　血迹形态分析

血迹是犯罪现场常见的物证之一，也是对犯罪现场进行分析的重要物证之一。犯罪现场的血迹不仅可进行 DNA 检验，而且还可以对其形态进行分析，推断血迹形态的形成方式、过程，对犯罪现场进行重建。

犯罪现场血迹形态的分析是侦破凶杀、抢劫等案件时十分重

要的内容。通过对犯罪现场血迹形态的分析,可以确定受害人遭受袭击时的位置、核实犯罪嫌疑人的供述、驳斥犯罪嫌疑人的供述、确定事件发生的顺序等,准确地对犯罪现场进行重建。这对提高重大案件的侦破成功率是十分重要的。

犯罪现场血迹形态分析是一门新兴的学科。美、英等发达国家从20世纪70年代开始对犯罪现场血迹形态进行研究,1969年,美国著名法庭科学专家赫博特·麦克多纳德博士出版了《血迹形态阐释》(*Bloodstain Pattern Interpretation*)一书,标志着对犯罪现场血迹的分析进入系统化研究阶段。到20世纪90年代,犯罪现场血迹形态分析已经成为一门具有系统理论的应用学科。美国等国家在培训刑事案件侦查的专业技术人员时,血迹形态分析是必须培训的内容。研究犯罪现场血迹形态对指导侦查破案、提供证据、重建犯罪现场等具有重要作用。

一、犯罪现场血迹形态的类型

犯罪现场血迹形态可以划分为四类:滴状血迹、抛射状血迹、撞击状血迹、接触状血迹。

(一)滴状血迹

滴状血迹是犯罪现场最为常见的血迹,是由坠落或滴落的血液形成的。形成滴状血迹的血滴在空气中运行的过程中,仅仅受到重力的作用。如果还有其他力的作用,所形成的血迹便不再是滴状血迹。滴状血迹在犯罪现场表现为环形状血迹,这是滴状血迹的明显特征。但是,滴状血迹的环形特征因遗留客体表面光滑程度的不同,表现也不相同。光滑、平整的客体表面上滴状血迹呈规整的环圆状,周边光滑,如光滑的地板、玻璃等客体,环形血迹的直径在9~22毫米的范围内;粗糙、不平整客体表面上形成的滴状血迹在环状血迹周围会形成锯齿状的喷溅,如地毯、粗糙纸板等客体。

(二)抛射状血迹

抛射状血迹不同于滴状血迹之处在于血滴在空气中运行时,

不仅受到重力的作用，而且还受到其他力的作用。同时，抛射状血迹是由一组血迹共同组成的，不是单一的血迹。由于一次形成的抛射状血迹所受到的作用力方向一致，所以抛射状血迹表现为由一组血迹组成的呈线形状的痕迹，其中一端是由数量不一的环形血迹构成的，另一端则是由单一的、呈长椭圆形的血迹构成的。

根据抛射状血迹形成方式的不同，可划分为甩动形成的血迹和动脉喷射形成的血迹。甩动形成的血迹是作案人持工具接触出血部位后，工具黏附上血迹并被甩动，血液在工具甩动过程中，由于离心力的作用被甩离工具，甩出的血液沿着工具甩动的方向运行，形成与工具运行方向吻合的线形血迹分布，起端血迹较圆，并由相对较多的血迹组成，末端则是由单一的呈长椭圆的血迹构成。

动脉出血是因主动脉受到创伤所造成的，主动脉出血后，心脏的每一次跳动都会造成血液从受伤处喷出。动脉出血喷出的血迹形态类似于甩动形成的血迹，但是起端处通常由相对较多的血迹组成，血痕相对于甩动的要大。

（三）撞击状血迹

当作用力使静止的血滴运动，速度超出 7.65 米/秒时，就会形成撞击状的血迹。作用力越大，血滴的运行速度也越大，但是血迹形态随着速度的增大而变小。因此，根据撞击状血迹的大小，通常可以大致分析出作用力的种类。研究撞击状的血迹形态，根据经验可以将血迹分为低速、中速以及高速运行的血迹，但是这种划分仅仅是在血迹分析时一种大致的分类，没有具体的标准。低速形成的撞击状血迹形态相对较大，直径大约是 4 毫米或者更大；中速形成的撞击状血迹形态直径在 3 ~ 4 毫米之间；高速形成的撞击状血迹，血滴通常成雾状，就像喷雾器喷出的一样。高速形成的撞击状血迹，血液运行的速度一般高于 30.5 米/秒。

（四）接触状血迹

接触状血迹是指带血的客体与不带血的客体接触后所形成的痕迹。接触状血迹又可以分为接触转移状血迹和接触擦拭状血迹两种。接触转移状血迹是指当带有血迹的物体与干净物体压印接触后，在干净物体上留下的印记；接触擦拭状血迹是某一物体接触到带有血迹的部位并经擦蹭而形成的新的印记。

除上述四种血迹形态外，犯罪现场通常还会遇到空白区域，即在一片血迹中，本应出现血迹却未出现血迹而呈空白的区域。分析空白区域，对于判断物体的状况、寻找相关物证等有着十分重要的作用。

二、血迹形态分析基础知识

（一）血液的组成和特征

成年男性、女性体内的血量分别为5～6L、4～5L，占人体体重的8%左右。血液在人体内的作用不仅表现在为人体组织输送氧，排出二氧化碳，而且还表现在能够在人体受伤情况下保护体内血液，防止血液的流失。血液由液体和固体物质组成，液体部分为血浆，占血液总体积的55%，其中90%是水分，由此计算出血液中，近一半是水；固体部分主要是血红细胞、白细胞和血小板。

血液在人体内各个部分的分布比例：58%分布于血管、小静脉以及静脉窦，13%分布于动脉，12%分布于肺血管，9%分布于心脏，8%分布于细动脉及微血管。

血液一旦离开身体，便以血滴形式遵循物理学运动规律自由运动，在运动过程中会受到重力吸引、空气阻力的作用。血是一种水的混合物，具有类似于水的特性。同时，也存在表面张力、比重以及黏性的物理特性。

表面张力即产生抵抗表面被穿透或分离的内聚力。内聚力将血液聚在一起，形成球体，球体是表面积最小的一种形状。重力的作用可以从大量的血液中将血滴分离出来，但重力的作用必须超过血液表面的张力。

黏性即阻止液体流动的性质。随着液体黏性的增加，液体的流动性降低。水是被普遍接受的标准，其黏度值为1。人们常说“血浓于水”，正确的表述应当是，血的黏度大约是水的五倍。

(二)血滴接触客体过程分析

1. 接触/塌陷阶段

接触/塌陷阶段是指球形的血滴开始接触物体到大多数的血液物质发生塌陷。血滴接触物体并发生塌陷是按照由下至上的方向,呈有秩序的方式进行的。球形血滴中那些没有接触物体的部分,在接触物体之前,一直保持着完好的形态,所以在塌陷发生的过程中,未接触物体的血液仍在瞬间接触部位的上方保持半球形的状态。随着塌陷的继续进行,血液在力的作用下运动,形成新的血痕边缘,而产生的边缘不断被新形成的边缘覆盖。

2. 位移阶段

位移阶段是指从大多数球形血滴塌陷于物体上,到大多数的血液移动至血痕的边缘。在该阶段,尽管血滴的形状已经完全发生变化,但是血液表面的张力没有受到破坏,血液的物质仍为一体,没有出现分离的现象。

3. 散布阶段

散布阶段是指血痕边缘的物质经过位移阶段后,受重力、惯性的作用散布在客体表面。血液在位移阶段,受力的作用血液向血痕边缘移动,造成血痕边缘的血量增加,随着血痕边缘血量的增加,使得边缘物质变得不稳定,从而在重力、惯性的作用下,一些物质与血痕产生分离形成被溅出的小血痕。

4. 回缩阶段

回缩阶段是血痕形成的最后阶段。在回缩阶段的初期,血液的表面张力与血液运动的惯性相互抵抗,表面张力试图将物质拉回原始的状态,而惯性的作用促使边缘物质与中心的血痕分离。当惯性的力量大于血液的表面张力,就会产生独立的小血滴。

(三)判断出血点

犯罪现场勘查分析过程中,有些情况仅通过正面观察喷溅血迹的分布就可以判断出大致的出血点,但是有些情况下,则需要进行更为深入的分析才能解决问题。判断出血点通常可以利用以下三种方式:正面观察喷溅血迹的分布状况,确定大致的出血点范围;通过正面观察喷溅血迹的分布状况,结合侧面观察情况确定出血点;采用拉线法判断出血点的具体位置。前两种方法是对出血点的大致判断,第三种方法是对出血点的精确判断。

第四节　法医昆虫学

昆虫是动物界最大的一个类群,地球上的昆虫达1 000万种,约占全球生物种类的一半。昆虫学是人类在长期认识自然与改造自然的历史过程中形成的一门以昆虫为研究对象的学科。昆虫与人类的关系复杂而密切,将昆虫学研究的成果应用于法庭科学当中,就形成了一门新兴的学科——法医昆虫学。

法医昆虫学正逐步受到世界各国犯罪侦查领域技术专家的普遍重视。目前,英国、美国在法医昆虫学领域研究较为系统和成熟,已经形成以研究犯罪现场常见昆虫为主的专业分支学科。我国的法医昆虫学研究目前尚处于起步阶段,研究成果的实际应用还很不成熟。

一、法医昆虫学的发展

宋慈在《洗冤集录》中记录了一个案例:"公元1235年,一个小乡村发生了一起杀人案,死者身上伤痕累累。宋慈经过对尸体的检验,认定伤口是由镰刀所致。他再三盘问目击者,又采取了其他形式的调查,可是一无所获。最后,宋慈把村中所有男子召集到一起,每人必须带上自家镰刀。在赤日炎炎下,苍蝇嗡嗡飞到其中一把镰刀上,因为它的刀刃和把手上仍有残留的血迹和少量人体组织。在证据面前,镰刀主人不得不低头认罪。"宋慈在此案中的行动表明,他十分了解苍蝇的行动方式,而且在其著作中不止一次地提及苍蝇与尸体检验之间的关系,比如利用蛆虫生长发育推断死亡时间,等等。《洗冤集录》被公认为是最早的法医昆虫学著作,西方研究者称之为"奇书",其提出的先进理论和记载的实践经验领先了西方研究者至少几百年。

直至 1668 年,西方还不了解蝇卵与蛆之间的关系,人们根本没有意识到蛆是由苍蝇在肉块或腐尸上产下的卵孵化而成的,而认为蛆虫是从腐肉上自然生成的。弗朗切斯科·雷迪对吸引苍蝇的肉块和没被苍蝇侵扰的肉块进行了研究对比,结果有了重大发现,反驳了无生源说。

西方首次利用昆虫作为生物证据要追溯到 1855 年的法国。当时,工人们在翻修巴黎郊外一幢住宅时,在壁炉架后面发现一具已经风干的婴儿尸体。当时住在这幢房子里的年轻夫妇引起人们的怀疑。瑞典海附近的贝热雷·达尔布瓦医生对死婴进行了解剖。他认为,婴儿是在 1848 年夭折的,提出的证据包括麻蝇在 1848 年入侵尸体,而螨第二年在尸上产卵。贝热雷对昆虫的分析表明,1848 年这个婴儿就已夭折。接下来,疑凶被捕,谋杀罪名成立。贝热雷在本案中使用的分析方法是对尸体上不同的昆虫种类进行辨认,这与现代法医昆虫学家估计死亡时间所用的方法近似。

梅尼安于 1984 年发表了《腐尸上的动物群:昆虫学在法医中的应用》一文,文中阐述了如何通过节肢动物的种类(如昆虫、螨和蜘蛛)进行分析来判断死亡时间。

1935 年 9 月 29 日,苏格兰发生了一起碎尸案,当时警方共找到了两具腐尸的 70 多块残肢碎体。这些尸块被拼装起来后,经确认是当地医生巴克·鲁克斯敦的妻子伊莎贝拉和她的贴身女仆玛丽·罗杰森。现场收集到的证据中包括一群蛆虫,这些蛆虫被送到爱丁堡大学的实验室,并被 A. G. 默恩斯确认为是红头丽蝇的蛆虫,经过估算,它们在被收集时已发育了 12~14 天。这一点与巴克·鲁克斯敦的供述严重不符,通过其他证据印证,警方认定鲁克斯敦是凶手。在这起案件中,昆虫在确定死亡时间方面帮了大忙。

杰里·佩恩 1965 年在《生态学》杂志上发表了一篇具有里程碑意义的论文。他在文中详细描述了死猪腐烂过程中发生的变化,对未受昆虫侵扰的死猪与受到昆虫侵扰的死猪进行了比较。佩恩认为尸体腐烂有六个阶段,从而提出了目前为大多数法医昆虫学家使用的系统,奠定了当代法医昆虫学的基础。

二、法医昆虫学检验对侦查破案的作用

法医昆虫学家通过对尸体上昆虫种属的鉴别及幼虫生长发育阶段的确定，结合其生物学特性及局部环境温度等情况，可为推断尸体死亡时间、死后尸体是否被移动以及尸体有无损伤存在提供依据，有些情况下还可以帮助推断死亡地点以及死亡原因。

（一）推断死亡时间

1. 依据蛆虫的虫龄推断死亡时间

推断尸体死亡时间主要依据尸体上寄生蛆虫的虫龄。蛆虫虫龄的推断主要有称重推断法、体长推断法、活体培养推断法等。因为不同种类的蛆虫生长发育的速度不同，所以应当先弄清蛆虫的种类。另外，由于每种蛆虫在不同温度下的生长速度也不相同，因此还须了解环境温度。从被害人死亡到尸体被发现这一期间的最小时间间隔是根据蛆虫虫龄估算的，这一时间间隔不能小于蛆虫的虫龄。被害人死亡的确切时间最终要综合多种因素才能认定。

法医昆虫学家通过实验发现，在热带环境中，人死亡后数分钟苍蝇就会飞到尸体上，在环境温度较低的条件下苍蝇会在人死后几小时或几天飞到尸体上。成熟苍蝇与尸体接触后可能立即产卵，也可能先吸食尸体产生的各种蛋白质液体然后产卵。产卵部位常为尸体自然开口部位，如眼、耳、鼻、口或会阴部，尸体上的创口或血液亦常为苍蝇产卵部位。蝇卵在尸体上经过一天左右即孵化为幼虫。在一年之中气温较高的几个月里，苍蝇一般在人死后1～2小时就会飞到尸体上产卵，所以用上述方法得出的时间可以看做是被害人的死亡时间。不过得出上面结论的前提是尸体暴露于空气中，且环境允许苍蝇接近尸体。一般来说，将尸体埋藏、装于封闭的装尸袋或密闭较好的箱子中，苍蝇则无法接近尸体。根据法医昆虫学推断死亡时间，环境因素相当重要，所以勘查人员应当准确描述犯罪现场的环境以使结论更为准确。苍蝇在低于10℃的环境温度下不能进行飞行、产卵等活动。因此，如果犯罪现场的温度低于10℃，苍蝇则不会在尸体上产卵。虽然温度在10℃以下苍

蝇停止活动,但对于苍蝇的蛆虫来说却可以在更低温的环境下生存,甚至能在低于0℃的条件下生存一段时间。

因为环境温度决定蛆虫存活的时间,所以了解有关苍蝇和苍蝇的热生物学特性是很有必要的。有时,根据室外尸体上的蛆虫的情况,结合当地气象局的气温数据,能够使技术人员判断出被害人是在室内死亡还是室外死亡。例如,如果发现室外尸体存在蛆虫,而发现尸体之前的一段时间内气温低于苍蝇能够活动的最低温度,并且低温持续的时间大于蛆虫在这一温度下存活的时间,就可以推断尸体是在室内死亡。

2. 通过分析昆虫种类推断死亡时间

通过对尸体上所有昆虫种类的分析可以推断出死亡时间,这一方法主要应用于被害人已死亡数月甚至数年的案件。随着尸体的腐败,尸体周围的生物种类会发生变化,所以对于昆虫种类的分析能大致确定死亡时间。这一原理看起来似乎很简单,实际应用中难度却很大。尸体上的昆虫种群演化一刻不停地在进行,没有人可以预测在特定的情况下会发生怎样的演化。很多昆虫学的著作中都有昆虫种群演化表,但是应用价值并不高,因为它所提供的只是在特定情况下种群演化的一种可能。当然,这并不能表明种群演化现象对刑事案件侦查没有意义。事实上,只要谨慎对待,慎重使用,尸体上昆虫种类的分析会为案件侦查提供有力的帮助。

(二)推断死亡地点和死亡原因

通过对尸体上昆虫进行检验能够推断死亡地点。众多种类的昆虫都有特有的“栖息地”,特定环境中发现的尸体上的昆虫不仅可以提供尸体被转移的证据,而且还可以证明尸体最初所在地点。这里的“栖息地”有两层含义,即生态学意义上的含义和地理学意义上的含义。生态学意义上的栖息地侧重于地点的自然条件,如林地、房屋、郊外的公园、海岸等;地理学意义上的栖息地侧重于行政区域。综合分析昆虫生活栖息地的地理学特征和生物学特征,可以较为准确地分析移尸之前尸体所在的地点。例如,20 世纪 90 年代初期,新西兰警方缴获了一批大麻,但是找不到它的产地,通过昆虫学家对大麻中发现的一些昆虫残体进行检验，判断出毒品的产地在距泰国曼谷西南大约200千米的地方。

通过对尸体上的昆虫进行检验，能够在某种程度上揭示被害人死亡的原因。被害人死亡原因一般是通过法医验尸确定的，但是某些情况下，特别是在尸体深度腐烂的情况下，当尸体检验无法得出结论时，法庭昆虫学检验就有可能解决这一问题。绿头苍蝇一般在人体的孔洞（眼睛、耳朵、鼻子、嘴、肛门）处产卵，原因在于人体的这些部位较为潮湿、黑暗，可以避免因过分干燥而破坏蝇卵。尸体上开放性创伤和人体洞穴一样，会被苍蝇发现并在其中产卵，经这些伤口上产的卵孵化出的蛆虫形态和人体自然孔洞中产的卵孵化出的幼虫形态差别很大，所以能够帮助判断伤口的位置。

此外，利用毒物分析的方法和手段检验可能是中毒死亡尸体上的蛆虫体内的毒物，可以帮助认定死亡原因。尤其是白骨化的尸体，当难以检测毒物时，利用这种检验蛆虫体内毒物的方法更有价值。近几年来，这一技术的形成与发展导致了法医昆虫学中的一个新的分支学科——昆虫毒物学的出现。但是利用蝇蛆体内毒物检测推断死因时要十分慎重，蛆虫体内有毒物并不能说明死因一定是中毒，因为蝇蛆的毒物来源可能不仅仅是尸体。

三、犯罪现场昆虫的发现与提取

1. 犯罪现场昆虫的发现

寻找发现尸体上的昆虫必须在尸体检验前进行。尸体上的一切孔洞，如眼睛、耳朵、鼻子、肛门、生殖器以及所有伤口都必须仔细检查，以发现是否有蛆虫。为避免操作不当影响进一步尸体检验工作，对昆虫的寻找、发现原则上应由法医进行。对人体的自然孔洞和伤口检查完之后，还应当进行全身检查。检查时，必须对尸体上的每一处伤痕进行仔细观察，因为伤痕可能是由昆虫噬咬或其分泌物腐蚀造成的，应注意区分伤痕的形成原因。勘查人员应当将伤痕用照相或绘图的方式固定下来，以便进一步检验。最后还要对尸体上的衣物进行检查，看是否存在昆虫。如果尸体是用装尸袋运回停尸房,还应对装尸袋进行检查,看是否存在较小的昆虫。

尸体上的蝇卵、刚刚孵化的丽蝇蛆虫等形态很小,必须使用放大镜才能观察到。因此,现场勘查中可以使用能戴在头上的放大镜,这样能够保证检验人员双手自由活动。国外现场勘查人员经常使用一种可以装在眼镜上的放大镜。

检验人员应当配医用钳子和毛刷,以夹取或刷取蝇蛆。非常小的蛆虫可以用湿刷子提取,以免毁坏检材。尸体上的昆虫可以用镊子收集,大的昆虫(如甲壳虫)可以收集于大试管或广口瓶中,头发上的昆虫检材可用梳子收集。体形较大的飞虫(如苍蝇、蛾)用试管或镊子较难抓到,可以使用捕虫网捕捉。

对于室内现场,检验完尸体后应当对其所在的房间进行昆虫学检查。如果尸体是在床上发现的,则应当仔细检查被褥中是否有昆虫,尤其要检查是否有苍蝇的蛹壳存在。如果有蛹壳,应当将空蛹壳或者还有幼虫的蛹壳置于干试管中,用塞子密封。勘查人员应当对地毯和其他物品进行检查并收集检材,如果发现衣物上有血迹,则应当检查是否存在昆虫。

如在机动车内发现尸体,应当对机动车进行检查。注意检查车体的外表,确定是否有昆虫附着,要特别注意风挡玻璃的槽和车灯处是否有昆虫。

对于室外现场,应当提取尸体下面的土壤,将其放于较大的检材袋中,并且不能向其中添加任何防腐剂。随着尸体在地面放置时间的增加,尸体身下土中的生物会有所改变。所以,分析土中的生物能帮助判断尸体所处的时间。为了使土壤的生物分析更为准确和有意义,应当在距尸体一定距离的地面提取相同深度的土壤作为参照物,还应当记录周围环境的大致情况,如尸体周围主要的植物、尸体温度、土壤温度和环境温度等。

从地下挖出的尸体的昆虫学检查方法和以上介绍的相同,只是还应当仔细检查棺材,看是否有昆虫存在,尤其要看是否有蛹壳存在。蛹壳在尸体周围的土壤中可保存几百年,在尸体已高度腐败甚至白骨化后，蛹壳的这一特性具有重要的法医学意义。特殊情况下，还应提取棺材木样本，木头中的昆虫可以提供有用的信息。没有棺材时，应提取尸体周围尤其是尸体下面的土壤，同时在距尸体一定距离的地面提取相同深度的土壤作为参照物。

对于浸泡在水中的尸体，应当检查尸体上是否有淡水无脊椎生物存在。勘查人员要对尸体从头到脚仔细检查。提取到头发上或皮肤上的检材后，将其保存在酒精中，必要时还可以进行实验室检验。另外，勘查人员还应当检查尸体上是否有被鱼撕咬的痕迹。

尸体的昆虫学检验必须以测量犯罪现场的温度为前提，因为温度是影响蛆虫发育时间的最为重要的因素，要确定蛆虫的年龄就必须获得蛆虫生活环境的温度。

2. 昆虫的提取

对于现场勘查发现的蛆虫、苍蝇、甲壳虫或谷蛾毛虫，最好将其放置于醋酸酒精溶液中（三份浓度为70%的酒精，一份冰醋酸）。如果没有条件，也可以将昆虫浸入沸水中杀死，但是这种方法一般不要使用，因为这种方法有可能会破坏对昆虫内部结构的检验。谷蛾最好活着带回实验室，因为谷蛾的翅基板是鉴别谷蛾的主要依据，液体的浸泡可能损坏谷蛾的翅基板，可以将谷蛾捉住放于干试管中，上面加棉塞以阻止其飞动。对于某些昆虫，尤其是绿头蝇蛆虫，应当尽可能保持其存活，可以将它们置于铺有锯屑的广口瓶中，在盖子上打孔以使空气流动。活着的昆虫应尽快送到实验室。

对于有蛆虫寄生的尸体，收集蛆虫时一定要达到足够的数量，提取的数量取决于尸体上蛆虫寄生的程度，一般情况下可提取两广口瓶的蛆虫。通常，在蛆虫寄生的尸体上会发现大小不同的蛆虫，这是因为许多卵是在母蝇产卵的时候受精的，但也有例外，有的卵是在产卵之前受精的，雌蝇阴道的长度只能容纳一个卵，先到输卵管的卵可以先受精。但是，如果母蝇没有发现可供产卵的尸体的话，受精卵不会被立即产下，在产卵之前会一直在母蝇体内生长发育。这些受精卵就会比同一次产出的其他受精卵发育得更为成熟，也会更早孵化。所以尸体上经常会发现一部分较大的蛆虫和数量更多的相对较小的蛆虫。显然,根据这些较大的蛆虫判断尸体死亡时间出现的误差较大,推断时必须将这种蛆虫排除。因此,技术人员必须收集到足够的检材。

将蛆虫装入容器后,应当立刻贴标签注明相关信息。对于保存在液体中的检材,应当用铅笔标明并贴于试管的内壁。标签应当详细记载昆虫检材在尸体上的部位、被提取和保存的时间,这些信息对推断死亡时间非常重要。

每一种昆虫都有其特有的习性和分布,在犯罪现场发现的昆虫几乎都能为现场重建提供信息。所以,应当重视对犯罪现场昆虫的利用与分析,从而为侦查破案提供更多的依据。

第五节 法庭植物学

在犯罪案件中,特别是暴力犯罪案件中,不仅有来自人体的生物物证,而且还常常遇到来自植物体的植物物证。如根、茎、叶片、孢子、花粉、种子等。检验植物物证的任务,主要是解决种属认定的问题,从而为犯罪案件侦查提供线索。

一、植物的根、茎检验

植物的根部主要功能是从土壤中吸收水分、营养成分,供植物生长。不同植物根的形态、根的结构都有所不同,从而为判断植物种类提供了依据。茎是植物的体轴部分,大多数植物的茎部位于地上,也有植物是地下茎。不同植物的根、茎部结构互有不同,这为分析判断其种类提供了依据。刑事案件中经常遇到植物茎部的物证主要就是木材,包括碎木块、木片等。通过利用植物学知识对现场木材物证进行分析可以判断木材的种类,从而为侦查提供线索与方向。

二、植物叶片的检验

叶是植物制造有机养料的重要器官,也是光合作用的主要场所。叶片是被子植物的一个组成部分，它变化较大，难以识别，尤其是一些残片，辨认起来就更加困难。一般采用比对法检验，即将采集的残片物证，经“植物分类检索表”查出为某种植物残片后，采集相应的已知样本对照分析。可以通过肉眼观察，也可借助放大镜、显微镜观察，主要从叶片、叶端、叶茎的形状，叶脉的走向，叶片边缘特征等方面观察。

三、植物孢子、花粉的检验

植物孢子、花粉的特点是又轻又小，肉眼不易发现，因此要借助显微镜和扫描电镜分析、观察。应将孢子、花粉制成便于观察的标本片，观察它们的形态结构。孢子、花粉种类繁多，形态各异，多数有对称性和极性。要观察结构及纹饰，从萌发器官观察是否有裂缝和孔，观察其对酸碱和腐蚀的耐受性，对高温、高压承受的能力，观察其是否有覆盖层形成的纹饰，根据它们具有的特异性确定其母体的种属。

四、植物种子的检验

种子是高等植物中的裸子植物和被子植物特有的，由胚珠受精后发育而成。种子由种皮、胚和胚乳三部分组成。有些植物种子无胚乳，故种子可分为有胚乳和无胚乳二类。肉眼观察种子是否有果皮包被，可以确认是裸子植物还是被子植物。对种子内部特征可用偏光显微镜检验。检验中要注意淀粉粒的特征，以便确定种子的种类，为种属认定提供依据。

第六节　精斑、唾液斑、毛发的检验

一、精斑的检验

精斑是强奸案件中的重要证据。在暗色织物上，浓厚的精斑呈灰白色糨糊状；稀薄的精斑在浅色织物上呈莞白色，边缘色稍深，手感发硬，新鲜精斑有特殊臭味。

精斑中含有黄素，在紫外线照射下呈现银白色荧光，洗过的精斑亦能发出浅淡的荧光。一些分泌液，如阴道液、唾液、鼻涕等以及含荧光素的各种载体也有类似的反应。

ACP 在精液中含量很高，所以，出现阳性反应快，但其他体液中也含有这种物质，只是因量少而出现结果慢，所以时间控制是本实验的关键。

精斑的预实验法很多，如还有锌显色法、碘化碘钾结晶法、苦味酸结晶法、马铃薯凝集素凝集抑制法等。但只有酸性磷酸酶较灵敏，比较常用。

精斑的确证可以使用显微镜检验法、抗人精环沉淀实验法、检测 P30 确定人精斑等方法。

二、唾液斑的检验

唾液及其斑痕也是重要的生物物证之一。唾液中含有大量的有机物质，如黏蛋白、球蛋白、尿酸、酶和血型物质。另外还有些无机物，如钾、钠、钙、氯、氨等。除此之外，还有口腔黏膜上皮细胞。

唾液中的淀粉酶能分解淀粉变成糖，淀粉遇碘变蓝色，而糖遇碘无蓝色反应。因此，将已知淀粉溶液与检材提取液作用后，再加碘，若无蓝色反应，表示检材提取液已无淀粉存在，淀粉已被分解为糖，据此即可判断检材提取液中有唾液淀粉酶，为唾液斑。反之，就不是唾液斑。该实验灵敏，五年以上的斑痕亦可检出。在做此实验时，要做无唾液斑的空白对照实验。

唾液残留物还可以作血型检测。20 世纪 30 年代，人们已经掌握了这项技术，并在英国作为法庭科学证据开始尝试使用。这项技术当时虽然受到陪审团的质疑，但随着科技的发展，人们已经认识到它的科学性。现在，已经可以对唾液进行 DNA 鉴定，其排他性、准确性更高。

三、毛发的确认检验

毛发在某些刑事案件现场比较常见，针对毛发的研究早已开展。1921 年，澳大利亚已经有通过毛发证据定案的判例。

犯罪现场一般比较杂乱，毛发可能和各种动物毛或纤维混杂在一起，所以，对于从现场提取的毛发，需要鉴别是人的毛发还是动物毛。

利用显微镜区别人的毛发和动物毛是比较直观的，主要方法是观察毛干的具体结构。

毛干由毛小皮、皮质和髓质组成。

毛小皮位于毛发的最外层，由无核、无色素的角质化的扁平细胞组成。这些细胞依次错位重叠呈鱼鳞状或屋瓦状向毛尖端排列，由于鳞片状的重叠位置、大小、形状不同，而形成了和毛轴垂直的冠状、刺状、鳞状三种不同花纹。人毛的毛小皮较薄，重叠不超过三层，呈细小屋瓦状花纹。动物的毛小皮较厚，有的毛重叠厚达 10～12 层，呈锯齿状。

皮质在毛小皮的里面，受其保护，处于毛干中层，是由角质化的细长纤维状细胞向毛发的纵向排列组成，形成纤维束状角化物质居于细胞内。残余的细胞成分集中于纤维素的间隙，包括大小不同的色素颗粒、气泡、蛋白质等。色素颗粒的形态与分布是人毛和动物毛区分的重要根据。人毛的色素颗粒多集中于皮质周围部分，而动物的多集中在皮质中心。人毛的皮质部分很发达，是毛干的主要组成部分。

髓质在毛发的中轴，由退化而形状不一的上皮细胞残渣组成，核已退化且排列松弛，有色素颗粒。人毛髓质多数不发达，较粗的毛有髓质，但往往是不连续的，而毛尖部无髓质。动物毛髓质一般很发达。毛小皮和髓质是毛的特有结构，纤维无此结构。

毛发如果有毛根，可以进行 DNA 分析检验，精斑和唾液斑也可以进行 DNA 检验鉴定。

第五篇

摄影、音像、电子物证技术

第一章　传统物证摄影技术

第一节　物证摄影的发展

一、物证摄影的概念

物证摄影是运用专门的摄影方法，记录、检验案件中的物证和可能成为物证的各种客体所采用的各种技术手段的总称。在这些手段中，有些是记录案件中物证材料所采用的一些专门摄影方法（如原物大摄影、直接扩大摄影，显微摄影，翻拍，脱影和阴影摄影，垂直定向反射摄影等）；有些是物证检验过程中，用以显示肉眼不能发现或难以发现的细微特征和鉴别受检物质异同所采用的专门摄影方法（如红外线摄影、紫外线摄影、激光摄影等）。①

二、刑事摄影、物证摄影的发展过程

摄影技术的产生是人们对光学认识和研究的成果。早在公元前4世纪，《墨经》中关于光的反射和镜面成像就反映出人们对光的认识。到了宋代，沈括在《梦溪笔谈》一书中，详细叙述了“小孔成像”的原理。13世纪的欧洲已经出现供近视或远视患者戴的透镜。因16世纪文艺复兴时期绘画的需要，暗箱出现了，随着1839年法国画家达盖尔公布他的银版感光材料，这种暗箱最终演变成了照相机。

---

① 徐立根主编：《物证技术学》（第三版），中国人民大学出版社2008年，第30页。

以往侦查机关和法庭在侦破案件及审判罪犯时只能依靠见证人的证词、侦查人员的描述或者画影图形。这些办法很难避免遗漏和人为的错误,因此需要一种科学记录手段。摄影技术诞生之后,很快就成为警方和司法部门的得力工具。1839 年,法国人贝雅开始用氯化银负片印制的纸基照片拍摄尸体检验照片,成为世界上第一个将摄影技术用于司法鉴定的人。1841 年,法国警察部门首次用银版摄影法给两名罪犯拍摄。1848 年,英国伯明翰警察局开始给人犯拍摄登记。次年,法国开始对全体在押犯拍摄,建立档案。1856 年,美国旧金山警察局开始对人犯拍摄。1856 年,佩里斯律师在司法杂志上刊登的文章中提道:"一名瑞士法官下令对一个不知名的盗贼进行拍摄,并把照片送交附近所有的警察局辨认,后来在巴登大公国被识别出来,原来这个罪犯是在巴登的乡下长大的。"1867 年,在俄国莫斯科也建立了罪犯照片档案。1871 年,英国议会通过的《预防犯罪法案》中规定:"凡是被警察拘留逮捕的人犯都必须拍摄登记。"

在辨认摄影发展的同时,摄影技术开始用于犯罪现场记录。1854 年,瑞士洛桑警察局首次拍摄了犯罪现场,并于 1861 年作出规定:所有重要现场都必须拍摄记录。检验摄影也在逐步形成。1864 年,美国旧金山警察局用摄影方法成功地记录了一幅被盗油画上的涂改痕迹。1871 年,卢卡斯第一次叙述了用摄影方法检验一份伪造的书写文件。1862 年,法医学专家约德斯博士成功地在司法鉴定中应用了摄影技术,并发表文章承认摄影在法医鉴定中的作用。1874 年,巴黎警察总监雷诺在巴黎警察局建立了世界上第一个警察专用摄影室。法国刑事科学家贝蒂隆领导巴黎警察局摄影实验室工作期间,应用摄影技术破获了不少案件。1889 年,巴黎法庭设立了刑事摄影部门,包括人犯摄影室、文件摄影室等一系列进行各种摄影处理的工作室。1891 年,普鲁士警察长官、刑事科学家汉斯·格罗斯发表专题论文,阐述摄影技术在刑事侦查中的作用。正是由于刑事科学家和警察工作者的大量艰苦努力,经过近半个世纪的演变,终于形成了一门新的学科——刑事摄影。

20 世纪以后,刑事摄影进入了一个大发展的时代。日本警察厅于1910年开始在全国用手印照片进行比较鉴定，同时拍摄嫌疑犯人像进行辨认。1913年，美国威尔德博士首次采用颅像重合摄影方法鉴定了一具颅骨的身源，在德国、英国也相继开展了颅像重合技术研究，确定死者身份。1914年英国警察应用分色摄影，显现一张支票上被涂改的数字，成功破获一起诈骗案。1920年以后，小型相机的价格越来越便宜，照相机成为各国警察必备的装备。

在19世纪末和20世纪初，中国警察部门也开始采纳摄影术。1904年创刊的《东方杂志》，多次刊登《腹内摄影》、《尸体摄影之新法》等文章。1905年，清朝正式废除画像，改用照片管理囚犯，通缉逃犯。20世纪20年代，一些大城市的警察部门先后建立了摄影室，如上海警察局刑警处设鉴识课，其下设指纹、验枪、摄影、笔迹、犯罪记录等股。1945年，中央警官学校编写了《刑事照相讲义》一书。曾在美国留学后任上海黄浦警察分局局长的冯文尧写了一部《刑事警察科学知识全书》，其中对刑事摄影的作用和各种摄影方法作了全面叙述。

新中国的诞生为我国刑事摄影科学的发展，开辟了广阔的前景。20世纪50年代，刑事摄影得到了空前发展，全国县以上公安机关都开展了刑事摄影业务，刑事摄影专业队伍逐步发展状大。1957年至1961年，公安部第一人民警察干部学校培训三期刑事摄影专业干部，这批人成为各地专业骨干。各省、市、自治区公安机关和学校，又分别以带徒弟、办短训班的形式，培养了一批专业人员。1982年，中国刑警学院开始招收刑事摄影专业本科生。目前，在全国各地已形成一支庞大的专业技术队伍。①

有一个案例比较具有代表性，说明了改革开放初期中国对刑事摄影及物证摄影技术研究的状况。当时全国人民都沉浸在经济快速发展带来的喜悦中，然而，北京的人们却被一起火车站爆炸案震惊了。究竟是谁这样猖狂，在人来人往的火车站制造如此严重的爆炸

---

① 朱宝礼主编：《物证检验摄影教程》，警官教育出版社1999年版，第11～16页。

案件？所有的线索集中在一点——犯罪嫌疑人在现场遗留下的一顶洗得非常旧的军帽。但是军帽当时十分普及，怎么通过军帽查找犯罪嫌疑人成为本案中的一个难点。经典的案例往往都是偶然和必然的结合，当时公安部物证鉴定研究所正在对低温红外荧光摄影技术进行研究，利用这种方法，旧军帽上肉眼无法看见的印章和钢笔写的部队番号均被显示出来，北京警方根据这个重要的线索查找到了犯罪嫌疑人，从而成功地侦破了这起爆炸案件。

第二节　近距离摄影

一、近距离摄影概述

普通摄影通常用于拍摄中、远距离的景物，所得的影像较实物往往小数百倍。然而由于分辨率的限制，当被拍物体过于微小时，这种摄影方法显然无法将被拍物的细微形态结构特征拍摄清楚。近距离摄影，能使被拍物的物像之比在 1∶20 至 15∶1 的范围之内，可用于拍摄指纹、工具痕迹、笔迹、索沟等痕迹。近距离摄影包括原物大摄影、直接扩大摄影和翻拍等。

透镜成像的基本原理及基本公式：

$1/u + l/v = l/f$；

$K = v/u = f/(u - f) = (v - f)/f$。

公式中，u 为物距，v 为像距，f 为焦距，K 为放大率。

从前述基本原理和公式可知，要实现近距离摄影，就必须增加像距、缩短物距。能调节相机机身与镜头之间距离的专业相机，可直接用于近距离摄影。实践中往往利用普通相机进行近距离摄影，而普通相机是为拍摄中、远距离景物设制的，所得物像之比不在近距离摄影要求范围内。因此，必须使用近摄附件，如近摄接圈、近摄仪、近摄镜、微距镜头等。

近距离摄影应注意以下技术问题：

1. 调焦。近距离摄影的景深较小，调焦精度要求高，因而应选用下列调焦方式:调节被摄物体与相机距离(像距不变,调整物距);固定镜头与物体距离,调节机身与镜头距离(物距不变,调整像距);或者,固定物体与机身距离,调节镜头与机身距离(物距、像距同时调整)。

2. 景深与光圈。景深与光圈及影像放大倍数有关:光圈越大或放大倍数越大,景深越小。近距离摄影往往放大倍数是确定的,所以为增加近距离摄影的景深,通常缩小光圈。但光圈越小,镜头的分辨率越低,因此应在满足景深要求的前提下,尽量选用较大的光圈。

3. 曝光。因增加了像距,故镜头原有的光圈系数发生了变化,像平面上的照度以 $1/2(K+1)$ 的比例下降。为了使底片正常曝光,要增加 $2(K+1)$ 的曝光量。增大光圈或延长曝光时间均可增加曝光量。为保证一定的景深,通常不改变光圈,只增加曝光时间,即新的曝光时间 $=2(K+1)\times$ 原曝光时间。

4. 拍照时,应保持相机和拍摄环境稳定,调焦后要拧紧所有的旋钮,避免因震动或物距移动使影像模糊;必要时,可使用快门线。

二、物证原物大和直接扩大摄影方法

对于某些微体物证或痕迹,如果用通常的方法拍照,拍得的影像极小,即使经暗室放大,也仍然难看清其细微特征,因而不利于物证技术鉴定。如果能使拍得的影像与原物一样大,甚至更大一些,就能弥补这个不足。原物大或扩大摄影,就是为这个目的而采取的方法。

原物大或扩大拍照是根据透镜成像时物和像的共轭关系的原理,通过调整物距和像距,而直接摄取与被拍原物同等大小或比原物大若干倍的影像。当物距和像距都等于两倍焦距时,能获得与原物同大的影像;当物距位于两倍焦距以内,像距位于两倍焦距以外,即物距小于像距时,能获得比原物更大的影像,像距的长短与影像倍数成正比。

物距、像距、焦距和影像倍率之间的关系,可用下列公式来表示:

$U=F(1+1/K)\cdots\cdots\cdots\cdots(1)$

$V = F(1+K)$ ……………（2）

$K = (V \div F) - 1$ …………（3）

公式中 U 代表物距，V 代表像距，F 代表焦距，K 代表倍率。

三、物证显微摄影

物证显微摄影是以相机和显微镜相结合，拍摄经显微镜放大的物像的一种摄影方法。在物证检验中，许多物证的特征，例如弹头、弹壳上的细微痕迹，纤维特征，金属表面的金相结构，生物物证的特征，字迹交叉笔画的先后顺序等，都需要借助显微镜进行检验，并用显微摄影方法把检验结果拍摄下来。

显微摄影放大倍数 = 显微镜放大倍数 × 像距/250mm。

显微镜放大倍数 = 目镜的放大倍数 × 物镜的放大倍数。

显微摄影所需要的器材，主要是显微镜、摄影装置和光源。

显微摄影的装置分为专用的和非专用的两类。专用的显微摄影装置按照其结构不同，又可分为两种：一种是固定式，由金属制成，使用时取下目镜，将相机套入目镜的镜管，与显微镜相衔接，靠所配的检镜与调焦镜进行调焦和取景。高级的显微摄影机还备有自动控制曝光系统和可调节的稳压光源，以及各种滤色镜等配套设备。另一种是折叠皮腔式，备有可伸缩的皮腔。皮腔下端与显微镜目镜管相连接，皮腔上端或镜箱后背装有毛玻璃，供调焦和取景之用。拍摄时，取下毛玻璃，装上感光片暗盒，抽出暗盒盖即可曝光。折叠皮腔式显微摄影装置一般为立式，少数为水平式。

在没有显微摄影专用设备的情况下，可以用普通小型摄影机代替。拍摄时，先将镜头取下，利用金属管制成的衔接器或者折叠式皮腔，使摄影机与显微镜目镜相连接，通过毛玻璃取景调焦后即可拍摄。如果摄影机上无毛玻璃，可将后盖打开，另外用一块薄的毛玻璃进行取景调焦，然后盖上后盖再按一般程序显微摄影。

显微摄影用的光源大多采用人造光，很少使用自然光。新式的显微镜一般都配有内装式或外装式的专用照明灯。如果没有专用照明灯，也可使用钨丝白炽灯、钠灯和卤素灯照明。

显微摄影的配光方法有透射照明法和反射照明法两种。配光的角度应根据检材的凹凸程度、反光率等因素确定。对于某些有色的检材，还应选用适当的滤色镜拍摄。

显微摄影的曝光时间，应根据光源的强度、色温、配光方法、聚光器位置、放大倍率、检材颜色、感光片的感光度和感色性以及电压变化等诸因素来确定。

为了确定显微摄影的曝光时间，还可以使用光电测光表测定或利用显微摄影用的全自动曝光设备，也可利用实验曝光法确定。

第三节　阴影摄影和脱影摄影方法

一、物证阴影摄影方法

在物证摄影中，有时需要通过加强被拍客体凹凸部分的明暗差别，来显示肉眼难以看出的细微特征，这种拍摄方法称为阴影摄影。主要用于拍摄有凹凸立体感的痕迹、字迹、伤痕等客体，如尘土减层足迹、尸体索沟、牙印、工具痕迹、刻画字迹、抑压字迹等。

阴影摄影的关键问题是配光。通常采用单向侧光，最好是用配有缝隙光的可调光灯，如果没有聚光灯，可在一般照明灯前面加放一只裂缝式灯罩，有时候，也可以用手电筒。

阴影摄影的光照角度大小与被拍痕迹凹凸深浅程度有关。痕迹深，光照角度可大一些，灯光相对强一些；痕迹浅，光照角度小，灯光相对弱一些。

光照方向（灯光位置）应使光线与痕迹花纹流向相垂直。例如，在拍摄射击过的弹头上来复线一类线条状痕迹时，光线应从直线的横向照射。

如果单向侧光很难将凹凸纹路显示清楚，可以采用相向侧光或者交叉配光的方法来拍照。相向侧光是使灯光从痕迹的相对两个方向照射，但两侧灯光强度应有明显差别，否则不能形成阴影。这种配光方法适于拍摄某些反差弱、图案花纹复杂的环形或螺旋形痕迹。例如,粉尘上立体指印或很浅的刻画字迹。

二、物证脱影摄影方法

脱影摄影是指为了消除被拍客体光照下的阴影所采取的一种摄影方法。这种方法常常用于拍照犯罪工具、赃物等体积较小的物证。由于阴影被消除,被拍客体的轮廓边缘特征在照片上得到清晰的反映。

脱影拍照法的关键问题是脱影的方法。脱影的方法很多,常用的有以下几种:

(一)透明玻璃架脱影。将被拍客体置于一块用支架架起的透明玻璃板上,在玻璃板下方地面上,铺一张与被摄物体颜色深浅相反的衬纸。光线从左右两侧以45°角均匀地照射被摄物体,阴影即投射在拍照范围以外。(见图36)

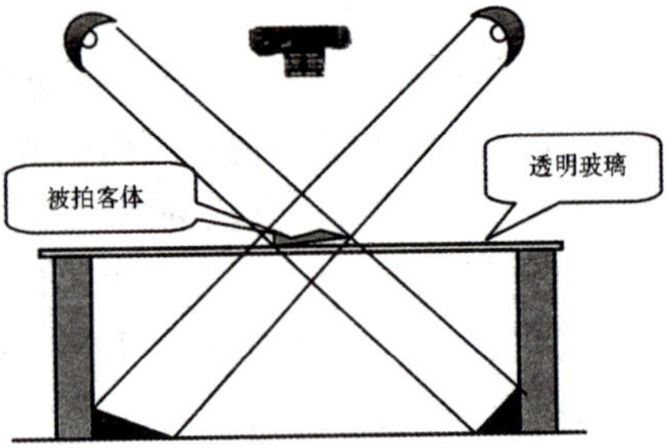

图36 透明玻璃架脱影示意

(二)散射光脱影。在没有专用脱影设备的情况下,可以利用散射自然光或散射灯光脱影。将被拍物置于与其颜色相反的衬底上,在柔和、均匀的散射自然光或灯光下拍照,即可取得脱影的效果。如果不能完全消除被拍物体的阴影,可在一定的距离和角度加放反光屏或辅助光,借以消除、减淡尚存的阴影。

(三)脱影灯箱脱影。脱影灯箱是为消除被拍客体阴影而设计的长方形或方形箱子。箱子上面是磨砂玻璃或奶白玻璃,箱内安装了两只日光灯管或两只乳白灯泡。拍照时,将被摄物体置于磨砂玻璃上,打开箱内灯管,箱外左右两侧各有45°角的配光,即可消

除物体阴影。灯箱外灯光的照度与灯箱内灯光照度的比例,一般为1∶2或1∶3,最大不能超过1∶4。(见图37)

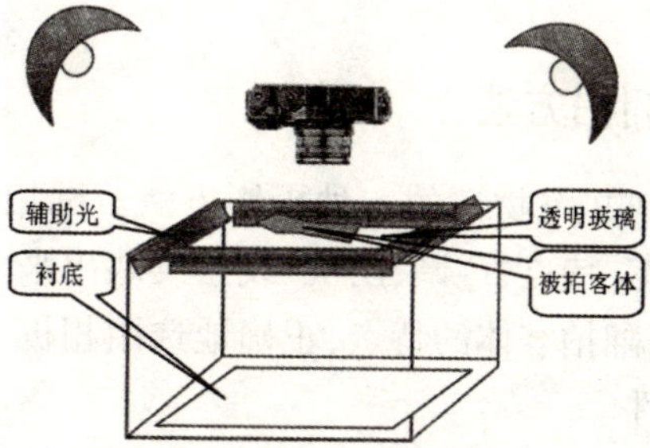

图37 脱影灯箱脱影示意

(四)利用环形灯脱影。将特制的小型环形灯或环形闪光灯套在相机镜头上,使灯光呈环形,均匀地照射在被拍客体上,即可获得脱影的效果。如无专用的环形灯,亦可用普通的微型灯泡排列成环形装在金属圈上,套在相机镜头上进行拍摄。

(五)偏振光脱影

将一比较大的偏振镜平放于脱影灯箱上,被摄体放于该偏振镜上,然后镜头前加另一偏振镜,通过调整两偏振镜晶丝夹角,来控制背景的颜色。(见图38)

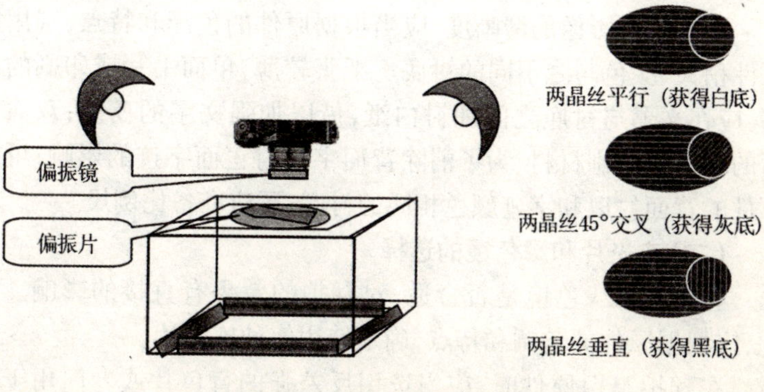

图38 偏振光脱影示意

第四节 文书翻拍和物证分色摄影方法

一、文书翻拍方法

翻拍是复制文书物证的一种摄影方法。翻拍要求全面、准确地把原件的形态、特点、色调、层次、线条反映出来。为了达到上述要求,应当根据翻拍客体的特点,正确地选用相机、感光材料、照明条件和曝光条件。

翻拍最好使用专门的翻拍机,它具有能伸长两倍以上焦距的皮腔,可以根据需要更换镜头,选用不同尺寸的感光片。这种专用的翻拍机,可以拍得原物大或直接扩大照片。在没有专用翻拍机的情况下,可以使用普通 135 相机,加近摄附件,装在特制的翻拍架上拍照。

为了获得符合要求的翻拍照片,需要解决以下几方面的问题:

(一)翻拍的准备工作

翻拍之前,应当根据原件的具体情况对之进行适当的整复,例如,对折皱、卷曲的原件可以用洁净的玻璃压平或置于透明的夹框内,对破裂的原件进行拼接等。

为了提高影像的清晰度,应当根据原件的色泽和特点,选用比原件稍大、颜色与之不同的衬底。纸张较薄、单面书写或印刷的文书,应在文书与衬底之间加衬白纸,借以加强文字的反差;双面书写的文书或印刷材料,为了消除背面字迹对正面字迹的影响,可在原件的背面衬以和字迹颜色相同的衬底;还应准备比例尺。

(二)感光片和滤色镜的选择

感光片和滤色镜是否合适,对翻拍的效果有直接的影响。为此,应根据原件的色调和特点,确定使用何种感光片。

在翻拍黑白原件时,应当选用反差强的盲色片或专门用于翻拍的感光片,并用硬性感光纸制作照片。

在翻拍有中间色调的黑白原件时,可选用反差适中的分色片或全色片。

在翻拍彩色原件时，应当使用彩色片或者使用微粒的、反差弱的黑白全色片。

（三）配光

配光是否恰当，对翻拍照片质量的优劣有直接关系。

自然光在光照方向和角度上难以控制，所以翻拍通常利用灯光照明，灯光数量可根据翻拍原件面积大小而定，对于面积不大的原件（相当于8～16开纸），可配备两只灯，从左右两侧等距离、等角度照射。如面积较大，可配备四只灯从四角照射。光照的角度一般掌握在45°左右；如原件表面比较粗糙、凹凸不平或有严重折皱，光照角度可大于45°，但不宜超过70°。如原件表面反射光线能力强，光照角度可小于45°，但不宜小于30°。左右两只灯或四只灯与翻拍原件的距离应相等，一般应为原件对角线长度的2～3倍。对于面积不大的原件，灯距可掌握在50～65厘米。灯光强度以60～150W为宜，各盏灯的照度应一致。为了使光照均匀、柔和，避免产生浓密阴影，应使用乳白灯泡。

（四）翻拍的调焦

为使调焦清楚，相机镜头的对焦点应放在原件的中心部位，并使成像平面与原件平面保持平行，以免使影像变形。为便于调焦，可先用大光圈，待影像清晰后，根据需要缩小光圈。

（五）选择曝光条件

正确的曝光时间，是保证翻拍质量的关键。在解决这个问题时，应当考虑到可能影响曝光的各种因素，如光照强度、光照方向、光圈大小、感光片速度等，以及原件的表面结构及反射光线的强弱、翻拍倍率和所用滤色镜等因素。有电动曝光表的，可以使用曝光表测光。也可以通过实验选出最佳的曝光时间。

二、物证分色摄影方法

（一）分色摄影的概念和作用

分色摄影，是利用滤色镜和感光材料的有机配合来加强或减弱被拍物体上的颜色差别的一种摄影方法。这种摄影方法通常在拍摄痕迹和字迹时采用,特别是在文书检验中,一些被颜料遮盖的字迹,一些背景和笔画颜色差别不明显的字迹以及年久变黄、褪色的文字或图像,可以通过分色摄影使之得到显现或加强。

分色摄影除了要具备相应感色性的感光材料并正确掌握曝光时间外,最关键的问题是正确选用滤色镜。

(二)滤色镜的种类和特性

滤色镜是一种具有颜色的透光介质,它对光的不同波段具有选择性通过和吸收的性能,可以从不同角度分类。按颜色的差异,可分为红、黄、绿、蓝等颜色的滤色镜。每一种颜色的滤色镜又可按其深浅程度分为深、中、浅三级。按使用性能可分为“区通光滤色镜”和“单通光滤色镜”:前者只让光谱中某一区域的光线通过,而阻止其他一切光谱区域通过;相反,后者只让一种波长的光线通过,或者只让非常狭窄的光谱区域的光线通过,而其他光线均被阻止。

不同颜色的滤色镜,对不同的色光具有选择性通过、限制和吸收作用。“通过”是指色光全部透过,这是与滤色镜镜片颜色相同的色光。通过的色光在底片上感光,呈黑色,在照片上则呈白色。“限制”是指光线被控制通过,即部分通过、部分吸收的色光,这样的色光是滤色镜颜色补色的临界色和间色。“吸收”是指色光被阻止通过,即滤色镜的补色。

黄滤色镜:通过黄、橙、红色光;限制绿色光;吸收紫、蓝、青色光。

红滤色镜:通过红、橙色光;限制紫、黄色光;吸收绿、青、蓝色光。

绿滤色镜:通过绿色光;限制蓝、青、橙、黄色光;吸收紫色光和红色光。

橙滤色镜:通过黄、红、橙色光;限制绿色光;吸收紫、蓝、青色光。

蓝滤色镜:通过蓝色光;限制紫色光;吸收红、黄、绿色光。

(三)滤色镜的选择

分色摄影时，对滤色镜颜色及其深浅的选择，直接影响到所拍照片的质量。选用时，应当综合考虑以下几方面的条件：

1. 被拍客体的颜色与拍摄的具体要求

根据滤色镜“同色通过，异色吸收”的特性，如果拍摄的要求是消除或减弱被拍客体上的某种颜色，即应选用同该种颜色相同或相近的滤色镜。例如，为了消除蓝墨水字迹上或邮戳上面的红色污斑，可选用红滤色镜拍照。如果拍摄的要求是加深(突出)被拍客体上的某种颜色，可选用与该种颜色相异的滤色镜，即能吸收该种色光的滤色镜。例如，为了加深蓝色衣服上的血迹，可以选用蓝滤色镜，因为蓝滤色镜吸收红色而使之加深。

2. 光源的种类和光照条件

不同光源以及同一光源的不同条件，所含色光成分的比例是不同的。例如，太阳光在中午含蓝、紫色光多，早、晚则红、橙色光成分占的比例大些。故中午不能用红、黄、绿滤色镜，而应用蓝、紫滤色镜。在电灯光中，功率大的含蓝、紫色光多，功率小的含红、橙色光多。

3. 感光片的感色性

选用的滤色镜的颜色必须与所用感光片的感色性相适应，即选用的滤色镜颜色，应当是感光片所能感受的。否则，即使滤色镜选用得合适，而由于感光片不能感受该种颜色，也不会收到预期的拍摄效果。

(四)分色摄影的应用

1. 分色摄影在拍摄文书字迹中的应用

拍摄文书字迹一般无须利用分色摄影，但下列两种情况例外：第一，字迹与所在物面反差微弱，可见度很低时。例如，在拍摄变黄的陈旧文书、单据上不易看清的字迹或不易辨认的变黄褪色照片时，可加用黄滤色镜，以消除或减淡发黄的背底。第二，字迹或图像印文被某种颜料、墨水污染不易看清时，可加用一定颜色的滤色镜来消除污染斑渍，使字迹显出。例如，为了显示被红颜料污染的蓝色、黑色字迹或邮票上的邮戳字迹时，可选用红滤色镜拍摄。

2. 分色摄影在拍摄有关痕迹中的应用

在拍摄手印时，为增强手印与所在物面的反差，应当针对物面的色泽和显现手印的方法，选用滤色镜。例如，对绿色客体上的汗液手印可不加滤色镜；对绿色客体上的铝粉显出的手印，可加红滤色镜；对绿色客体上的血手印，可加绿滤色镜或红滤色镜；对白色客体可不加滤色镜等等。

在拍摄泥地和尘土上的脚印以及带血的脚印时，滤色镜的选择与手印颜色基本相同。特殊的是拍摄雪地上的脚印，为消除反光，使脚印清晰地显示出来，可加用黄滤色镜。

在拍摄尸体伤痕和血迹时也可用分色摄影法。

（五）滤色镜的曝光倍数

滤色镜具有吸收、限制一定色光通过的作用，加滤色镜之后，进入镜头的光量相对减少。因此，拍照时宜相应地增加曝光时间。滤色镜的曝光倍数就是指加用滤色镜后，比不加滤色镜拍照时曝光量应增加的倍数，也称滤色镜的因数或曝光系数。至于究竟需要增加多少倍，主要应当根据所用滤色镜的颜色及其深浅程度来确定。滤色镜的颜色不同，通过色光的成分不同，应增加的曝光倍数也不同。此外，在同一种颜色的滤色镜中，由于颜色深浅程度不同，其透光率大小不同，应增加的曝光倍数也不同。颜色越深，其透光率越小，曝光倍数越大。加滤色镜后的具体曝光时间，可用下面的算式计算：

加滤色镜的曝光时间 = 不加滤色镜的曝光时间 × 滤色镜的因数。

第五节　红外线、紫外线、激光在物证摄影中的应用

一、红外线在物证摄影中的应用

红外线是可见光谱红光外端的一种不可见光线，又称热射线。其波长范围为760～42 000纳米。按波长的不同，可以分为短波红外线（760～1 500纳米）、中波红外线（1 500～10 000纳米）和长波红外线（10 000～42 000纳米）。用于红外线摄影的主要是波长760～1 350纳米的红外线。

（一）红外线的特性及其在物证检验中的作用

1. 不同的物质对红外线的反射能力与对可见光的反射能力不同。有些物质对红外线的反射能力强，而对可见光的反射能力弱；有一些看上去颜色相同的物质，由于其组成的成分不同，对红外线的反射能力也不一样，如绿草、绿叶和绿色颜料中，前两种物质能大量反射红外线，而绿色颜料对红外线的反射能力很弱。

利用红外线的这一特性，可以显示肉眼无法看清的痕迹和字迹。如烧焦文书上的字迹、暗色衣服上弹孔周围的射击附带痕迹等。还可以鉴别某些颜色相同而成分不同的物质，如用色泽相同、成分不同的墨水书写的字迹，等等。

2. 不同的物质对红外线的吸收能力不同。物质的性质和组成成分不同，其对红外线的吸收能力有比较明显的差别，如水比墨汁吸收红外线的能力强。相同颜色而成分不同的物质对红外线的吸收能力也不同。如石墨、墨汁、煤烟、黑纸等同为黑色，对红外线都有吸收作用，但吸收能力的强弱不同，其中墨汁的吸收能力强于其他物质，但含铁的墨水对红外线的吸收能力却比其他物质更弱。

利用红外线的这一特性，可以揭示被掩盖的文字、印迹、图像、痕迹，鉴别使用不同的墨水添、改的文字和数字。

3. 红外线对某些物质的透过能力与可见光的透过能力不同。

例如，纯蓝墨水、红墨水、紫印油、薄纸张、薄木片、薄皮革等物质，红外线都可以透过，而可见光却不能透过。

利用红外线这一特性，可以显现被某些染料涂污或浸染的文字、印迹。例如，可以把被苯胺染料和红色污斑污染的墨汁字迹、石墨铅笔字迹或用炭黑复写纸复写的字迹以及邮戳印迹等显示出来。

此外，红外线的散射性比可见光小，故可在阴雾天用于现场摄影。

利用红外线的上述特性对物证进行检验，并用专门的方法把检验结果拍摄下来，就是通常所说的红外线摄影。

（二）红外线摄影的器材

红外线摄影需要配备红外线光源、红外线感光片、红外线滤色镜。

红外线摄影光源，分为自然光源和人造光源。太阳辐射是一种有效的红外线光源。直射的阳光经过大气层后，可见光占52%，红外线占43%，紫外线占5%，如遇阴雨天，红外线含量会急剧下降。因此，虽然太阳光含有大量红外线，但由于易受气候、季节、早午晚时间变化等因素的影响，不够稳定，故很少作为红外线摄影的光源。人造光是红外线摄影通常使用的光源。有专用的红外线灯、白炽灯、炭弧灯等。专用的红外线灯泡红外线含量达50%，炭弧灯含56%。白炽灯（即钨丝灯）的红外线含量与灯泡功率有关，功率愈大，红外线含量愈多。红外线摄影所用灯功率一般不应小于500W。电子闪光灯也可作为红外线摄影的光源。

红外线感光片，供红外线摄影专用。其之所以能感受红外线，是因为在感光乳剂中加入了红外增感染料——菁染料。红外线感光片也有黑白红外片和彩色红外片之分。从感受红外线的最大波长上可以把红外线感光片分成不同的型号，常用的有760纳米、800纳米、850纳米、900纳米、950纳米、1 100纳米等数种。有的以一定符号来代表感光极限值。如“K”表示750纳米、“R”表示830纳米、“P”表示860纳米、“Q”表示960纳米。上述数字和代号在红外线感光片的包装盒上都有标示。红外线感光片的性能不如普通感光片稳定，故一般不标明感光速度，拍摄时需要通过曝光实验解决。红外线感光片的有效期很短，最长的不超过半年，最短的只有几个星期。特别是感光波长长的，其保存期会相应下降，如 950 纳米、1 100 纳米的红外线感光片，其有效期只有两个星期到一个月，密封低温冷藏（2℃ ~3℃）可适当延长其寿命。

红外线感光片在感受红外线之外，还能感受紫外线和可见光。而红外线摄影要求只有红外线或者只有红外线中的某一特定波长进入镜头，阻止其他光线通过，特别是要吸收全部蓝、紫光线。为此，必须加用能通过红外线，阻止可见光干扰的滤色镜。红外线摄影的滤色镜有专用和非专用之分。专用的为黑色，阻止全部可见光，只允许一定波长的红外线通过。如果没有专用的红外线滤色镜，一般红外线摄影也可选用橙色、红色或深黄色等普通滤色镜代替。

红外线摄影可使用普通相机，但镜头快门和暗箱应由不透过红外线的金属制成，也可以使用专门的红外线相机。

（三）红外线摄影的方法

红外线摄影，从拍摄客体和方法上分为红外线荧光摄影和红外线反射摄影。

1. 红外线荧光摄影。又称红外光致发光摄影，是用以记录单色光源激发出的红外荧光现象的专门摄影方法。利用红外荧光摄影可以揭示、鉴别伪造的文书、证券，恢复被洗涤、消退的文字和印迹，显现被墨汁掩盖的字迹。

红外线荧光摄影，从拍摄方法和作用上又可分为普通红外线荧光摄影法和低温红外线荧光摄影法。与普通红外线荧光摄影法不同，低温红外线荧光摄影法需要将被拍摄客体放入金属或搪瓷盆中，并在其中加入液氮冷却。因低温红外线荧光摄影能使荧光变强，所以拍摄效果更佳。

2. 红外线反射摄影。红外线反射摄影是直接利用红外线作为光源所进行的一种摄影。这种拍摄方法与一般摄影基本相同，但在调焦、曝光和冲洗负片方面具有某些特殊要求。

红外线的波长比可见光长，结焦长于可见光，平均约长于镜头焦距的1/250。为了不使影像模糊，需在可见光下对焦后，再按上述比例伸长像距，才能成为红外线真正的结像焦点。某些相机在调焦环上标有专用的红外调焦符号“R”，在可见光下直接调焦，再将调焦距离值对在“R”处，这样使用红外镜头，则可见光下一次调焦即可。

红外感光片的不稳定性决定了红外线摄影要以系列曝光实验法来获得准确的曝光。

冲洗红外线负片，须利用专门的红外线安全灯（530～670 纳米）；否则必须在全黑的暗室中冲洗。

红外线反射摄影可以显示被涂改、消退、掩盖的文字、印迹以及密写的文字；鉴别伪钞及其他证券；发现深色衣服上弹孔周围的射击附带痕迹；显现油脂、涂料、化学溶剂和人的汗液等所形成的不易见的痕迹。

二、紫外线在物证摄影中的应用

紫外线是可见光谱紫光外端的一种不可见光线，其所占的光谱区域为1～400 纳米。按波长范围的不同，可分为长波紫外线区域（300～400 纳米，又称近紫外线区域）、短波紫外线区域（200～300 纳米，又称中紫外线区域）、真空紫外线区域（1～200 纳米）。紫外线摄影是以紫外线作为光源，或者记录紫外线辐射下物质现象的一种专门摄影方法。

（一）紫外线的特性及其在物证检验中的作用

1. 紫外线对某些物质具有光激发光的作用。这种在紫外线照射下所引起的物质发光现象，也称为冷光。按照发光现象的持续时间可分为荧光（受光的激发后持续 10^{-6}～10^{-3}秒）和磷光（持续时间超过 10^{-3}秒）。物证摄影中主要是荧光摄影。不同的物质，在紫外线照射下的荧光现象不同。利用紫外线的这一特性，可以将在可见光下看不见或看不清的细微痕迹、图案花纹、文字和细小物质显示出来。例如,被化学药品消退的文字、印迹、密写文字、涂改字迹,以及衣物上被洗涤过的血迹、精斑、油脂、涂料、毒物等,在紫外线照射下,可能被显示出来。利用紫外线的这一特性,还可以鉴别普通光线下难以区别的物质的异同,例如鉴别各种有价证券、无价证券、纸张、墨水、糨糊、胶水、颜料等的异同。

2. 紫外线的反射、吸收、透射的能力与可见光不同。某些物质对紫外线有强烈的吸收作用,如普通玻璃。某些物质不吸收紫外线,而能让紫外线透过,如石英等。利用紫外线的这一特性,可以使在普通光线下看来相同的物质得以区别。

(二)紫外线摄影的器材

1. 紫外线摄影光源。阳光中有部分紫外线,但紫外线摄影一般并不利用太阳光,而是利用专门的紫外线灯作为光源。这种光源通常是水银石英灯(汞灯)。氙灯、卤钨灯和电子闪光灯也可利用。水银石英灯按其发出紫外线的波长不同,可分为长波、短波和长短波联用三种类型。其平均使用寿命为1 000小时左右,每次开灯时间不宜过长,五分钟左右关闭一次,冷却后再行开启使用。

2. 紫外线滤色镜又称紫外线滤光器,是紫外线摄影的必备器材之一,有固体、液体、气体三种。目前在紫外线摄影中广泛采用的是由氧化镍和石英玻璃制成的固体滤色镜。从光学特性上可以把紫外线滤色镜分为两种类型:一种是透过型紫外线滤镜,只透过一定波长的紫外线,吸收可见光。通常用于紫外线反射摄影。另一种是吸收型紫外线滤色镜,不吸收紫外线,透过可见光。可用于紫外线荧光摄影。普通的淡黄、淡绿、橙、红色滤色镜也可用作吸收型滤色镜。

3. 紫外线摄影用镜头有专用与非专用两种。紫外线荧光摄影所记录的荧光属于可见荧光,故使用普通摄影镜头即可。紫外线反射摄影中有的是长波紫外线摄影,有的是短波紫外线摄影。前者使用普通镜头即可,后者要使用紫外线摄影专用镜头或者石英镜头。

4. 紫外线荧光摄影用的感光片,与普通摄影用的感光片基本相同。紫外线反射摄影需要使用专门的紫外线感光片，这种专用片对长波和短波紫外线反射摄影均可使用。

（三）紫外线摄影的方法

紫外线摄影分为紫外线荧光摄影与紫外线反射摄影：

1. 紫外线荧光摄影。又称紫外线光激发光摄影。它是把紫外线光源激发出的荧光，用摄影的方法记录下来。由于所拍摄的荧光是人眼可见的，故此种紫外线摄影实际上等同于可见光摄影，但要有紫外线光源和紫外线滤色镜。

紫外线荧光摄影光源以长波紫外线灯为主，有时也用短波紫外线灯，因为有些物质只有在短波紫外线激发下才发出荧光。为使其发出纯净的紫外线，需要在光源前加放透过型紫外线滤色镜。为使进入镜头的只有可见荧光，在镜头前要罩上阻止紫外线通过的吸收型滤色镜。

紫外线荧光摄影使用的是普通感光片。其感色性可根据荧光的颜色选定，一般以使用分色片比较合适。

紫外线激发出的荧光比可见光微弱，为使荧光不受可见光的干扰，应在暗室或其他黑暗的环境中拍摄。为便于观察，可先在普通光线下取景、调焦后，再改用紫外线作为光源。待五分钟左右发光最强和稳定时再曝光。

紫外线荧光摄影的曝光时间，应根据灯光与被摄客体的距离、客体的颜色、荧光的强度、感光片的感光度以及滤色镜的因数等条件加以确定。具体的曝光时间，可以通过系列曝光实验确定。

2. 紫外线反射摄影。又称直接紫外线摄影，是将某些物质对紫外线的反射、吸收能力不同所产生的人眼看不见的现象，记录在感光材料上的一种专门摄影方法。这种摄影可以显示普通光线下看不见的痕迹物证，并能鉴别物质的异同。例如，区别不同的纸张结构，不同的铅笔、圆珠笔书写的字迹以及其他肉眼难以分辨的细微痕迹特征。

摄影透镜对不同波长的光线具有不同的折射率。紫外线波长短于可见光，其折射率大于可见光，故通过镜头所结成的焦点距离也比可见光短(约短1/50个焦距)。如果在调焦时,没有注意这种情况,就不能拍得清晰的影像。为此,可先在可见光下调焦,然后再缩短像距1/50个焦距,或者在可见光下调焦清楚后,再适当缩小光圈,以加长焦深。

紫外线反射摄影的曝光时间较之紫外线荧光摄影的曝光时间要短得多,一般为荧光摄影的1/100左右。准确的曝光时间,可在全面考虑各种曝光因素的基础上,通过系列实验求得。经验表明,紫外线反射摄影时,要特别防止曝光过度。

紫外线摄影的负片、正片处理,与普通摄影基本相同。如果有专用配方,则须按配方上要求洗印加工。

三、激光在物证摄影中的应用

激光是激光器发射的强度大、方向集中的光束。

激光有几个重要特性:第一,它有极高的亮度。激光的亮度比太阳光的亮度高几十亿倍。第二,它有很好的单色性。激光的波长范围很窄,颜色极纯。第三,它有很好的方向性。激光的这些特性使它在工业、农业、医学、军事等各个领域得到了广泛应用。在物证技术中,激光也已被用于物证摄影,与紫外线摄影、红外线摄影,构成了物证摄影的特殊方法。

在物证技术中,利用激光作为光源,使被拍物证或痕迹中所含的微量元素发出荧光,并用专门方法将荧光拍摄下来,就是激光摄影。这种摄影方法,多运用于发现潜在汗液指纹,也运用于某些其他痕迹或字迹的显现。

激光摄影的器材除相机外,主要是激光器、扩束器和滤色镜。激光器通常是氩离子激光器,拍照时,先调节激光器,使输出功率为最佳状态。然后,关掉室内照明光源,用扩束器将激光束的光斑尺寸放大,照射到被拍照的物体上,此时拍照人员应戴上激光防护眼镜观察被激光照射的物体。激光照射物体后,应当根据激发物所发的荧光颜色,选择合适的滤色镜,并不断调整激光波长,直至看清荧光为止。看清荧光后即可将照相机固定在三脚架上对准目标拍照。照相机前必须加橙、红色滤色镜，只让荧光进入镜头到达底片，防止激光光束干扰。激光摄影的曝光时间应当通过反复实验确定，通常曝光时间比普通摄影要长得多（在十秒钟以上），故应使用快门线拍摄。

第二章　音像、电子物证技术

第一节　声纹鉴定技术

一、声纹鉴定的基本知识

声纹鉴定技术是通过对犯罪嫌疑人(或当事人)的声纹与可疑声纹样本进行比对鉴别,确定两者是否属于同一人声纹的一种物证技术鉴定活动。由于声纹鉴定依据的是语声声纹所显示的物理量,可以进行定量分析和比较,所以它较之人工听觉语音识别更客观、更准确、更科学。

声纹(Voiceprint)是指将人讲话的语音利用电声学仪器转化为磁振动,在屏幕上显示或在纸张上打印出的可供观察、比较、鉴别的坐标式静态声音频谱图像,即语音的声谱图。在物证技术鉴定技术领域中,人们比照指纹形象地称之为声纹。在语言界,称之为"语图",也有的称之为"可见语言"。

声纹鉴定(Voiceprint Identification)是指把犯罪嫌疑人(或当事人)的语声和可疑语声分别通过有关仪器转化成声纹图像或特征数据,再针对各方面的特征的异同进行分析、比对、判断,最后作出两者语声是否源于同一人的全部检验过程。声纹鉴定不仅仅是对几个音节图谱的视觉检验,而是充分利用声纹携带的所有言语信息,以听觉和视觉、定性和定量相结合的方法来完成的。

二、声纹鉴定的发展

(一)声纹鉴定案例

最早利用声音识别罪犯的案例是三百多年前英格兰法庭作出的,但这是声纹鉴定的一个失败案例。

1660 年的英格兰,威廉姆·赫莱特被指控是对国王查理一世行刑的刽子手。在审判赫莱特时,一位名叫里查德·吉腾斯的证人因在刑场听见过蒙面的刽子手行刑前对查理一世讲的几句话,被要求出庭作证。庭审时,吉腾斯通过听辨,指认威廉姆·赫莱特就是那个行刑的刽子手。法庭采信了吉腾斯就语音所做的辨识结论,以重叛逆罪判处赫莱特死刑。但在判决生效赫莱特被执行死刑前,发现真正的凶手另有他人,是一名职业刽子手,且该刽子手承认曾对国王查理一世行刑。法庭因此释放了赫莱特。

声纹鉴定最成功的案例之一可能得益于霍华德·洛巴德·休斯这个案件中涉及的人物。他被人们称为是世界上最怪异的人,当过飞行员和电影制片人,然后成为娱乐界巨头,几乎是世界上最富有的人,但后来却过起一种与世隔绝的世外桃源的生活。

1971 年,一位名叫克利弗德·欧文的作家来到麦格鲁希尔图书公司,说休斯先生已经授权他撰写休斯的自传。最初,图书公司的接待人员试图将欧文打发走,但欧文又出示了一些据称是休斯的信,经一些专业人士检验,认为是真实的。公司意识到《休斯传》的出版将会带来丰厚的利润。于是,便预付给欧文 76.5 万美元,这在当时是一笔巨款。欧文及时完成了 1 200 页的手稿。一些与休斯相识的人读了手稿后,认定了它的真实性。此时,《时代》杂志已经具备了出版前的一切条件。

然而此时,已经与世隔绝 15 年的休斯先生打破了沉默,声明他从不认识欧文,没想写自传,更不想通过出版自传获取任何报酬。

在洛杉矶的一家旅馆,由 NBC 安排,记者与休斯进行了两个多小时的电话采访。当时的所有的记者都曾与休斯接触过,他们可以通过传来的声音,通过回答过去发生的事件的真实程度,通过回答自己的生活习惯及方式等,确认该人是否真的就是休斯本人。

这次的电话采访新闻发布后,欧文指责打电话的人是骗子,指出他的声音与休斯不同。

NBC 聘请了声纹界前辈劳润斯 · 柯斯塔对录音磁带进行检验,他们找到了这个百万富翁 30 年前在参议院小组委员会上的演讲磁带。柯斯塔将这些磁带转化成声谱图,检测其音调、音质等各项指标,经过几天的比对,柯斯塔肯定地说 100% 是休斯的声音。

然而,这个鉴定结论并未使人们都信服,有人认为柯斯塔介入了利益冲突。于是,又聘请加利福尼亚大学洛杉矶分校的雷德弗德博士再次鉴定,他最后宣布:"我非常肯定这些记录来自同一人的声音……"

此时,人们才确信被骗,一家瑞士银行不愿再替这位诈骗者保密,打破了传统的银行保密法,揭露了图书公司的一笔 65 万美元的支票已经汇到了名为 H. R. 休斯的账户,后来又被转到Helga R. 休斯的账户,这个账户实际上是欧文妻子的账户。

1972 年 6 月 16 日,欧文被判有罪,入狱 30 个月,并被强制归还出版社的资金。

(二)国外声纹鉴定的发展

1941 年,美国贝尔实验室为了使聋哑人能够看图识音而发明了声谱仪。第二次世界大战中,声纹首先被德国军事通讯部门的情报服务机关用来鉴别广播声音,随后美国国防部对贝尔实验室下达任务,用来分析盟军特工录制的德军最高统帅部会议录音中的讲话人。这标志着现代声纹鉴定的开始。

20 世纪 50 年代后期,美国经济高速发展,电话通讯得以推广和普及。与此同时,各类违法犯罪案件,特别是在绑架、敲诈勒索、恐吓、诽谤等案件中更多地使用电话(和录音)。当时有人将使用电话进行犯罪的案件统称为"电话犯罪"。"电话犯罪"留下的唯一线索是罪犯的电话录音,如何利用电话录音去鉴别罪犯便迫切地提到了法庭科学家面前。

最先进行声纹鉴定系统化研究的是贝尔实验室的柯斯塔，1960年，他受美国司法当局的委托，利用声谱仪的图谱匹配进行声纹鉴定的研究，于1962年发表了名为《声纹鉴定》的研究报告。他通过对123名健康美国人的“I、YOU、IT”等声样的25 000个卡声纹图进行了50 000多项分析鉴定，得出的实验准确率为99.65%。

1966年，一起由于伪证起诉造成的悬案中的声纹鉴定，就是柯斯塔利用他研究的方法进行的。此后，警方曾派员在柯斯塔指导下学习声纹鉴定技术。

1967年，美国嗓音鉴别专家奥斯卡·托西受司法当局的委托，在密歇根大学声谱学和语言学系主持声纹鉴定研究，全部研究于1970年12月结束。1972年发表了题为《声纹鉴定研究》的实验报告，该研究促进了声纹鉴定技术的发展。

1976年，美国国家科学院声谱委员会受联邦调查局(FBI)委托，发表了《声纹鉴定的理论和实践》的研究报告，该报告指出“从1966年首例被法庭接纳的声纹鉴定案例到现在已有100多(个)案例了，用视听方法进行声纹鉴定，在实验室条件下可以达到很高的精度，误差可低到1%～2%。声纹鉴定能够发展成为建立在科学认识上的一项成熟工作”。同时也指出了声纹鉴定存在的问题和今后的研究方向。

20世纪六七十年代，日本、苏联、印度、西德、法国、罗马尼亚、古巴等国都先后成立了专门的实验室，开展声纹鉴定工作的科学研究和司法实践，均取得了成功，并且应用这项技术成功地侦破了一批犯罪案件。有些国家已正式承认声纹鉴定结论的司法证据作用。1981年5月在美国密歇根州成立了国际嗓音鉴定协会(IAVI)，1991年在英格兰的约克郡成立了国际司法语音学协会(IAFP)。其宗旨是促进声纹鉴定技术成为人身鉴定的一种科学方法。

(三)我国声纹鉴定的发展

我国声纹鉴定技术的研究始于20世纪80年代后期。1988年中国刑警学院建立了我国首个声纹鉴定实验室，组织专门人员开展这项技术的研究，于 1989 年办理了我国首例声纹鉴定案件，获得成功。1990 年后，公安部物证鉴定中心分别承担了部级课题和国家“九五”重点科技攻关项目。1992 年之后，司法部司法鉴定研究所、最高人民检察院检察技术信息研究中心等 20 余家单位先后开展声纹鉴定科研和实验工作。目前我国已经形成了一套汉语语音声纹鉴定的科学方法，并且已经应用到刑事侦查和司法实践中。

为顺应这一趋势，我国在 1989 年通过的《中华人民共和国行政诉讼法》、1991 年通过的《中华人民共和国民事诉讼法》、1996 年 3 月 17 日八届人大四次会议修订的《中华人民共和国刑事诉讼法》都将“视听资料”列为独立的证据形式。这标志着视听资料在我国诉讼证据体系中的地位得以全面确立，表明了我国诉讼证据制度的进一步完善。特别是 2002 年 4 月 1 日起开始施行的《最高人民法院关于民事诉讼证据的若干规定》第六十八条规定：“以侵害他人合法权益或者违反法律禁止性规定的方法取得的证据，不能作为认定案件事实的依据。”从而对非法证据重新作了界定，新设置了非法证据的判断标准，使得在民事纠纷中用合法手段取得的声音证据成为了合法的证据。自此，“未经他人许可的录音、录像不能作为证据”的旧法规则不再适用。从某种意义上说，这一规定重新确立了视听资料证据的法律地位，进一步反映了我国司法实践对声音证据及其鉴定技术的接受程度，从而使得声纹鉴定在民事诉讼领域也具有了广阔的发展前景。

三、声纹鉴定的常见检验项目

在声纹鉴定技术的产生和发展过程中，其检验项目也由最初的话者同一认定发展为以下多项内容：

（一）录音剪辑的检验

录音剪辑检验，即利用送检录音带中的声音信息进行鉴别其是否通过开始、结束、删除、添加、编辑等改变了原始录音的内容。影视界将其称为剪辑，我们亦可用此称谓。录音（磁带）易被复制、剪辑是磁带视听资料的一个特点。剪辑涉及证据的原始性和证据价值,因此录音剪辑检验是声纹鉴定的一项重要任务。

录音剪辑是掩盖、伪造、改变录音内容的一种有目的行为。利用录音机删改一些要害内容,改变录音所反映的事实,一般通过声纹鉴定是完全可以检出的。录音剪辑的检验可从录音内容的连贯性和声纹形态分析两方面进行。

第一,听辨录音内容的连贯性。正常的录音内容所记载的说话或对话所表达的意义具有连贯性或有呼应关系。而删除、添加和编辑等剪辑部位前后话语所表达的意义会发生突然变化,出现“前言不搭后语”的现象。

第二,声纹分析,同时利用听辨、视谱进行声纹分析。在声纹分析时,咔嚓声、噪音冲直条、无音空白段和噪音突变是鉴别开关录音机的重要特征,它们的强弱和录音机、磁带的性能有关,一般的录音机都会有明显的表现。空白段的长短和录音机开关操作与后录声音的时间先后有关。剪辑检验要注意两点:一是正常录音时其他噪音擦碰声的声纹也呈噪音冲直条状,检验时要注意区分;二是使用声控录音机录制的录音内容可能有缺失,声纹会出现抹音、录音不全段,检验时要注意和删节、开关机现象进行区分。

(二)话者同一性鉴定

话者同一性鉴定是指通过电声学仪器对未知语音材料与已知语音材料进行听音、视谱和语音声学特征的检测、比对,综合分析说话人是否同一的判断过程。已知语音材料,通常指嫌疑人、当事人说话的录音带等,常称为样本。未知可疑语音材料通常指案件中纠纷时形成的言语录音带,常称为检材。检材可能有多个,这时首先要鉴定待检说话人是否是同一人。

1. 听觉鉴别

仔细听辨全部语音检材和样本,包括音高、气嗓音轻重,鼻音轻重、喉化音轻重、变音、变调,言语中的有关方音方言,口头语、赘语、虚词,言语速率、节奏、清晰度、流畅度、响亮度以及言语缺陷(口吃、哑嘴、大舌头等)的异同,是否伪装等。听觉鉴别时还要听辨语义、词汇、语法及其表达方式的异同,之后作出相似或差异程度的评价。

2. 视觉鉴别

仔细观察、分析语音检材和样本中相同和相近的音素、音节、语词、短语谱图的语音声学特征和声学模式，包括辅音 VOT、过零率曲线和辅音浊化现象、音渡特征（升降、斜率等）、共振峰特性、协同发音现象、音强曲线、基频曲线音节间过渡特征等，作出相似或差异程度的评价。

3. 定量比对

定量检测语音检材和样本中相同或相近的音素、音节（字）、词语、短语声学特征参量的数值，包括共振峰参量、振幅曲线参量、基频曲线参量、音节时长、长时平均功率谱参量、长时平均声调参量，进行多参量的统计比对，得出是否同一（或同一的概率）的定量评价。综合分析上述检验的结果，作出下列结论之一：认定同一、否定同一、倾向认定同一、倾向否定同一、无结论。

作出肯定结论的要有充分的根据，对存在的差异要给予客观的、合理的解释。无结论的必须是检材或样本畸变、噪音过大，或检材内容过少。如样本存在上述问题，可让送检单位重新录制样本再作鉴定。倾向性鉴定结论的作出，是由于检材、样本具有一定条件，但尚不足以作出肯定结论而又无法重新录制样本的。有条件的应提供概率估计。

（三）录音内容辨识

有时侦查和审判工作要求将模糊不清的说话录音内容具体地辨识出来。录音的内容是语音证据的重要方面，可起到书证的作用，它关系到证据的价值。因此模糊不清的录音内容的辨识成为声纹鉴定的一项任务和内容。录音内容的辨识可以采用下列几种方式进行：

第一，可利用声谱仪的重复放音功能，将模糊语音分段放音，仔细辨识。

第二，根据原来所使用录音机的性能，采用更高性能的录音机或功放机放音，可改善语音的听觉效果。

第三，可利用降噪器材或降噪软件改善听觉效果。听辨的同时，从声谱形态上应用语音学的语音识别方法，分辨具体的语音。一般来说，对于声音信息大于噪音的录音，这些方法都会有一定的效果。对于噪音大于语音的录音则非常困难。这项检验类似于事故飞机黑匣子中声音辨识的工作。

（四）言语人身分析

为给破案提供线索需要对案犯——未知说话人进行人身状况分析。对未知说话人的性别、年龄、文化水平、职业特点进行分析推断。言语人身分析是声纹鉴定的一项内容，它应包括利用语音形式的语言进行的“语音人身分析”和利用文字形式的语言进行的称为“言语识别”的人身分析。后者从20世纪60年代初开始将社会语言学应用到刑事侦查、文件检验中。在对未知书写人的性别、年龄、生活地域、文化水平、职业特点进行的人身分析方面，取得了显著效果。语音人身分析还可对未知说话人进行性别、年龄、身高、体态等的人身分析。国外资料报道甚至可分析是否落齿、秃顶。目前国内这方面研究尚未深入开展。

（五）噪音分析

噪音分析除用于录音剪辑的检验外，还可利用录音中的各种环境噪音分析推断案件发生的地点、时间等，为破案提供线索。

（六）视听资料录制器材的检验

录音、录像带是哪台录音机、录像机录制的，录音机、录像机的牌号、厂家、产地等的检验。这种检验需要电磁学技术、理化分析技术。据了解，俄罗斯、乌克兰有相关方面的研究和检验方法。

四、声纹鉴定的理论依据

通常而言，狭义的声纹鉴定是指话者同一性鉴定，此处我们主要探讨对说话人同一认定鉴定的理论依据。

之所以可根据语音鉴定说话人，是因为语音一旦形成，即具有独特的声学特征，该声学特征虽然在几次说话之间可能表现出一定的变异，但总体而言，该声学特征相对稳定，其变异通常小于不同人在语音声学特征方面存在的差异，可以被人们所认识，人们也可借助现代分析仪器加以鉴别。

1. 语音的形成

语音的形成，可从以下几个方面来理解：(1)语音的发音机制。语音是人调节呼吸器官所产生的气流通过发音器官时所发出来的声音。气流通过的部位不同、方式不同，形成的声音也就不同。(2)语音产生的动力基础。人说话时的呼吸，在呼吸次数、呼气时间、吸量、肺气压和呼吸路径等方面与平静无语时的呼吸不同。(3)声带的振动机理。声带是一对唇形的韧带褶，位于由甲状软骨、环状软骨、杓状软骨以及与它们相连的肌群、韧带组成的喉腔内，边缘很薄，富有弹性。每个人声带的宽窄、厚薄、长短、韧度以及喉腔大小各不相同，因此说话声音的高低也就不同。(4)语音共鸣腔。共鸣腔主要由喉腔、咽腔、口腔、鼻腔和唇腔组成，声门波或气流通过这些共鸣腔的调节才可能成为语音；否则，只能是像蜂鸣一样的嗡嗡声。

2. 声道的共鸣

声道主要是由喉腔、咽腔、口腔、鼻腔、唇腔组成。声道的传输特性通常用共振峰的数量、频率、强度和带宽来表征。每一个共振峰都有频率、强度和带宽三个参量：

(1)共振峰的频率。共振峰的频率是元音声学特征的重要表现，它表示共振峰在声道传输特性曲线上的位置，与声道形状、声道长度密切相关。

(2)共振峰的强度。强度(振幅)是共振峰的第二个主要参量，表示共鸣作用的强弱，与一个人发音时气流的强弱有直接关系。

(3)共振峰的带宽。带宽表示共振峰尖锐程度，它的大小取决于声道内声波传输时的损耗，如黏性损耗、腔壁振动损耗、唇端辐射损耗等，与一个人发音习惯有关。

3. 语音四要素

描述、区分语音，可从音高、音强、音色和音长四个方面入手。

(1)音高是声音的高低，取决于发音体振动的频率，而频率又取决于声带的长短、松紧、厚薄，故音高与声带的状况密切相关：成年男性声带长、松、厚，因此语音比儿童和女性低。同一个人，声带的松紧决定音高的变化，声带越紧声音越高，反之越低。(2)音强是声音的强弱，取决于音波振幅的大小。推动发音体振动的外力大，音波的振幅就大，发出的声音就强；反之声音就弱。就人而言，说话时肺部的气流大小不同，发出的声波有大有小，故语音有轻重强弱之分。(3)音色是指声音的本质，是某声音区别于其他声音的关键之处。形成语音的振动不同，便形成了不同音质的音。对于汉语来说，发音体的不同、发音部位的不同、阻碍气流的方式的不同、气流的强弱的不同、舌位的变动、是否圆唇以及声带是否振动都是影响音质的重要因素。(4)音长是声音的长短，取决于发音动作持续时间的长短。持续时间长，声音就长，反之则短。音长与人的发音习惯和心理因素直接相关。

音高、音强、音色、音长是四个主观参量，与听辨者本人的主观感觉密切相关。人们能够辨识声音通常是因为人们能够从音高、音强、音色、音长四个方面感受到某语音与其他语音之间的差异。

4. 仪器设备及声纹谱

我国声纹鉴定早期使用过的语图仪有两种：美国 KAY 公司生产的 7800 型语图仪和 DSP5500 型语图仪。语图仪是一种动态音频频谱分析仪，能把语音信号转变成可见的语图，即声纹。

20 世纪 90 年代开发出来的语音工作站是基于 PC 计算机的语音信号分析系统，在现代计算机上配以专门设计的语音分析软件系统而成，可对语音进行分析。语音工作站具有准确、方便、快速、灵活、便于升级等特点。

声纹谱反映了语音的各种声学特征及动态参数，形态多种多样，主要有带状谱(宽带谱、窄带谱)、曲线谱、线状谱和连续谱等。了解、认识了这些声纹谱，即可利用语音工作站进行相应的检验鉴定。

声纹谱包括：波形谱(waveform)、振幅谱(amplitude curve)、基频谱(foundational frequency/pitch)、宽带三维语图(broadband spectrogram）、窄带三维语图（narrowband spectrogram）、LPC 谱、多维嗓音参数谱。

第二节　图像物证技术

所谓图像，是指客观世界的物体及其周围景物发出或反射的光线，经光学器件的折射或反射，在光化学或光电、电磁等材料上形成的影像。人们日常见到的照片、幻灯片和电影、电视图像，就是常见的图像显示形式。图像有静态和动态之分。

无论是静态图像还是动态图像，对其中人像的同一认定一直是案件中经常遇到的一个问题。

一、人像识别技术

（一）人像识别的发展

人像识别，又叫人脸识别，指分析人脸外貌特征所反映出的视觉特征信息来进行身份鉴别。人像包括画像和摄影、录像所得的像。

早在战国时期“画影图形”采用绘画的方式把案犯的相貌特征勾画出来，贴于城墙上，悬赏捉拿，是人像识别的早期应用。18 世纪，摄影术的发明，取代了绘画方式来描述人的相貌特征。19 世纪中叶，摄影术应用到了刑事技术领域，也就开始出现了运用照片来通缉案犯以及将嫌疑人与案犯照片进行比对的情形。

我国对人像识别的研究主要是针对人的外貌特征进行分析，将面部的五官、头型、发型等进行详细分类描绘，这些特征组合的变化构成了面部差异，形成了人与人之间的差异。

我国将“人面组合”和“模拟画像”技术运用于人像识别。这种技术也已经由早期的用塑料透明片的叠加组合发展为现在的计算机软件来进行人面组合，如中国刑警学院和东大阿尔派联合开发的“警星 CCK”系统，其他一些院校、科研单位也研发了这方面的软件。

20 世纪 90 年代初，中国辽宁省铁岭市刑事技术研究所的兰玉文等研究出的颅像重合鉴定技术属于人像识别的延伸。此项技术研究取得了丰硕的成果，自主研究开发出鉴定专用的检验、识别系统。

目前在人像识别的过程中，多使用电脑配合图形软件进行。另外，如果在数据库足够充分的基础上，人像识别完全可以进行自动化识别。

（二）人像外貌特征

人像识别主要依据人体头面部生理特点反映的外貌特征：

1. 头部特征。头的大小、外部形态、头顶的形状、枕骨的形态及位置等。

2. 头发特征。头发的颜色、粗细、疏密、柔软程度、光泽度、发型及发际线的形态、位置等。

3. 脸型特征。面部正面、侧面的基本轮廓、形态，前额的宽窄、高低、凹凸形态，颧骨高低，下颌的基本形态、宽窄、突出程度及两腮的形态等。

4. 五官形态特征。人体头面部的五官形态特征是人像照片检验中最为重要的特征，主要包括眉、眼、鼻、口、耳的具体特征。

5. 五官的位置特征。指人面部眉、眼、鼻、口、耳的分布位置、大小比例及相互位置关系，包括五官之间的高低、宽窄、远近、倾斜或偏斜程度及两眉、两眼、两耳的对称性等。

6. 生理、病理、伤痕特征。包括人体头面部的胎记、斑块、疤痕、瘤、痣、疣、麻点、独眼、兔唇、酒窝、缺齿、断齿、耳鼻缺损等特征的有无、数量、大小、形态、分布等永久性特征。

7. 其他特征。包括胡须的形态、分布、颜色、粗细、疏密，皱纹的部位、数量、长短、方向、深浅及排列，颈的粗细、长短、形状，喉结的形状、大小、高低、突出程度，等等。

（三）人像外貌特征的特定性和相对稳定性

外貌特征的特定性，是指一个人与其他任何人相区别的各种外貌特征的总和，它反映了人与人之间外貌特征的不可重复性。

外貌特征的特定性，是以人的骨骼、软组织及其他生理状况为基础的，既包括性别、遗传等先天因素，也包括生长发育过程、生活环境及从事职业等后天因素，这些因素使人的外貌特征多种多样，具有各自的特殊性。任何两个人，外貌特征完全相同是不可能的，即使是具有血缘关系的人，甚至是孪生兄弟或姐妹之间，虽然其面貌极其相似，但仔细分辨他们的外貌特征，还是互有区别的。

外貌特征的稳定性，是指一个人特定的外貌特征，在其一生中具有相对不变的特性。构成人的外貌特征基础的骨骼、软组织及其他生理特征，并不是终生不变的，而是伴随着人的生长发育过程逐步改变的。同时，由于疾病、外伤、生活环境等客观条件的改变和美容、整形等的影响，都可能使人的外貌特征发生局部变化。因此，人的外貌特征只是在一定时期内保持不变，其稳定性是相对的。

在人像识别中，除了生长发育、伤病以及美容、整形引起的外貌特征的变化外，在人像形成的过程中，拍摄的姿势、拍摄角度、面部表情、配光方式、透视关系等因素，也会造成外貌特征不同程度的变化，这些变化将给人像识别的鉴定带来直接的影响。

二、静态变造、伪造图像的检验

静态变造图像指将图像局部画面内容进行消除、删除、添加、替换、缩放或移位。如果将整幅图像重新合成，则称伪造图像。

（一）手工制作变造、伪造图像的鉴别

手工制作变造、伪造图像一般具有以下特征：较一般正常图像质量差，局部图像边缘过渡不自然，违背成像规律，背景区域不均匀，有修描痕迹，无原始胶片。

检验手工制作的变造、伪造图像的主要方法：成像质量一致性检验、显微放大观察、成像关系检验、原底检验、实地对照。

（二）计算机制作变造、伪造图像的鉴别

计算机图像处理技术功能全面，操作方便、精确度高、不易留下变造、伪造痕迹。但是由于操作者水平、经验和细心程度有所差

异,操作者占有图像资料的丰富与否不同,我们可以从静态图像是否符合成像规律角度来判断其客观真实性,主要包括以下几方面:光线角度的一致性、虚实变化的合理性、主体与背景的真实性、透视关系的比例性。

三、动态图像内容的检验

动态图像通常是由音频和视频两部分内容组成的,此处仅以视频内容作为研究对象。检验主要方面包括对其所记载的图像信号内容真实性等方面的检验。

(一)画面人物识别

诉讼活动中涉及的动态图像,往往都记录有与案件有关的人员,由于受到摄录设备、现场条件、拍摄角度、记录载体保存条件及时间等客观因素的限制,使动态图像中的人物不能得到清晰、完整的反映,需要鉴别画面中的人物是否是案件中涉及的特定人。此类问题可以通过技术检验与人像识别相结合的办法加以解决。

(二)人景空间关系识别

人们的一切活动都是在特定的场合或环境中进行的,动态图像也是在某个现场环境之中摄制形成的。但是由于后期的编辑、修改,可能在人物和背景空间之间进行某种改变。改变人景空间关系的途径和手段很多,归纳起来主要有将两段不同的人物与背景图像资料合成为一段动态图像和对动态图像进行逐帧修改画面内容两种方式。这种改变往往需要综合考虑整体图像构成进行鉴别。

第三节　电子证据技术

一、电子证据的概念与案例

(一)电子证据的概念

随着信息化时代的到来,计算机、电话、传真、网络等已经渗透到社会生活的方方面面，改变了人们的工作和生活方式。但是，利用计算机、网络进行犯罪或是将计算机、网络作为犯罪侵害对象的案件越来越多，很多民事案件中也包含有聊天记录、网络交易记录、电子邮件等证明材料，这类案件的现场勘验、调查取证、诉讼审判与传统案件有很大区别，其中涉及一种相对独立的、与计算机及网络应用技术紧密联系的电子证据。这是一种典型的随着社会发展和科技进步而产生的新的证据研究对象。

广义上讲，电子证据是指以电子表现形式证明案件真实情况的信息或痕迹。所谓电子，是指在技术上具有电的、数字的、磁性的、无线电的、光学的、电磁的或类似的性能。

（二）电子证据案例

1996 年 7 月，北京市海淀区人民法院审理了新中国第一起利用电子邮件侵权以及运用电子证据进行审理的案件，故称“中国电子邮件第一案”。此案原告、被告均是北京大学心理系 93 级女研究生。

1996 年 4 月 9 日，原告收到美国密歇根大学教育学院发给她的电子邮件，内容是该学院将给她提供 1.8 万美元奖学金的就学机会。此后，原告久等正式通知未见。委托在美国的朋友去密歇根大学查询才发现：4 月 12 日上午 10 时 16 分，密歇根大学收到一封署名“薛燕”的电子邮件，表示拒绝该校的邀请。因此，密歇根大学已将奖学金转给他人。根据如下电子证据，原告怀疑是同寝室的张男所为：

第一，4 月 12 日上午 10 时 12 分，从北京大学心理系临床实验室代号为“204”的计算机上发给美国密苏里—哥伦比亚大学刘某的署名“Nanan”的电子邮件。

第二，4 月 12 日上午 10 时 16 分，从同一台计算机上以薛某的名义发给密歇根大学的电子邮件。

第三，4 月 12 日，北京大学计算机中心关于“204”号计算机的电子邮件收发记录，记录表明：上述两封电子邮件是在前后相距 4 分钟的时间内从临床实验室的同一台计算机上发出的。当时，有证人宫宇轩(薛、张的同寝室同学)证明张某正在使用这台计算机。

第四,技术实验结果,证明张某使用这台计算机时,别人没有时间盗用。

被告先是否认,后来承认该电子邮件是她发送的。最后,法院调解结果是被告以书面形式向原告赔礼道歉,并赔偿原告精神损害、补偿经济损失1.2万元。

二、常见电子证据的形式

典型的计算机系统由中央处理器(CPU)、数据存贮器、显示器、键盘和鼠标组成,可以是独立运行的,也可以是与网络相连的。常见的计算机系统有台式机、便携式机、塔式机和服务器等类型。此外,计算机系统还可以加装调制解调器、打印机、扫描仪和外置存贮器等外部设备。不论何种类型的计算机,其基本功能都是进行计算和信息处理,包括文字编辑处理、数据运算、通讯和图形处理等。各种诉讼证据通常表现为贮存在硬盘和其他贮存器中的数据文件。

常见的数据文件有地址簿文件、音频和视频文件、日程安排文件、数据库文件、文本文件、电子邮件、图形或图像文件、上网的收藏夹文件和电子表格文件等。这类文件有时会被用户加密或隐藏,表现为压缩文件、加密文件、隐藏文件和受口令保护的文件,还有的证据会被操作者故意改名为其他格式的文件名或将数据隐藏到其他无关紧要的文件中,从而给取证带来一定的困难。但另一方面,有的操作者不知道在有些情况下,密码、上网记录和临时备份文件等数据会被计算机系统自动保存下来,文件的生成、修改和删除的日期、时间,存取记录,用户名、属性等信息也会被系统记录,从而给取证创造了一定的条件。

计算机生成的记录特指计算机根据程序自动生成的记录而不受用户意志控制的信息。主要有备份文件、配置文件、Cookie(上网时一种网络服务器传递给浏览器的信息)、隐藏文件、历史记录、系统操作记录文件、打印缓冲文件、交换文件、系统文件和临时文件等。此外,通过特定的取证分析工具,可提取有价值的证据数据区还有坏扇区、被删除的文件、计算机的日期、时间和密码、硬盘剩余空间、隐藏区、丢失的簇、元数据、保留区、节点信息、软件注册信息、系统区域等。这些数据的提取与分析,通常需要较高的计算机技术,需要借助一定的计算机数据的取证工具。正因为这些数据不易受到用户的控制,因此具有较强的证明力。

计算机的硬件如中央处理器(CPU)内存等器件通常有厂商"写入"的产品唯一的序列号、产品的性能指标等数据。因此,当其被盗时即可通过序列号进行认定。也可据此认定伪造、将低性能产品"重写"(remark)为高性能产品等案件。还有的计算机系统配有智能锁、"加密狗"(软件锁)等访问控制设备,有的是通过识别指纹、声纹或视网膜等信息进行使用限制。对此类信息,可能证明使用者与计算机系统的关系、对计算机系统的使用级别等信息。外部存贮装置和打印机中的数据,如软盘、光盘、可移动外置硬盘、U盘等外置存贮器具有和计算机硬盘相同的功能,可能贮存各种类型的数据文件。有的打印机的缓冲器中会保留一定的打印文件、记录打印日志等。数码相机、数码摄像机及其贮存卡记录的图像或视频格式可以方便地与电脑进行交换,且易于播放和编辑。它们所记录的图像、声音和视频文件无疑可以成为证据。与非数码设备相比,这些信息的数据性决定了其精准程度,每一张图片、一段声音或视频文件都便于查阅其属性,包括生成的时间和日期标记,生成的计算机系统的信息、文件格式甚至"水印"等信息。

目前,很多手机、固定电话、传真机、寻呼机等通讯设备中也可能存有大量数据,这些数据可能存储在手机内、手机卡内,很多电话还有发送短信息、进行通话记录、设置语音信箱、发送电子邮件等功能,尤其是3G手机在网络终端的作用更加趋近于一个小型的计算机,很多计算机的功能都可以在这些通讯设备中使用。

另外,全球定位系统(GPS)导航仪是一种卫星定位导航产品,目前这种导航设备有车载式、便携式、手机式等很多形式。其中很可能存有使用者的常住地、定期出行的目的地、出行路线、经过地点等信息。很多人都使用信用卡,其实各种信用卡和类似的磁卡可能存有持卡人身份、地址、卡号等信息。

三、电子证据的特性

电子证据可以被伪造、变造,但伪造、变造也就会留下痕迹。例如,对一个文本文件进行了删除,实质上只是删除了其引导数据,文件内容数据还储存于磁盘介质中,并且可以被恢复。如果对文本内容进行了改动,从表面上看确实不存在像涂改书面文件那样的"痕"。但在计算机内部,并不是在记录原文字的物理介质处抹去重写,而是在别的物理地址进行了写操作并与前文建立了联系。因此,在存贮介质上还存在残留的可读信息。在很多情况下,专业人员凭借专门技术可以分析、解决这些问题,即有专门从存贮介质的残缺数据中提取与恢复数据的技术和产品。案件发生后,如果作案人故意破坏、销毁电子证据,那么利用数据恢复技术可对这些介质中的数据进行恢复,为警方提供证据。现在的技术不仅能对删除的数据进行恢复,而且对于格式化后的磁盘,也能识读出有效的信息。

(一)电子证据具有依赖性

电子证据的各个生成与使用环节都依赖于高科技设备。其一,电子证据的产生必须借助于电子技术,脱离了具有高科技含量的技术设备,电子证据将无从产生。其二,电子证据的提取离不开高科技设备。不具备特定的系统环境和相应的高科技设备,并由专业技术人员按照科学规范操作,将无法正常地提取电子证据。其三,电子证据的存储和传输必须利用高科技设备。电子证据存储载体一般是磁介质或者光介质等高科技条件下的产物,电子证据的传输必须利用相应的电子设备,离开其自身的虚拟世界,电子证据就不再是其原始形式。其四,电子证据的识别和再现也必须依赖相应的电子设备,必要时还需由技术专家就该电子证据进行解释和说明。

(二)电子证据具有脆弱性

电子证据的脆弱性反映为电子信息易被修改甚至删除。由于人为的故意、误操作会引起数据的改变;计算机病毒、逻辑炸弹等有害程序更对电子证据造成严重的威胁。此外,由于震动、断电、磁场、受热等物理原因,同样会造成数据的灭失。从技术的角度看,电子证据的处理具有环节多、使用的技术和设备复杂等特点,不论哪个环节出了问题,这些数据都会“稍纵即逝”。特别是在网络化的条件下,电子证据可以方便地在任何地点瞬间被修改、复制和传输。出于易用、快捷的考虑,电子证据在网络上的读取、传递、交换、存储等技术具有一定的开放性,这就造成了电子证据安全的潜在危机。因此,在审查电子证据在法律上的客观可靠性时,首先应该从技术上保证该数据的运行环境是正常的,数据的储存器是运行良好的,数据的获取过程是操作得当的,并且应当考察是否存在有病毒或其他有害性程序的干扰,是否有“黑客”入侵的可能等。

(三)电子证据的潜在性

电子证据的潜在性是指电子证据不能被我们直接感知,需要经过一定的技术方法才能了解其是否存在,是否与诉讼相关联。这些电子证据信息无法用肉眼识别,即使是技术专家也必须借助特定的设备或软件才能显现其内容。而且,不同的电子证据有不同的信息处理方法。如果不按其本来的技术规则解读,就不能得到正确的直观结果。另外,电子证据中信息的获取量也与采证的技术紧密相关。

(四)电子证据的多态性

电子证据的多态性,可以理解为具有相同物理性质的数据流,可以实现各种各样的功能,表现为文字、声音、视频、图像等多种形式,甚至得不到表现而只能引起某些结果,这就决定了其记载与案件相关信息的多态性。比较传统证据的单一性特点,这种多态性是比较明显的。

四、电子证据的分类

（一）模拟信号和数字信号的电子证据

以信息承载方式为标准，可将电子证据分为模拟信号的电子证据和数字信号的电子证据。模拟信号是通过信息中的某些特征的具体数值或量（如电压信号的幅度、相位、频率、脉冲信号的幅度或持续时间等）来记载电子信息的内容；数字信号是通过信号的离散状态的各种可能组合所赋予各种数值或其他信息的方法来承载电子信息的内容。当模拟信号成为电子证据时，就是模拟信号形式的电子证据；当数字信号成为电子证据时，就是数字信号形式的电子证据。

（二）数据电文证据、附属信息证据和系统环境证据

以所蕴涵的内容和所起的作用为标准，可以将电子证据进一步分为数据电文证据、附属信息证据和系统环境证据。所谓数据电文证据，是指数据电文之正文本身，即记载法律关系发生、变更与灭失的数据，如 E - mail。所谓附属信息证据，是指在数据电文生成、存储、传递、修改、增删时而发生的记录，如电子系统的日志记录、电子文件的属性信息等，其作用主要在于证明电子证据的真实性，即证明某一电子证据是由哪一计算机系统在何时生成的、由哪一计算机系统在何时存储在何种介质上、由哪一计算机系统或 IP 地址在何时发送的，以及后来又经过哪一计算机系统或 IP 地址发出的指令而进行过修改或增删等。所谓系统环境证据，是指数据电文运行所处的硬件和软件环境，即某一电子证据在生成、存储、传递、修改、增删的过程中所依赖的电子设备环境，尤其是硬件或软件名称和版本。

（三）单机电子证据和网络电子证据

依照所处环境的不同，电子证据也可分为单机电子证据和网络电子证据。前者是由某一台计算机生成和存储的，所处的是一个封闭的系统；后者是由若干台计算机构成的网络生成和存储的，所处的是一个开放性网络。在封闭系统中，电子证据的来源比较

单一，主要集中于单机的硬盘、光盘、软盘乃至内存等存储介质中；而在网络系统中，电子证据的来源相对不确定，可谓分散于虚拟网络的各种角落。

（四）潜态电子证据和显态电子证据

按是否被删除、破坏来分类，电子证据可以分为潜态电子证据和显态电子证据。

潜态电子证据是指虽被破坏或删除，但通过一定的技术手段仍可恢复的电子证据。包括被删除、格式化的电子证据，载体被破坏的电子证据。此类电子证据，由于其存在形式的特殊性，在应用时必须将其转化为显态形式，所以在采集、保全时需要专门的技术手段。目前，将这类电子证据由潜态转变为显态是一个技术难点，还不能将全部的潜态电子证据转变为显态的电子证据。

显态电子证据是指本身完好且载体完好的电子证据。显态电子证据又可分为未被加密的电子证据和被加密的电子证据。

五、电子证据收集、保全、鉴定过程中应注意的问题

（一）对待检计算机进行全面的数据备份和资料搜集

用“镜像备份”或“原始数据精确复制”等方式将数据忠实可靠地存储于某种外存储装置中，并将原始计算机系统封存。搜集嫌疑人所有的软盘、光盘、磁带等介质，以及其使用的各种软件、驱动程序盘及设备说明书等，以备使用。特别是注意那些被嫌疑人故意毁坏的软盘等载体，并尽力恢复其中的数据。

（二）详细了解计算机系统的使用情况

通过工作说服当事人及其他相关人员提供所有的密码、口令等。并根据案情需要尽可能详细地查明该计算机系统的全部使用经过，包括使用人有几人，一般都何时使用，主要用途，安装和卸载过何种程序，在使用过程中是否发现异常等等，并与计算机系统中的记录相印证。应用专业工具尽力恢复那些已被隐藏、删除的文件。

（三）审查电子证据与案件事实及证据间的关联性

电子证据具有信息含量大且容易修改、复制、传播的特性，尤其在计算机网络化的今天，寻找确切的证据是有一定困难的。但在很多情况下，专业人员凭借专业技术完全可以分析、解决这些问题。关键是要查明电子证据与案件中其他证据能否相互衔接，互不矛盾。电子证据既可以直接证明犯罪的基本构成和主要事实，也可以是证明案情的某一个环节，其作用可大可小。无论如何，不应忽视电子证据的证据作用。

（四）对电子证据进行分析鉴定

由于电子证据很容易被删除、修改或编辑，因此，对数据的分析和鉴定是十分必要的。这项工作通常要运用专用的辅助分析软件工具对数据进行筛选，将与案件相关的数据确定后，单独分离储存，并应出具技术报告。对电子证据的鉴定技术包括：对比分析技术；关键字查询技术；数据恢复技术；残留数据分析技术；磁盘储存空闲空间的数据分析技术；磁盘后备文件、镜像文件、交换文件、临时文件分析技术；记录文件的分析技术。

附录

附一：

《全国人大常委会关于司法鉴定管理问题的决定》

（2005年2月28日第十届全国人民代表大会常务委员会第十四次会议通过）

为了加强对鉴定人和鉴定机构的管理，适应司法机关和公民、组织进行诉讼的需要，保障诉讼活动的顺利进行，特作如下决定：

一、司法鉴定是指在诉讼活动中鉴定人运用科学技术或者专门知识对诉讼涉及的专门性问题进行鉴别和判断并提供鉴定意见的活动。

二、国家对从事下列司法鉴定业务的鉴定人和鉴定机构实行登记管理制度：

（一）法医类鉴定；

（二）物证类鉴定；

（三）声像资料鉴定；

（四）根据诉讼需要由国务院司法行政部门商最高人民法院、最高人民检察院确定的其他应当对鉴定人和鉴定机构实行登记管理的鉴定事项。

法律对前款规定事项的鉴定人和鉴定机构的管理另有规定的，从其规定。

三、国务院司法行政部门主管全国鉴定人和鉴定机构的登记管理工作。省级人民政府司法行政部门依照本决定的规定，负责对鉴定人和鉴定机构的登记、名册编制和公告。

四、具备下列条件之一的人员，可以申请登记从事司法鉴定业务：

（一）具有与所申请从事的司法鉴定业务相关的高级专业技术职称；

（二）具有与所申请从事的司法鉴定业务相关的专业执业资格或者高等院校相关专业本科以上学历，从事相关工作五年以上；

（三）具有与所申请从事的司法鉴定业务相关工作十年以上经历，具有较强的专业技能。

因故意犯罪或者职务过失犯罪受过刑事处罚的，受过开除公职处分的，以及被撤销鉴定人登记的人员，不得从事司法鉴定业务。

五、法人或者其他组织申请从事司法鉴定业务的，应当具备下列条件：

（一）有明确的业务范围；

（二）有在业务范围内进行司法鉴定所必需的仪器、设备；

（三）有在业务范围内进行司法鉴定所必需的依法通过计量认证或者实验室认可的检测实验室；

（四）每项司法鉴定业务有三名以上鉴定人。

六、申请从事司法鉴定业务的个人、法人或者其他组织，由省级人民政府司法行政部门审核，对符合条件的予以登记，编入鉴定人和鉴定机构名册并公告。

省级人民政府司法行政部门应当根据鉴定人或者鉴定机构的增加和撤销登记情况，定期更新所编制的鉴定人和鉴定机构名册并公告。

七、侦查机关根据侦查工作的需要设立的鉴定机构，不得面向社会接受委托从事司法鉴定业务。

人民法院和司法行政部门不得设立鉴定机构。

八、各鉴定机构之间没有隶属关系；鉴定机构接受委托从事司法鉴定业务，不受地域范围的限制。

鉴定人应当在一个鉴定机构中从事司法鉴定业务。

九、在诉讼中,对本决定第二条所规定的鉴定事项发生争议,需要鉴定的,应当委托列入鉴定人名册的鉴定人进行鉴定。鉴定人从事司法鉴定业务,由所在的鉴定机构统一接受委托。

鉴定人和鉴定机构应当在鉴定人和鉴定机构名册注明的业务范围内从事司法鉴定业务。

鉴定人应当依照诉讼法律规定实行回避。

十、司法鉴定实行鉴定人负责制度。鉴定人应当独立进行鉴定,对鉴定意见负责并在鉴定书上签名或者盖章。多人参加的鉴定,对鉴定意见有不同意见的,应当注明。

十一、在诉讼中,当事人对鉴定意见有异议的,经人民法院依法通知,鉴定人应当出庭作证。

十二、鉴定人和鉴定机构从事司法鉴定业务,应当遵守法律、法规,遵守职业道德和职业纪律,尊重科学,遵守技术操作规范。

十三、鉴定人或者鉴定机构有违反本决定规定行为的,由省级人民政府司法行政部门予以警告,责令改正。

鉴定人或者鉴定机构有下列情形之一的,由省级人民政府司法行政部门给予停止从事司法鉴定业务三个月以上一年以下的处罚;情节严重的,撤销登记:

(一)因严重不负责任给当事人合法权益造成重大损失的;

(二)提供虚假证明文件或者采取其他欺诈手段,骗取登记的;

(三)经人民法院依法通知,拒绝出庭作证的;

(四)法律、行政法规规定的其他情形。

鉴定人故意作虚假鉴定,构成犯罪的,依法追究刑事责任;尚不构成犯罪的,依照前款规定处罚。

十四、司法行政部门在鉴定人和鉴定机构的登记管理工作中,应当严格依法办事,积极推进司法鉴定的规范化、法制化。对于滥用职权、玩忽职守,造成严重后果的直接责任人员,应当追究相应的法律责任。

十五、司法鉴定的收费项目和收费标准由国务院司法行政部门商国务院价格主管部门确定。

十六、对鉴定人和鉴定机构进行登记、名册编制和公告的具体办法,由国务院司法行政部门制定,报国务院批准。

十七、本决定下列用语的含义是:

(一)法医类鉴定,包括法医病理鉴定、法医临床鉴定、法医精神病鉴定、法医物证鉴定和法医毒物鉴定。

(二)物证类鉴定,包括文书鉴定、痕迹鉴定和微量鉴定。

(三)声像资料鉴定,包括对录音带、录像带、磁盘、光盘、图片等载体上记录的声音、图像信息的真实性、完整性及其所反映的情况过程进行的鉴定和对记录的声音、图像中的语言、人体、物体作出种类或者同一认定。

十八、本决定自 2005 年 10 月 1 日起施行。

附二：

《司法鉴定程序通则》

第一章　总　　则

第一条　为了规范司法鉴定机构和司法鉴定人的司法鉴定活动，保障司法鉴定质量，保障诉讼活动的顺利进行，根据《全国人民代表大会常务委员会关于司法鉴定管理问题的决定》和有关法律、法规的规定，制定本通则。

第二条　司法鉴定程序是指司法鉴定机构和司法鉴定人进行司法鉴定活动应当遵循的方式、方法、步骤以及相关的规则和标准。

本通则适用于司法鉴定机构和司法鉴定人从事各类司法鉴定业务的活动。

第三条　司法鉴定机构和司法鉴定人进行司法鉴定活动，应当遵守法律、法规、规章，遵守职业道德和职业纪律，尊重科学，遵守技术操作规范。

第四条　司法鉴定实行鉴定人负责制度。司法鉴定人应当依法独立、客观、公正地进行鉴定，并对自己作出的鉴定意见负责。

第五条　司法鉴定机构和司法鉴定人应当保守在执业活动中知悉的国家秘密、商业秘密，不得泄露个人隐私。

未经委托人的同意，不得向其他人或者组织提供与鉴定事项有关的信息，但法律、法规另有规定的除外。

第六条　司法鉴定机构和司法鉴定人在执业活动中应当依照有关诉讼法律和本通则规定实行回避。

第七条　司法鉴定人经人民法院依法通知，应当出庭作证，回答与鉴定事项有关的问题。

第八条　司法鉴定机构应当统一收取司法鉴定费用，收费的项目和标准执行国家的有关规定。

第九条　司法鉴定机构和司法鉴定人进行司法鉴定活动应当依法接受监督。对于有违反有关法律规定行为的，由司法行政机关依法给予相应的行政处罚；有违反司法鉴定行业规范行为的，由司法鉴定行业组织给予相应的行业处分。

第十条　司法鉴定机构应当加强对司法鉴定人进行司法鉴定活动的管理和监督。司法鉴定人有违反本通则或者所属司法鉴定机构管理规定行为的，司法鉴定机构应当予以纠正。

第二章　司法鉴定的委托与受理

第十一条　司法鉴定机构应当统一受理司法鉴定的委托。

第十二条　司法鉴定机构接受鉴定委托，应当要求委托人出具鉴定委托书，提供委托人的身份证明，并提供委托鉴定事项所需的鉴定材料。委托人委托他人代理的，应当要求出具委托书。

本通则所指鉴定材料包括检材和鉴定资料。检材是指与鉴定事项有关的生物检材和非生物检材；鉴定资料是指存在于各种载体上与鉴定事项有关的记录。

鉴定委托书应当载明委托人的名称或者姓名、拟委托的司法鉴定机构的名称、委托鉴定的事项、鉴定事项的用途以及鉴定要求等内容。

委托鉴定事项属于重新鉴定的，应当在委托书中注明。

第十三条　委托人应当向司法鉴定机构提供真实、完整、充分的鉴定材料，并对鉴定材料的真实性、合法性负责。

委托人不得要求或者暗示司法鉴定机构和司法鉴定人按其意图或者特定目的提供鉴定意见。

第十四条　司法鉴定机构收到委托，应当对委托的鉴定事项进行审查，对属于本机构司法鉴定业务范围，委托鉴定事项的用途及鉴定要求合法，提供的鉴定材料真实、完整、充分的鉴定委托，应当予以受理。

对提供的鉴定材料不完整、不充分的，司法鉴定机构可以要求委托人补充；委托人补充齐全的，可以受理。

第十五条　司法鉴定机构对符合受理条件的鉴定委托，应当即时作出受理的决定；不能即时决定受理的，应当在七个工作日内作出是否受理的决定，并通知委托人；对通过信函提出鉴定委托的，应当在十个工作日内作出是否受理的决定，并通知委托人；对疑难、复杂或者特殊鉴定事项的委托，可以与委托人协商确定受理的时间。

第十六条　具有下列情形之一的鉴定委托，司法鉴定机构不得受理：

（一）委托事项超出本机构司法鉴定业务范围的；

（二）鉴定材料不真实、不完整、不充分或者取得方式不合法的；

（三）鉴定事项的用途不合法或者违背社会公德的；

（四）鉴定要求不符合司法鉴定执业规则或者相关鉴定技术规范的；

（五）鉴定要求超出本机构技术条件和鉴定能力的；

（六）不符合本通则第二十九条规定的；

（七）其他不符合法律、法规、规章规定情形的。

对不予受理的，应当向委托人说明理由，退还其提供的鉴定材料。

第十七条　司法鉴定机构决定受理鉴定委托的，应当与委托人在协商一致的基础上签订司法鉴定协议书。

司法鉴定协议书应当载明下列事项：

（一）委托人和司法鉴定机构的基本情况；

（二）委托鉴定的事项及用途；

（三）委托鉴定的要求；

（四）委托鉴定事项涉及的案件的简要情况；

（五）委托人提供的鉴定材料的目录和数量；

（六）鉴定过程中双方的权利、义务；

（七）鉴定费用及收取方式；

（八）其他需要载明的事项。

因鉴定需要耗尽或者可能损坏检材的，或者在鉴定完成后无法完整退还检材的，应当事先向委托人讲明，征得其同意或者认可，并在协议书中载明。

在进行司法鉴定过程中需要变更协议书内容的，应当由协议双方协商确定。

第三章　司法鉴定的实施

第十八条　司法鉴定机构受理鉴定委托后，应当指定本机构中具有该鉴定事项执业资格的司法鉴定人进行鉴定。

委托人有特殊要求的，经双方协商一致，也可以从本机构中选择符合条件的司法鉴定人进行鉴定。

第十九条　司法鉴定机构对同一鉴定事项，应当指定或者选择二名司法鉴定人共同进行鉴定；对疑难、复杂或者特殊的鉴定事项，可以指定或者选择多名司法鉴定人进行鉴定。

第二十条　司法鉴定人本人或者其近亲属与委托人、委托的鉴定事项或者鉴定事项涉及的案件有利害关系，可能影响其独立、客观、公正进行鉴定的，应当回避。

司法鉴定人自行提出回避的，由其所属的司法鉴定机构决定；委托人要求司法鉴定人回避的，应当向该鉴定人所属的司法鉴定机构提出，由司法鉴定机构决定。委托人对司法鉴定机构是否实行回避的决定有异议的，可以撤销鉴定委托。

第二十一条　司法鉴定机构应当严格依照有关技术规范保管和使用鉴定材料，严格监控鉴定材料的接收、传递、检验、保存和处置，建立科学、严密的管理制度。

司法鉴定机构和司法鉴定人因严重不负责任造成鉴定材料损

毁、遗失的,应当依法承担责任。

第二十二条 司法鉴定人进行鉴定,应当依下列顺序遵守和采用该专业领域的技术标准和技术规范:

(一)国家标准和技术规范;

(二)司法鉴定主管部门、司法鉴定行业组织或者相关行业主管部门制定的行业标准和技术规范;

(三)该专业领域多数专家认可的技术标准和技术规范。

不具备前款规定的技术标准和技术规范的,可以采用所属司法鉴定机构自行制定的有关技术规范。

第二十三条 司法鉴定人进行鉴定,应当对鉴定过程进行实时记录并签名。记录可以采取笔记、录音、录像、拍照等方式。记录的内容应当真实、客观、准确、完整、清晰,记录的文本或者音像载体应当妥善保存。

第二十四条 司法鉴定人在进行鉴定的过程中,需要对女性作妇科检查的,应当由女性司法鉴定人进行;无女性司法鉴定人的,应当有女性工作人员在场。

在鉴定过程中需要对未成年人的身体进行检查的,应当通知其监护人到场。

对被鉴定人进行法医精神病鉴定的,应当通知委托人或者被鉴定人的近亲属或者监护人到场。

对需要到现场提取检材的,应当由不少于二名司法鉴定人提取,并通知委托人到场见证。

对需要进行尸体解剖的,应当通知委托人或者死者的近亲属或者监护人到场见证。

第二十五条 司法鉴定机构在进行鉴定的过程中,遇有特别复杂、疑难、特殊技术问题的,可以向本机构以外的相关专业领域的专家进行咨询,但最终的鉴定意见应当由本机构的司法鉴定人出具。

第二十六条 司法鉴定机构应当在与委托人签订司法鉴定协议书之日起三十个工作日内完成委托事项的鉴定。

鉴定事项涉及复杂、疑难、特殊的技术问题或者检验过程需要较长时间的，经本机构负责人批准，完成鉴定的时间可以延长，延长时间一般不得超过三十个工作日。

司法鉴定机构与委托人对完成鉴定的时限另有约定的，从其约定。

在鉴定过程中补充或者重新提取鉴定材料所需的时间，不计入鉴定时限。

第二十七条　司法鉴定机构在进行鉴定过程中，遇有下列情形之一的，可以终止鉴定：

（一）发现委托鉴定事项的用途不合法或者违背社会公德的；

（二）委托人提供的鉴定材料不真实或者取得方式不合法的；

（三）因鉴定材料不完整、不充分或者因鉴定材料耗尽、损坏，委托人不能或者拒绝补充提供符合要求的鉴定材料的；

（四）委托人的鉴定要求或者完成鉴定所需的技术要求超出本机构技术条件和鉴定能力的；

（五）委托人不履行司法鉴定协议书规定的义务或者被鉴定人不予配合，致使鉴定无法继续进行的；

（六）因不可抗力致使鉴定无法继续进行的；

（七）委托人撤销鉴定委托或者主动要求终止鉴定的；

（八）委托人拒绝支付鉴定费用的；

（九）司法鉴定协议书约定的其他终止鉴定的情形。

终止鉴定的，司法鉴定机构应当书面通知委托人，说明理由，并退还鉴定材料。

终止鉴定的，司法鉴定机构应当根据终止的原因及责任，酌情退还有关鉴定费用。

第二十八条　有下列情形之一的，司法鉴定机构可以根据委托人的请求进行补充鉴定：

（一）委托人增加新的鉴定要求的；

（二）委托人发现委托的鉴定事项有遗漏的；

（三）委托人在鉴定过程中又提供或者补充了新的鉴定材

料的；

（四）其他需要补充鉴定的情形。

补充鉴定是原委托鉴定的组成部分。

第二十九条　有下列情形之一的，司法鉴定机构可以接受委托进行重新鉴定：

（一）原司法鉴定人不具有从事原委托事项鉴定执业资格的；

（二）原司法鉴定机构超出登记的业务范围组织鉴定的；

（三）原司法鉴定人按规定应当回避没有回避的；

（四）委托人或者其他诉讼当事人对原鉴定意见有异议，并能提出合法依据和合理理由的；

（五）法律规定或者人民法院认为需要重新鉴定的其他情形。

接受重新鉴定委托的司法鉴定机构的资质条件，一般应当高于原委托的司法鉴定机构。

第三十条　重新鉴定，应当委托原鉴定机构以外的列入司法鉴定机构名册的其他司法鉴定机构进行；委托人同意的，也可以委托原司法鉴定机构，由其指定原司法鉴定人以外的其他符合条件的司法鉴定人进行。

第三十一条　进行重新鉴定，有下列情形之一的，司法鉴定人应当回避：

（一）有本通则第二十条第一款规定情形的；

（二）参加过同一鉴定事项的初次鉴定的；

（三）在同一鉴定事项的初次鉴定过程中作为专家提供过咨询意见的。

第三十二条　委托的鉴定事项完成后，司法鉴定机构可以指定专人对该项鉴定的实施是否符合规定的程序、是否采用符合规定的技术标准和技术规范等情况进行复核，发现有违反本通则规定情形的，司法鉴定机构应当予以纠正。

第三十三条　对于涉及重大案件或者遇有特别复杂、疑难、特殊的技术问题的鉴定事项，根据司法机关的委托或者经其同意，司法鉴定主管部门或者司法鉴定行业组织可以组织多个司法鉴定机构进行鉴定，具体办法另行规定。

第四章　司法鉴定文书的出具

第三十四条　司法鉴定机构和司法鉴定人在完成委托的鉴定事项后，应当向委托人出具司法鉴定文书。

司法鉴定文书包括司法鉴定意见书和司法鉴定检验报告书。

司法鉴定文书的制作应当符合统一规定的司法鉴定文书格式。

第三十五条　司法鉴定文书应当由司法鉴定人签名或者盖章。多人参加司法鉴定，对鉴定意见有不同意见的，应当注明。

司法鉴定文书应当加盖司法鉴定机构的司法鉴定专用章。

司法鉴定机构出具的司法鉴定文书一般应当一式三份，二份交委托人收执，一份由本机构存档。

第三十六条　司法鉴定机构应当按照有关规定或者与委托人约定的方式，向委托人发送司法鉴定文书。

第三十七条　委托人对司法鉴定机构的鉴定过程或者所出具的鉴定意见提出询问的，司法鉴定人应当给予解释和说明。

第三十八条　司法鉴定机构完成委托的鉴定事项后，应当按照规定将司法鉴定文书以及在鉴定过程中形成的有关材料整理立卷，归档保管。

第五章　附　　则

第三十九条　本通则是司法鉴定机构和司法鉴定人进行司法鉴定活动应当遵守和采用的一般程序规则，不同专业领域的鉴定事项对其程序有特殊要求的，可以另行制定或者从其规定。

第四十条　本通则自 2007 年 10 月 1 日起施行。司法部 2001 年 8 月 31 日发布的《司法鉴定程序通则（试行）》（司发通〔2001〕092 号）同时废止。

参考文献

参考文献

一、中文部分

1. 徐立根:《物证技术学》(第二版),中国人民大学出版社1999年版。

2. 徐立根:《物证技术学》(第三版),中国人民大学出版社2008年版。

3. 吴维蓉:《刑事物证技术学》,警官教育出版社1998年版。

4. 孙言文:《物证技术学》,中国人民大学出版社2000年版。

5. 贾玉文:《文件检验学导论》,警官教育出版社1997年版。

6. 贾玉文:《文件检验》,警官教育出版社1999年版。

7. 朱宝礼:《物证检验摄影教程》,警官教育出版社1999年版。

8. 王世全:《印刷文件检验》,中国人民公安大学出版社2001年版。

9. 何家弘译:《刑事证据大全》,中国人民公安大学出版社1993年版。

10. 何家弘:《证据调查》,法律出版社1996年版。

11. 何家弘:《司法鉴定导论》,法律出版社2000年版。

12. 何家弘:《西方奇案》,群众出版社2000年版。

13. 何家弘:《毒树之果》,中国人民公安大学出版社1995年版。

14. 何家弘,刘品新:《证据法学》,法律出版社2004年版。

15. 何家弘:《外国证据法》,法律出版社2003年版。

16. 罗亚平:《英国物证鉴定体制的改革与发展》,载《中国人

民公安大学学报》,1999（6）

17. 罗亚平,柳佳:《指纹证据地位在美国面临的挑战——多伯特审听》,载《中国人民公安大学学报》(自然科学版),2003（3）

18. 罗亚平:《物证技术及物证鉴定制度》,中国人民公安大学出版社2003年版。

19. 罗亚平:《血迹形态分析》,中国人民公安大学出版社2007年版。

20. 李学军:《电子数据与证据》,载《证据学论坛》(第二卷),中国检察出版社2001年版。

21. 李学军等译:《漂移的证据法》,中国政法大学出版社2010年版。

22. 李学军:《物证论——从物证技术学层面及诉讼法学的视角》,中国人民大学出版社2010年版。

23. 郝宏奎:《犯罪现场勘查》,中国人民公安大学出版社2006年版。

24. 郭威,罗亚平,曹长皓:《试论当前如何提高指纹鉴定水平》,载《中国人民公安大学学报》(自然科学版),2006(4)

25. 郭威:《侦查中的计算机数据证据》,载《网络安全技术与应用》,2002（2）

26. 刘品新:《论电子证据的认证规则》,载《证据学论坛》(第四卷),中国检察出版社2002年版。

27. 流水,高山译:《19/20世纪西方要案侦破纪实》,中国人民公安大学出版社1987年版。

28. 陈禄仕:《嗜尸昆虫侵袭不同环境中尸体与死后经过时间的实验报告》,载《中国法医学杂志》,2000(3)

29. 李承森主编:《植物科学进展》,高等教育出版社1998年版。

30. 朱华池:《浅论制作、传播计算机病毒等破坏性计算机程序罪的主要特征》,载《法学评论》,1999(5)

31. 董凯:《耳纹相关问题研究》,载《中国司法鉴定》,

2008（3）

32. 杨晓晶等:《电子证据的法律认定》，载《人民检察》，2001（12）

33. 马楠:《电子证据的认定及法律效力》，载《探索》，2001（3）

34. 张健等:《计算机犯罪的发现和侦查取证》，载《中国人民公安大学学报》（自然科学版），1999（3）

35. 卞建林译:《美国联邦刑事诉讼规则和证据规则》，中国政法大学出版社1996年版。

36. 郭景元主编:《现代法医学》，科学出版社2000年版。

37. 贾静涛著:《中国古代法医学史》，群众出版社1984年版。

38. 江平主编:《民事审判方式改革与发展》，中国法制出版社1998年版。

39. 刘开会，李宗亮编著:《实用法医DNA检验学》，西安出版社2000年版。

40. 素朴译:《指纹断案》，上海译文出版社2003年版。

41. 余叔通，谢朝华译:《法国刑事诉讼法典》，中国政法大学出版社1997年版。

42. 黄风译:《意大利刑事诉讼法典》，中国政法大学出版社1994年版。

43. 徐益初，肖贤富译:《刑事鉴定的理论和实践》，群众出版社1986年版。

44. 李德仲，李国安主编:《枪弹痕迹检验技术》，警官教育出版社1995年版。

45. 刘持平，何海龙，王京译:《世界指纹史》，中国人民公安大学出版社2008年版。

46. 刘持平编:《指纹的奥秘》，群众出版社2001年版。

47. 邹明理:《侦查与鉴定热点问题研究》，中国检察出版社2004年版。

48. 刘耀主编:《物证鉴定科学》，群众出版社1998年版。

49. 赵向欣主编:《中华指纹学》,群众出版社 1997 年版。

50. 刘文主编:《中国刑事科学技术大全》,中国人民公安大学出版社 2003 年版。

51. 邹明理主编:《我国现行司法鉴定制度研究》,法律出版社 2001 年版。

52. 樊崇义主编:《证据法学》,法律出版社 2001 年版。

53. 何家弘:《犯罪鉴识大师:李昌钰》,法律出版社 1998 年版。

54. 孙业群:《司法鉴定制度改革研究》,法律出版社 2002 年版。

55. 卞建林主编:《证据法学》,中国政法大学出版社 2000 年版。

56. 孙孙言文编:《生物物证技术》,中国人民大学出版社 1995 年版。

57. 盛骤等编:《概率论与数理统计》(第三版),高等教育出版社 2001 年版。

58. 毕玉谦:《证据保全程序问题研究》,载《中国人民大学报刊复印资料·诉讼法学、司法制度》,2002 (2)

59. 李学军,陈霞:《鉴定结论的证据地位及其质证、认证》,载《中国人民公安大学学报》,2002 (4)

60. 何家弘主编:《证人制度研究》,人民法院出版社 2004 年版。

61. 何家弘:《神证,人证,物证》,大众文艺出版社 2003 年版。

62. 黄维:《刑事司法鉴定启动权配置的改革和完善》,载《中国司法鉴定》,2008 (4)

63. 吴俐,江铁:《论刑事司法鉴定启动权制度的构建》,载《中国司法鉴定》,2007 (5)

64. 谭世贵,陈晓彤:《优化司法鉴定启动权的构想——以刑事诉讼为视角》,载《中国司法鉴定》,2009 (5)

65. 蒋丽华:《刑事鉴定质量控制:法律制度研究》,中国检察出版社 2007 年版。

66. 肖良等:《中国实验室和检查机构认证认可概述》,载《中国司法鉴定》,2008 (5)

67. 何家弘:《论司法鉴定的规范化》,载《中国司法鉴定》,2005 (3)

68. 钟朝阳:《程序公正与刑事诉讼中的鉴定启动权》,载《西南政法大学学报》,2009(1)

69. 韩旭:《改革我国刑事鉴定启动权的思考——以被追诉人取证权的实现为切入》,载《法治研究》,2009 (2)

70. 朱富美:《科学鉴定与刑事侦查》,中国民主法制出版社 2006 年版。

71. 郭华:《司法鉴定改革的基本思路》,载《法学研究》,2011(1)

72. 司法部司法鉴定管理局编:《两大法系司法鉴定制度的观察与借鉴》,中国政法大学出版社 2008

73. 何家弘:《外国犯罪侦查制度》,中国人民大学出版社 1994 年版。

74. 何家弘译:《血痕、弹道、指纹、探奇》,群众出版社 1991 年版。

75. 崔敏:《呼唤法制文明》,警官教育出版社 1999 年版。

76. 周欣主编:《中外刑事侦查概论》,中国政法大学出版社 1999 年版。

77. 金光正主编:《司法鉴定学》,中国政法大学出版社 1995 年版。

78. 张鸣等译:《刑事侦查百年奇观》,群众出版社 1990 年版。

79. 董凯:《国外耳朵、耳纹检验技术的历史与现状》,载《中国人民公安大学学报》,2006 (4)

80. 董凯:《根据耳纹遗留高度确定遗留人身高研究》,载《中国刑警学院学报》,2008 (1)

81. 董凯:《耳纹测量标准与特征分类初探》,载《中国刑警学院学报》,2005(3)

二、英文部分

1. Henry C. Lee, Timothy Palmbach and Marilyn T. Miller. Henry Lee's Crime Scene Handbook. London: Elsevier Academic Press, 2003

2. MU Dr. R. Imhofer. The significance of the external ear for determining identity. Archives For Criminology, 1906, 26

3. Amede Joux. Gazette of the hospitals of Paris. Archires For criminology, 1885, 16

4. Dr. Boulland (Limoges). The folds of the auricle of the ear in view of identity. Medical Journal of Paris, 1880, 13

5. SP7 H. O. Medlin. Can you match up these earprints? Earprint identification solves crime. Military Police Journal, 1967, 51: 10 - 11

6. Hirschi F. Identification from earprints. Criminalistics, 1970, 24: 75 - 79

7. Pertson WJ. Ear, lip and nose prints, another means of identification. R. C. M. P. Gazette, 1987, 49(9): 12 - 15

8. Sherlock We. Ear impression case. AFTEJ, 1991, 23: 850 - 853

9. H. J. Hammer. The Identification of ear prints secured at the scene of the Crime. Fingerprint World, 1986, 12: 49 - 51

10. H. Hunger and H. J. Hammer. Concerning questions of identification by ear prints. Criminalistic and Forensic Science, 1987, 65/66: 75 - 79

11. H. J. Hammer and F. Neubert. Experimental investigations into the evaluation of ear print traces. Criminalistic and Forensic Science, 1989, 73/74: 136 - 139

12. Willi Jung. From the ear to the perpetrator identification by ear prints. Criminal Technique, 1984, 10: bottom of page

13. Christophe Champod, Ian W. Evett, Benoit Kuchler. Earmarks as evidence: A critical review. Journal of Forensic Science, 2001(6):

1275 - 1284

14. Iannarelli AV. Ear Identification. Fremont: Paramount Publishing Company, 1989

15. Roming CHA. Book Review - Ear Identification, Journal of Forensic Identification, 1991, 41: 446 - 449

16. Iannarelli. A Letter re: Comments Regarding the Book Review. Journal of Forensic Identification, 1992, 42: 10 - 11

17. Corndlis van der Lugt. Determining a person's height based upon the vertical distance of a located earprint. Journal of Forensic Identification, 1997, 47(4): 406 - 419

18. John Kennerley F. F. S., Lancashire. Ear prints - a progress report. Fingerprint World, 1998, 24: 69 - 71

19. AJ Hoigstrate, H Van Den Heuvel, E Huyben. Ear identification based on surveillance camera images. Science & Justice, 2001: 41(3): 167 - 172

20. Benjamin Swift, Ch. B, Guy N. Rutty, et al. The human ear: its role in forensic practice. Journal of Forensic Science, 2003, 48: 153 - 160

21. Lynn Meijierman, Sarah Sholl, Francesca De Conti, et al. Exploratory study on classification and individualization of earprints. Forensic Science International, 2004, 140: 91 - 99